清华大学电机工程与应用电子技术系 编

电逐九秩 机遇百年

清华电机系九十周年纪念文集

清华大学出版社

北京

图书在版编目（CIP）数据

电逐九秩　机遇百年: 清华电机系九十周年纪念文集 / 清华大学电机工程与应用电子技术系编.— 北京 : 清华大学出版社，2022.7
ISBN 978-7-302-61197-4

Ⅰ. ①电… Ⅱ. ①清… Ⅲ. ①清华大学电机工程与应用电子技术系—纪念文集 Ⅳ. ①G649.281-53

中国版本图书馆CIP数据核字（2022）第106297号

责任编辑：王　欣
封面设计：常雪影
责任校对：王淑云
责任印制：杨　艳

出版发行：清华大学出版社
　　　　　　网　　　址：http://www.tup.com.cn, http://www.wqbook.com
　　　　　　地　　　址：北京清华大学学研大厦A座　　　　邮　　编：100084
　　　　　　社 总 机：010-83470000　　　　　　　　　　邮　　购：010-62786544
　　　　　　投稿与读者服务：010-62776969, c-service@tup.tsinghua.edu.cn
　　　　　　质量反馈：010-62772015, zhiliang@tup.tsinghua.edu.cn
印 装 者：三河市金元印装有限公司
经　　销：全国新华书店
开　　本：170mm×240mm　　　　**印　　张**：20.5　　　　**字　　数**：320千字
版　　次：2022年7月第1版　　　　　　　　　　　　　　**印　　次**：2022年7月第1次印刷
定　　价：88.00元

产品编号：097775-01

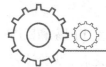

前　言

　　清华大学电机系成立于 1932 年。90 年来，电机系共培养了 18000 多位学生，先后有 900 多位教职工和 400 多位博士后在此工作。电机系的两万余校友中既包括以 40 位中外院士为代表的学术大师、以一批大型央企和行业主管部门领导以及中小型企业创始人为代表的兴业英才、以多位国家和省部级领导为代表的治国栋梁，更包括大量在政府部门、工厂企业、科研院所、大专院校中几十年如一日努力奋斗，为促进我国经济社会发展和人类文明进步发挥重要作用的普通电机人。

　　《电逐九秩　机遇百年——清华电机系九十周年纪念文集》的编撰工作是系庆系列活动之一，是传承电机系精神血脉的重要载体。电机系从 2021 年起就广泛开始了系庆纪念文集的征文工作，并且组织对部分校友进行访谈。这项工作得到广大校友的大力支持，收到大量赐稿，校友接受访谈的积极性也非常高。文集共收录校友投稿的回忆诗文 28 篇，校友访谈稿 53 篇，题词绘画 14 篇，各部分均按照入学先后排序。限于篇幅，部分稿件未能刊出，敬请见谅。

　　校友投稿内容既包括对在电机系求学和工作期间的回忆，也有对工作后事业发展的总结，还有对电机精神的初步凝练。从 1950 级老学长钱家骊，到 2009 级学生会主席赵博石，他们的诗文中无一不饱含对清华和电机系的热爱，对大先生们的怀念和对电机系未来的期待。

　　在访谈中，我们特别要求由电机系师生对老中青校友以面对面或在线的方式开展，这个过程本身就是电机系文化传承的有效载体。在采访对象的邀请中，有意识地兼顾老先生和新校友，统筹坚守电力电工行业和其他领域就业的毕业生，并且做到回忆与展望并重。53 位校友中，入学最早者为 1946 级张履谦院士，入学最晚者为 2014 级吐松江·卡日副教授，时间跨度接近 70 年！

　　电机系 90 年的发展，是国家和清华发展的一个缩影。它诞生于国家和民族危难之际，成长于国家和民族奋进之中，崛起于国家和民族振兴之时。无论读者是否为电机系校友，在阅读这本文集的过程中均能鲜明地感受到清华大学"自强不息，厚德载物"校训和电机系"为学在严，为人要正"系训在师生言行中的体现。我们相信，文集的出版必将成为电机系文化传承中的一抹亮色。

清华大学电机工程与应用电子技术系

2022 年 2 月

目　录

第一部分　回忆诗文

第二部分　校友访谈

第三部分　题词绘画

第一部分
回忆诗文

我的教师生涯
——钱家骊（1950 级）

        钱家骊，1950 年 9 月考入清华大学电机系。1953 年破格提前毕业，并留校参加工作，工作后分别在电机、电器和高压教研组任教，并主持管理教研组和电机系教学工作。

        我于 1950 年 9 月考入清华大学电机工程系。1953 年初，被电机系录取为助教。这样我在大学里才学了两年半，其中有近一年参加"三大"运动、"三反五反"运动等。当时教师们对学生学习要求不严，比如有些课是全班都得 5 分，更没有任何学生因学习不好而补考和降班。所以是先天不足。那时，我 21 岁，有些学生年龄都比我大。到了现在，一些年轻人觉得这样的我还当了教授、博导，真是不可思议。

        开始我被分到电力机械教研组（这是苏联的专业名称），半年后，我又被分到电器小组，成立电器组是学习苏联的结果。苏联有的我们就要有，没有商量。我之所以分到这里，和我的俄文水平有关。当时，我可以借助字典看俄文技术书籍，这在我们年级 200 人中可谓凤毛麟角了。

        终于在盼望中，苏联专家哈尔科夫工学院的维·特·奥梅里谦科来到清华了。可惜奥专家在"二战"中是坦克手，并不是电器专业毕业，只是副博士研究生，再加上哈尔科夫工学院没有高压电器课，其他各课奥专家既不能教，也没有讲义，只有《电器学》的教科书。于是为培养电器专业学生，除有进修教师帮忙外，只能靠中国教师了。

当时电机系略懂电器的老师只有唐统一和杨福生二位先生，但他们都因为政治历史问题，连去电器工厂都困难，于是又只有靠电器小组四位教师了。可惜在四人中间，组长王遵华副教授基本是甩手掌柜，洪志成老师身体瘦弱多病，蔡宣三老师任专家翻译并只教"磁放大器"一门课。我虽然学问最小，但一些开课等的责任我就无法推脱了。

举例来说，第一个由苏联专家指导的毕业设计就责无旁贷地落在我肩上。由于时间要求，我用了 10 周的时间超额完成 16 周的工作量，完成电器毕业设计的试点。这只能靠开夜车。再譬如开始时让我准备教"控制电器"课，刚准备不久又让我准备教"继电器"课，由于校内没有条件，只好去东北电工一厂（即阿城继电器厂）学习并收集资料。以后又开出过"电器学"（上、下）和"高压电器"课，其中包括习题、实验、课程设计和口试。所以那一段时间只能拼体力，开夜车。此外在暑假、寒假还要带认识实习、生产实习和毕业实习。那几年我从没有寒暑假，包括过春节全在外地。就这样，电器专业在 1957 年算过了河。

时间来到 1959 年，在"反右倾"运动中受到全校严厉批判，被定为"新富农"，与被称为大钱的大右派钱伟长并列，我被称为小钱，并下放到八达岭附近的农场进行农业劳动。强体力劳动我不怕，只是想到我以后不能做教师了，觉得很可惜。其间，因表现良好，我被任命为刘家沟沟长。

到了 1961 年，党委根据中央精神对我作了甄别，也就是改正。于是我在第二天就又讲课了。对这次批判，我作了反思，我觉得高兴的是当时我做的事完全不是为了自己，而是为了学生。"文化大革命"后，在一次干部会上，艾知生同志说：当年我们都错了，只有钱家骊同志是正确的。我听了虽然感到有些担当不起，但还是非常高兴。在批判中，称我是斤斤计较、一心只为个人考虑的自私自利的小人。现在想起来也奇怪，我当年做助教时，从来没想到要做什么讲师，更不想当什么教授、副教授，而是觉得我可以承担多种工作，这就非常高兴了。

1961 年后，我被调到高电压教研组。这时，正逢经济困难时期，我利用这一时间，编写了《高压电器》（上、下）教材，这样教学才算稳定下来。

以后到了"文革"时期，直到工农兵学员入校，我又恢复了教学工作。这里就不详细说了。

总结这一段，我应不惭愧地说：我是热爱教学工作、热爱学生的，大部分时间里，几乎全心全意地投入教学工作。其中，我对十四个班包括电71，电83、84，电93、94，电03、04，高41、52，高6，以及工农兵学员的高零、高二、高三和高六班同学以及高压电器老工人班最为熟悉。虽然已经相隔几十年，我还一直记得大部分同学的姓名、容貌和特点。每逢校庆，我一定要参加他们的聚会，有时一天要赶两三个场。会上，我一定积极发言，回忆过去的时光，有时也会因为我曾犯的错误和不足，表示歉意。总之，校庆这一天由于能遇到这么多同学，是我十分高兴的日子，为此，我写了一篇《看见你们格外亲》的文章。现在我还和三个"文革"前的班保持微信联系，这也是我十分高兴的事。

我做了一辈子的教师，最喜欢的是中学一位老师的诗句："在我生命的瓶里，永远开着不落的春花。一舟划过，一舟又来，舟舟载走我的逝水。"闻一多先生有句名言："诗人的天赋是爱。爱他的祖国，爱他的人民。"我模仿着说："教师的天赋也是爱。爱他的学生，爱他的三尺讲台。"苏联有个电影《侦查员的功勋》，里面有句名言："最高的奖赏是祖国信任他，发给他枪，让他保卫祖国。"我认为对教师也可以说："最高的奖赏就是祖国信任他，让他站上三尺讲台，让他教育祖国的年轻一代。"

"文革"以后，我仍在教学第一线忙碌着，但我的讲课日益减少，除了我带的研究生外，我对同学熟悉的程度也减少了。对此，虽然每天忙碌着，但总感到有些遗憾。我和其他老师一起又开出"电气试验新技术"（全系选修课）和"电磁兼容"（全校研究生选修课）等新课并开出不少实验课。20世纪80年代初期，在教学计划中先后增加了"微型计算机的原理和应用"和"信号与系统"课，让学生的学习内容更宽广些。后来，电机系改成电机工程与应用电子技术系，这也是跟随时代的变化吧。

退休后，开始时我还没有完全退出教学工作，除了辅助带了几个研究生、合著了几本书外，我做得最多的是应八个杂志编辑部的要求评审文章，这些年下来审了也有200多篇了吧。对这件工作，有的老师和我意见相左，认为现在一些论文水平太低，错误多，还有造假的，自我评价又会高得离谱，因此不值得花力气去评审。我的看法是，我作为一名教师，也把这些作者看成我的学生。所以，我不但要给出评价，指出不足和错误，有时还会和作者讨论选题的方向或提出研究方法的建议。

我现在仍然不忘过去，写了上百万字的回忆，还给图书馆特藏室捐献了我珍藏多年的"文革"前的学生的习题、实验报告、课程设计和毕业设计报告。当然也捐献了很多几次政治运动中的油印和铅印小报。清华科技历史系刚成立不久，又捐献了当年使用的计算尺、绘图仪器，又从实验室中找出20多个老式仪表交上。此外还应学校、系和学生的要求做了三次口述历史。

当我回忆往事，几十年来，我也就是做了一辈子教师和基层教学干部，成绩不能说一点没有，但也拿不到桌面上。至于我教的几百名学生，有些做出了骄人的成绩，这使我非常高兴。大学者，有大师之谓也，我离大师太远了。而我的学生都是国内优秀的人才，从这点看，我是不够格的。但想到韩愈的"弟子不必不如师，师不必贤于弟子，闻道有先后，术业有专攻。"从这句话看，我又得到一些安慰。

如今我已年届九旬，但还会关心清华大学和电机系的现状和发展。我觉得电机系在近年来，虽然教师、研究生和学生人数都减少了不少，但在多方面仍取得骄人的成绩，这是很不容易的。我希望电机系的后来人也要继承清华大学的优良传统，传承百年的清华精神，将"自强不息，厚德载物"的清华校训发扬光大！至于谈到现在的学生们，他们赶上了好时候，但也是世界大变动的时代，更严格的考验还是未知，国家希望他们能在这个时代做出更大的贡献。最后，我祝他们前途远大，身体健康，生活幸福。

一份发言稿引起的回忆

——王如璋（1956级）

王如璋，1938年出生于陕西西安，抗战胜利后随父母到北京读书，毕业于北京师范大学附属女子中学，1956年考入清华大学电机系高电压技术专业。1962年毕业分配至东北电管局生技处，后主动申请到基层，被分派到沈阳电业局试验所与黄维枢学长一起工作。1978年两人一起调职中国电力科学院任工程师，后升为教授级高级工程师，从事高电压技术研究和新型高压电器的研制工作。

整理旧纸片时，发现了5张从笔记本上撕下来的横条纸，正面、反面密密麻麻地写满了娟秀的钢笔字，标题是"发言稿"，副标题是"电机系高压基地器材组"，一下子把我拉回了1958—1960年那个沸腾的年代。

"大跃进"的形势下，"人定胜天""人有多大胆、地有多高产""亩产几万斤"鼓舞着每一个人。1960年初，高压教研组提出："要在九个月内建成'高压基地'，并在户外建立一台5000kV的具有世界先进水平的冲击电压发生器（简称冲击机）"。为建成高压基地，本专业的2~4年级学生和老师组成了"一条龙"，从设计、采购、生产电容器，到组装、试验都由老师和同学自己完成。生产电容器需要的包绕机自己造，电容器芯子自己绕，电容器外壳自己做。没有钢板怎么办？自己找！没有汽车怎么办？自己跑！没有绝缘柱怎么办？用"杉槁"代！这样，在张仁豫、薛家骐、杨吟梅、王昌长、谈克雄等老师的带领下，同学们打破年级界限，编成了设计组、包绕组、浸渍组、加工组和器材组。

我被分配在器材组当组长，手下固定组员有七八名。我们的任务就是解决建设 5000kV 冲击机所需要的一切设备和材料。每天上班后，我主持召开小组会，汇总前一天的情况，分配每人当天的工作，然后，我们就出发去跑材料。那时，就是靠宣传，使对方了解我们工作的重要性，给我们以支援，不用花钱，无偿调拨。那时，没有市场经济，都是国家的财产，把对方积存的材料划拨给我们就行了。可我们从来也没做过"跑材料"这样的工作，更没有一点经验，凭着满腔热情，去争取别人的帮助。

记得为了解决做电容器外壳的钢板，一位同学到电力总局去游说，请求支援几百公斤钢板，经同意后到良乡修造厂工地设法运回钢板。到了现场发现，那是一卷 4 吨重的钢卷。需要把钢卷打开，切割下几百公斤，再找汽车运回才行。他只是一个人，怎么办呢？他看见街边有 4 个小伙子正在打扑克，就请他们帮忙。那几个小伙子说："没问题，清华的任务就是我们的任务！"但是 5 个人面对那一卷钢卷还是毫无办法，这个同学又跑到修造厂车间请师傅们帮忙，师傅说："没问题，攻尖端是咱们大伙的事！" 17 个师傅加上 5 个人，七手八脚地把钢卷打开了。又发现没有气枪，怎样切割呢？两个师傅骑上摩托取来了气枪，切割下钢板，还帮忙把钢板装上了汽车。现在想想真是不可思议啊！

杉槁是代替绝缘柱的关键材料，到哪儿去解决几百根杉槁呢？十来个同学，跑了五六天，去了上百个单位也没有一点线索。同学们连睡觉时都喊着"杉槁！杉槁！"，一个个都成了"杉槁迷"。最后，在我校建筑系"解放军剧院驻工地代表组"的帮助下，一下子找到了 600 根杉槁。

我们发现，我们每天花在跑路、扯皮、办烦琐的手续上要占 90% 的时间，例如借一把小电烙铁都需要层层批准。又例如，发电教研室的"交流台"急需一种电缆，跑了很久没有解决，而我们高压电器教研组的"912 项目组"已经积压了这种电缆一年多。我们器材组人最多的时候达到 20 人，试想，全校、全市、全国每天有多少人在跑材料的汽车、火车上啊。为了运货我们求爷爷告奶奶到处借汽车，可是，看看马路上有多少空车在跑啊。我们觉得，现在这种各开小锅、小灶的形式浪费了很多的人力、物力，要设法改变才行。对！一定要组织起来，要成立全系的器材合作社，全校的器材兵团，做到材料供应合作化，组织管理自动化，交通运输统一化，使人尽其才，物尽其用，避免一切人力、物力的浪费和不必要的往返运输。于是，我带领小组同志发出了"组织起来"的倡议。

第二天交流台组和高压基地组召开了协作会，不仅解决了电缆问题，而且决定协作解决所需器材和运输问题。后来系里也组织起来了，统一调配，大大节约了人力，提高了效率。

同学们个个生龙活虎、干劲冲天，可以不吃饭、不睡觉，也要把工作完成好。有的同学发着39℃的高烧，还瞒着别人去拉石子，早上披着星星带着干粮出去，晚上载着月亮拉着器材回来。运水泥的汽车陷在了泥地里，大家一起把汽车拉出来，到夜里12点才回到学校。拉杉槁那天下着大雨，七八个小伙子兴致勃勃地说："这是天洗兵！""我们要与天公试比高！"，还组织了一条龙的装车法，硬把600根杉槁全部运回了学校。

由于我们小组工作出色，于1960年5月被高压教研组评为"红旗小组"，器材组的老师（王昌长、沈飞英、王关贤）和同学们在我们自制的冲击机前拍了照。1960年5月4日，"电机系高压基地器材组"在清华

高压基地器材组和冲击机（前排右1为王昌长老师，右3为沈飞英老师，右2为本人，右4为柯自立，后排右3为王关贤老师，右5为梅忠恕）

大学礼堂召开的全校大会上受到了表彰，校委会和团委会授予我们小组"先进集体"称号。我代表小组做了发言，受到了热烈欢迎，以上就是那份发言稿的主要内容。

那是一段意气风发的生活，虽然耽误了一些学习时间，但对我们这些肩不能挑担、手不能提篮的莘莘学子确实是一次很好的锻炼。

入学清华，受益终生
——易泓可（1956级）

易泓可，出生于江西赣南。1956年考入清华大学电机工程系，1962年毕业后分配到南昌拖拉机配件厂工作。曾任厂总动力师、副总工程师兼技术改造办公室主任等职务。1992年，调职南昌高等专科学校任工程系主任，先后主持编写了《电气控制与PLC应用》及《电气控制系统设计基础与范例》两本教材。

我老家在江西赣南革命老区。1956年夏天我高中毕业，通过高考被清华大学电机工程系录取，在清华学习五年半，1962年1月毕业。当时正是我国经济困难时期，毕业分配时江西省只有"南昌拖拉机配件厂"有一个指标，同学们都认为这个企业名称过于低调，但我决定回乡效力，毅然选择了它。这个工厂是成立不久的农业机械部在全国布局的新厂之一，位于南昌市北郊的丘陵山地，厂房刚开工不久，职工住在简陋的临时宿舍里，条件相当艰苦。经过建设者四年奋斗，1965年初工厂基本建成，开始调试设备，计划年底投入生产。我厂设有煤气站，原料为烟煤，所制得的煤气中含有大量煤焦油，须先经过静电除焦油器净化之后才能供给锻造车间的钢坯加热炉使用。静电除焦油器需要40~50kV/150~200mA的直流电源，当时没有高压硅整流技术，只能通过高压机械整流器获得高压直流电。据派到长春第一汽车制造厂培训的人员说，因为机械整流器的工作电压很高，运行时会产生强烈的电火花，稍有不慎就可能发生事故，必须由经验丰富的电气工程师主持调试，才能保证安全。当时我厂没有这样的人才，领导决定把这项重要任务交给我负责。经过认真研究机械整流器装置的结构和主电路与控制电路的连接方式，我弄懂了它的工作原理，想出了先在不通高压电的情况下确定固定支架的正确位置，然后再接通高压电路的方法。这样既安全又方便，一举成功实现了静电除焦油器的正常运行，解决了煤气站投入生产的最大难题，受到厂党委的嘉奖。

工厂建成投产后定名为"南昌齿轮厂"。我调到设备动力科负责全厂电气设备运行维修工作。20世纪70年代起，国内推广晶闸管技术，我认真收集资料，积极寻求适合本厂的应用课题，我的清华同窗好友金宗儒在上海机电设计院工作，对晶闸管技术应用很有造诣，他给予了很多帮助。在我取得的多项技术革新成果中，最受好评的是三相交流晶闸管开关控温装置。我厂生产的各种齿轮都要经过高温渗碳热处理，因而热处理车间拥有很多70~90kW的井式渗碳电阻炉，它们都配有三相交流接触器控制炉温，运行时噪声很大，故障率较高。1975年我提出用三相交流晶闸管开关代替交流接触器，取得成功，迅速在全车间电阻炉上推广，实现了无声运行，并且炉子跑温事故显著减少，控温精度也有所提高。这项成果的技术总结在全国农机齿轮行业技术交流会上发表，还在1980年召开的江西省科技大会上受到表彰。

1981年我担任厂总动力师，主管全厂动力(煤气、蒸汽、压缩空气、水、电气)系统。由于我厂是年耗各种能源折合标准煤20000t以上的耗能大户，必须加强管理，我积极贯彻国家节能降耗规定，制定整改措施，取得了显著效益，南昌齿轮厂获得了国家经委颁发的"行业节能先进单位"(银牌)奖。我提出的节能重点项目是利用煤气站富余的煤气供职工家庭生活之用。我厂煤气站所产的发生炉煤气与液化石油气、焦炉煤气等相比，它的热值低、燃烧速度慢、一氧化碳含量高、毒性大，传统的看法是不能供居民使用。我了解到当时国内有些企业打破了这个规定，将发生炉煤气供给民用，深受职工欢迎，航空工业部第四设计研究院(北京)发表了典型设计资料。于是我将"富余煤气民用"项目向一机部农机总局和江西省经委申报，很快就得到批准。这项工程进入实施之前，考虑到当时江西省内没有居民使用煤气的先例，我到上海市煤气公司管线工程所求助，请他们来我厂施工，得到大力支持。1984 年夏正式动工，由于这项工程得到全厂职工一致赞同，只用了三个月便建成了包括建造 5000m³ 煤气储柜在内的全部工程，从此全厂近二千户职工家庭告别了烟熏火燎的煤球炉，用上了干净安全的煤气，极大地增强了职工的凝聚力。由于我在能源管理工作中做出了重大贡献，1984—1985 年连续获得"南昌市劳动模范"的荣誉，还以高票当选为我所在选区的人民代表。

到 20 世纪 80 年代后期，我厂已发展成为拥有近四千职工的企业。这时国家批准南京汽车制造厂引进意大利菲亚特公司的依维柯轻型汽车制造技术，我厂承担了配套生产变速器任务。1986 年我转任厂副总工程师兼技术改造办公室主任，负责以新建汽车变速器车间为中心的全厂技术改造工程。不久便随团赴意大利考察相关企业。该型变速器有几个齿轮需要进行精密焊接加工，原先采用电子焊，工件需在真空环境下施焊，效率较低而且会产生 X 射线影响工人健康，此时已改为激光焊接。当时激光焊接设备需要从国外进口，不仅价格昂贵，而且还要申请宝贵的外汇指标，我厂技改资金有限，这是一个不小的难题。1988 年中国科学院应用技术部在上海嘉定区召开"激光技术在汽车工业应用研讨会"，参加会议的有中科院所属的六家光机所和一汽、二汽、上汽、南汽等国有大型汽车制造企业，我是作为南汽的配套厂代表参会的。会议召开之初，与会人员参观上海光机所，该所有一台大功率（5kW）二氧化碳激光器，技术成熟，性能稳定可靠，它所用的气体介质包含氚气，是封闭循环工作的，只需定期更换便可，而国外同类激光器的气体介质是连续排放的，因此上海光机所的二氧化碳激光器氚气消耗很少，从而降低了运行成本，更符合我国国情。在会上我表示愿意参加激光焊接技术攻关，得到中科院领导的大力支持，立即指示大恒公司牵头，组织有关单位与我厂合作，将上海光机所这台大功率激光器作为焊接能源，用到汽车工业生产中去。在会议期间我与大恒公司副总经理邓树森学长（清华汽车专业 1959 年毕业）商定合作攻关的初步方案。不久之后邓树森学长偕同上海、合肥、成都三家光机所和沈阳金属所人员到我厂商讨合作攻关计划。经过几轮工艺试验，一致认为技术上有充分把握，就分工进行生产设备研制。1990 年齿轮激光焊接生产线全套设备研制完成，在南昌齿轮厂依维柯变速器车间安装调试，顺利焊成了一批工件，经装车试验完全符合要求，标志着我国自制的第一条大功率齿轮激光焊接生产线建成投产，为填补我国先进制造技术空白做出了重要贡献。

1992 年南昌市职业大学经教育部批准转为全日制的南昌高等专科学校，我调到该校任工程系主任。当时该校设有中文、外文、经管、政法、工程五个系，而工程系只有机制和工民建两个专业，急需加强。经过我们努力积极创造条件，1993 年增设了"机电工程"专业，1994 年增加了"空调与制冷技术"和"精细化工"两个专业。在筹办新专业的过程中，我在清华的同窗好友赵兴华教授（时任上海大学教学力学研究所所长）给了我很多帮助。十年之后南昌高专并入江西科技师范学院，2012 年又经教育部批准升格为江西科技师范大学。

1999 年我已年满六十周岁，不再担任行政职务，但仍继续承担教学任务，当时我感到学生的毕业设计水平有逐步下降的趋势。20 世纪 50 年代我们在清华求学时，蒋南翔校长大力倡导工科毕业生要"真刀真枪做毕业设计"，要求毕业班学生综合运用所学的知识去解决工程实际问题，经过这样的训练，毕业后就能够很好地适应工作需要。想到这些我就编写了《电气控制系统设计基础》（讲义）并为学生讲授，反映良好。不久机械工业出版社编辑贡克勤先生来南昌探访，认为我的选题颇有新意，建议我主编成书。于是我找了另一位清华同窗学友，时任上海大学自动化学院院长龚幼民教授，请他推荐合作编书人选，他推荐了时任安徽工业大学电信学院院长葛庐生教授，很快就组成了《电气控制系统设计基础与范例》编写组，由我担任主编，葛庐生任副主编，两位青年教师蔡文、万涛参编，龚幼民任主审。该书分为上、下两篇，上篇重点介绍常见的电气控制系统组成和特点、工业参数检测仪表和常用电控器件种类及其选用等；下篇简要阐述电控系统设计的一般步骤和应着重注意的事项，重点介绍已在企业生产现场成功应用的十余个范例，既有传统的继电器和接触器控制装置，又有采用 PLC、变频器、工控机和组态软件、现场总线等较为复杂的电控系统。有的项目相当简单，可以用作设计入门，大部分项目可以作为毕业设计选题参考。书稿得到机械工业出版社重视，列为"21 世纪普通高等教育规划教材"，于 2005 年 1 月出版发行。随后贡克勤先生要求我们进行修订,我们又对该书内容进行了增删,2008年出了第2版,这是我们践行蒋校长"真刀真枪做毕业设计"的经验总结,相信该书对于培养应用型技术人才会有所帮助。

我从清华毕业,先在企业工作三十年,随后转到高校任教,在二十年的教师生涯中,我讲授过"电机与拖动""电力电子技术""电气控制与PLC应用""电气控制系统设计"等课程,先后主持编写了《电气控制与PLC应用》及《电气控制系统设计基础与范例》两本教材,直到2012年才告别讲台,实现了"为祖国健康工作五十年"的目标,对此我感到十分欣慰。

今年是我们电机工程系建立九十周年,又是我们班毕业六十周年。回顾过往的岁月,深深感到有幸进入清华使我受益终生。清华不仅给我们传授科学技术知识,还大力提倡体育运动增强体质,更重要的是培养我们具备"自强不息、厚德载物"的优良作风。有了德、智、体全面提升的基础,走上工作岗位之后就能够奋发进取,攻坚克难,尽心尽责,做好工作。

在隆重庆祝电机工程系建立九十周年之际,我写出自己的亲身经历向母校汇报,和朋友们交流。

缘

——周志明（1956级）

周志明，1956—1962年就读于清华大学电机工程系电机制造专业，毕业后先后在国防部七院七〇四所、六机部船舶电站设备公司工作，高级工程师。

握紧拳头，你的手是空的，能包容万物；伸开双手，你拥有全世界，能掌控未来。走在一起是缘分，一起在走是幸福。

走进清华园，进入电机系，人生相遇，皆有缘。

我90岁了。我与清华电机系是同龄人，有着永远拆不开的缘分，也许命中早已注定，进入清华电机系一路畅通入轨，总有神人相助不逾矩。心里仍系着过去，有些事难以忘怀。当年误入清华园，又闯电机系，一切由缘相连，有缘千里来相会。它改变了我的一切，成为人生道路上的转折点。清华的教育，清华的文化，清华的美丽……清华是多么的美好，多少人向往着清华。人们好评如潮地赞扬清华，身处其中的我产生了一种自豪感。无疑我也沾着清华的光，在自己工作的单位里，领导和同事们也会另眼相看，阵阵激起我对母校的崇敬，也引起我的愧疚，我做得太少了。

在青春活力旺盛的时期，却浪费在大字报的海洋里；正当兴奋地重拾航母主设备预研项目时，又隐隐消失在温软的草地里……一件件一桩桩，不堪回首月明中。

一切都已过去，烟消云散。有成功也有失败，失败为成功之母，成功往往也成为失败之始。如老子云：祸兮福所倚，福兮祸所伏。改革开放如春风化雨吹遍了祖国大地，一片生机盎然，那时国家满目疮痍，恢复需要时日。对我来说是太迟了，时不待我。退休前几年，跟着开放的浪头，随波逐流，但它是我最开心的一段时间，成为一个不合格的弄潮儿。

好了，书归正传。我要说的是与清华和清华电机系相连的芝麻绿豆的趣事，历历在目，是谁在导演这一切呢？是缘吧！是与清华有缘吧！六十多年来，一直萦绕心头，挺有意思的。每次回味，脸上总会浮现出傻傻的微笑，或与朋友谈起来也会津津乐道。导演在导……

一、园缘

说真的，那时我参加高考的年龄已经偏大，未谙世事。清华为何校？不知道。要是当时我知道清华是名校，也许我不会来到清华，望而生畏嘛！

不像其他同学意气风发，挥斥方遒。我是不知者无畏。

我读高二时，无锡解放了。由于家庭经济原因，我辍学了。为了生计，我考入南京邮电部门工作，无忧无虑。五年后，在向科学进军的号召下，我苏醒了，进军的浪潮把我推向前哨，也不知道哪里来的力量，去尝试高考的滋味。

说来也巧，1956 年夏天，单位里一位姓朱的同事，她有个弟弟要在我房间住几天，我当然同意。哪里知道天上飘来了清华的信息。他是清华电机系的教师，就是我们后来熟悉的朱东起老师。这是我第一次接触清华人，启蒙清华园。至今依然记忆犹新，误打误撞进了清华园。

二、系缘

高考我是蛮勇敢的，有点自不量力。不清楚清华，却要考清华。如世人所言，初生牛犊不怕虎，无知者无畏。现在想来，真的是自不量力。

1949 年高二辍学后，虽然经过邮电的训练，数理化的基础还是很差。当时单位领导动员大家进军科学的高考，给予一个月脱产备考。幸运倒向了我，南京海校附近有一所中学针对备考生进行补课，这是难得的机会，它成就了我的心愿。否则，高考将成为茫茫海洋中的孤舟，何处是彼岸。

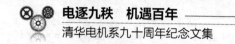
　　奋斗的岁月，努力加努力，有付出就会有收获，从此与清华结缘。高考成绩出来，幸运又一次倒向了我，出乎意料，幸运之神助我入清华。

　　当时受到社会上的影响，什么工作母机如何如何，起初我填的志愿是清华机械系。我兴冲冲地背起行李，糊里糊涂来到清华园。

　　我记得一进入清华南门，荒芜的林园，几幢隐隐约约的小别墅。在清纯空气的引领下，忐忑不安四面张望学校在哪里，还产生了一些焦虑。走啊走啊，终于抬头望见了那桐撰写的清华园标识，后来知道这就是二校门。报到处就在左侧的教室里，后来画法几何课在此教授。接待我的是一位高个子的中青年人，像老师又像学生，由于受到朱东起的启发，想改电机专业。当我不安地提出这个要求，他很客气，也没有问我为什么，只让我稍等片刻，看看我的高考成绩。不多久，他回来告诉我可以，就这样顺利通过，我高兴极了，由此我这样进入电机系。

　　他就是林泰。后来我在团委宣传部工作过，他是负责宣传部的，有过很多接触，但始终没有点穿曾经发生过的事，一直埋在心中，他是一个难忘的人。

　　在那动荡的年代里，我时刻关注着他的处境。后来，他是校党委副书记吧。

　　林泰成功牵线，从此我与电机系结缘。

三、偶缘

　　高考结束后，我还在邮电单位工作。当时国家号召乡乡有电话，村村有广播，江苏成立架设线路工程队，在苏北各县巡回架设。我当时在兴化，《水浒传》作者施耐庵的故乡。领导通知我回南京，说我已被清华录取。我听了着实高兴了一阵子，同事们送来了真诚的祝福，为我送行。

　　兴化是水围之地，鱼米之乡，河道交错，人们进出均走水路。所以我必然走水路，经泰州转长途汽车至南京。天蒙蒙亮，我就在泰州长途汽车站候车，在候车室一个人静静地坐着，闭目养神。一会儿来了两个女的，正好坐在我侧旁，她们讲话的声音在夜空中听得很清楚，一个是为另一个送行的，其中一个女的考取了清华，一听到清华二字，我就精神起来，自然而然注意到考取清华这个女的，当时想，也许以后会在清华遇到。

　　我来到清华后，还真注意过这个女的，真巧！她也是电机系的，无巧不成书的巧事。后来才知道她是谁，她就是丁俊美。清华同窗五载半，虽然接触不多，但从未谈起此事。丁根本不知道当年她们在泰州长途汽车站的讲话已被"录音"。

光阴似箭，日月如梭，60多年过去了。也就是前两年，丁俊美和陈才敏来上海，他们和上海清华电机系的老同学相聚，我也无意再谈此事。关于此事我与方铭谈起过，因为他们都是泰州人。大家围着闲聊起来，谈着谈着在场的方铭点穿了这段巧遇，大家都很惊讶，真有其事！

天南地北的两个人，偶尔相遇，却成为同窗之缘，缘就是那么奇怪。

四、苦缘

有个怪现象，在那个晃荡年代里，往往同一所学校毕业分配在同一个单位，同学之间会分成对立面，我有此同感。

我们电机系有一位女同学和我分在某部队研究所里，一起参军，在校在单位前无纠葛，后无过节。运动一来，完全变味。同窗多年的老同学成为对立的陌路人。在那个年代，造反也是顺应潮流，无可非议，不算什么。很遗憾，我虽然不是造反派，但年轻气盛，做出了不应该做的事。

回想起来，我也很愧疚写了一张很泄气，但很伤人的大字报。我是有私心的，也是有报复性的。一方是专案组的负责人，一方与被专案人有着良好的情结；一方是造反派，另一方是接受批斗的，二人不能相容。幸好她调离了，一了百了。不过，不等于什么事也没有了，每想起此事，我终有自责。

在多次校庆期间，我们相聚在各种活动如照相、就餐……双目对视过，却同陌路，谁都没有勇气理睬对方。直至2011年清华百年校庆，我们又回到了自己的母校，在电机系二楼走廊里相遇了，面对面地走来，我终于鼓足勇气喊住了她，她也大方地答应我，毕竟我们60多年没有讲话了。我们谈得很真挚，不为往事再纠葛，她丈夫——我以前的同事——已在2005年过世。她家在北京，儿子们都好，也很幸福，我们之间的距离拉近了。

60年啦！一笑泯恩仇，结束不堪回想的苦缘。

五、姻缘

写完我最难下笔的苦缘，心情很沉闷，不知如何表达为好。现在我们轻松地来说一说一段有趣的姻缘吧！

同班同学黄雅丽是从杭州考入清华的，在一次假期里，我突发奇想去杭州旅游，她给了我很多帮助，过去的交集也就此而已，谁会想到 30 年后我们成了亲家。

黄雅丽有个姐姐在长沙，她的外甥女也就是姐姐的女儿，恢复高考后，考入上海医学院，毕业后分配在上海中专医校当教师，是大龄青年，姐姐托妹妹黄雅丽找熟人为女儿介绍对象。黄姨当然义不容辞，求助同班同学周娴物色人选。不知周娴哪里来的灵感，居然想到我家儿子身上，我儿子是上海交通大学声呐专业毕业，好在大家相互了解。好吧！见个面吧。

如约见面，各自散去。我们问起儿子怎么样，有缘吗？回答是否定的，就没有戏唱了。我老伴不放弃，劝说再见面。就这样，慢慢地擦出火花，铸就一段佳话，不久，就结婚了。三年前双双退休，一个是教授级局长退休，一个是副教授级退休，生活很美满。他们有一个上海交大生化系毕业的女儿，功德圆满。当今乐滋滋地享受着晚年生活，不过又要为下一代操劳。

有趣的事还在继续，我认为清华同学之间联姻是一种好模式，因为同学之间相互比较了解，容易接受。当然理想是理想，现实是现实，它不以人们的意志为转移，时代不同了，没有想得那么美。不过我们努力过：周娴有个女儿，是上海医学院毕业的；我二儿子是复旦大学物理系毕业的，与周娴是同一个研究所，周娴也知道我蛮喜欢她的女儿，双方家长一拍即合，可是下手晚了，周娴女儿早有所归。也努力促成其他清华电一同学儿女之间的好事，有的由于这些儿女平时走得很近，太熟悉了，情同兄妹，反而擦不出火花，好事只好作罢。

六、情缘

同学之间很本能地有一种无形有力的线牵着情。

在改革开放前，上海清华电机系电一的同学只是个别来往，谁都不知道在那个年代会碰到什么事。蔡碧濂就是为信上贴邮票位置不当，其实也没有什么不当，为此她遭受过几年的批判和反省之灾，还戴上什么分子的帽子，苦啊！幸好有赵兴华和方铭的呵护、相知、相助、相伴，才逃脱厄运。世事难料。

随着开放，各级校庆、协会等组织活动相继多起来了。上海清华电一同学的集体活动也有序开展，基本上春秋各一次聚会。有带家属的，有不带家属的；有市内活动的，有郊外活动的。大家都希望多活动，如有外地同学来上海，一般我们要相聚的，机会难得，不容错过。不过，也有失之交臂的。如王凤翔、胡素英、周惠领……来过上海，消息没有沟通好，失去了相聚的机会，大家每提起此事，深感内疚和遗憾。有心的周娴，把每次大小型聚会照片收集成册，注上姓名、地址、相聚日期，最后做成一个小视频，留作纪念。聚会还会继续，视频内容必将充实。

在上海的蔡碧濂、苏肇吉同学对机电事业做出过贡献，也有过斐然的成绩，先后默默地离开了我们。他（她）们患病期间，外地同学钱露茜、王萍、颜守义……上海同学周娴、方铭、周志明……都到医院探望。蔡当时已病得不轻，见到我们还是笑容满面，声音洪亮，谈笑自如，最后死神还是没有放过她。多名上海同学为她送行，清明节前后还陪同赵兴华一起去扫墓；苏肇吉是突发性脑病，发病前周娴和我还去过苏的养老公寓，一起用餐。他的病发展极快，医院无法也无力挽救。钱露茜同学和我等都去探望过，周娴还与苏夫人保持联系，关心善后事宜。苏肇吉与我有一段愉快的合作。那就是刚刚开放，引进德国西门子无刷电机。我负责引进，他负责践行，配合得很默契，获得成功，成为船舶电站设备的半边天。苏走了，我会永远记住这美好的回忆。

上海同学相互之间的关怀也是常态，很亲近。如我和蔡出席方铭的婚礼等。我 2007 年患病期间，不知他们哪里得到的消息，赵兴华、厉无咎来家慰问，指导手术后如何调理等，温暖人心，如同亲人。又如方铭对苏州的郭浩尤其关心，又尽心尽力帮助赵兴华整理蔡碧濂父亲的遗作……说真的，这里是写不完的，挂一漏万。归纳一句话，谁有难，谁都会去帮助，送上祝福，提供建议或有用的信息，很受用，很体贴，犹如亲兄弟。

同学之间的情缘如同亲缘，我悟出一个道理：清华同学有很好的心理素质和品质，坚持聚会这根纽带，相互关怀，相互鼓励，在一起加深友谊，增进相互了解，可以畅谈世界、祖国、母校、家庭、人生……缘由此起，情由此生。

我最大的欣慰是都叫我老大哥，足矣！

怀念恩师——追忆教过我的大师们

——王祥珩（1958 级）

王祥珩，1940 年生。1964 年毕业于清华大学电机系，1968—1978 年在四川东方电机厂工作，1986 年在清华大学获工学博士学位。清华大学教授，博士生导师。曾获"顾毓琇电机工程奖"、国家技术发明奖二等奖、北京市科技进步奖一等奖、国家优秀科技图书一等奖、有突出贡献的中国博士学位获得者奖章等。

从 1958 年入学到系庆九十周年，已经过了 63 个年头。回想起在清华求学的十多个年头（本科六年加上研究生的八年），教育我成长的是我的老师们，他们不仅教给我知识，更教给我为人的道理。回忆教过我的大师们的点点滴滴，感恩之情油然而生。

刚来清华，大学一年级上课印象最深的就是教我们数学大课的赵访熊老教授。老先生讲微积分，引领我们从初等数学步入变化的高等数学，进入一个全新的科学殿堂。赵先生讲课沉稳，不紧不慢，循序渐进，指导我们完成从中学到大学的转换。我记得当年在二教数学期末考试第一个交卷，并得了高分，更加增强了学习的信心。

电工基础课是电机系学生打底的课程，王先冲老先生讲授的就是这门大课。王先生讲课生动，语言幽默，十分吸引学生。说到电磁感应原理的时候，先生从 20 世纪 40 年代讲起，分析电磁感应学说的来龙去脉及其中的争论，引导我们独立思考，为学生的电磁学打下坚实的基础。后来我博士论文答辩，还是王先生当的答辩委员会主席。

电机学是我们的专业基础课，由系主任章名涛先生主讲。这门课有不少难点，章先生讲课，物理概念清晰，理论分析严谨，板书工整，使我们对电机原理有了深入的了解，并进一步爱上了电机专业。

1964 年我本科毕业，考上了电机专业的研究生。那时章先生的电机电磁场是一门主课。当年的研究生学习与现在不同，以自学为主，章先生的电机电磁场讲义就是主要的学习材料。自学完成就可申请考试。章先生出三道题，开卷，一周时间。有的题目需要查文献。我觉得这种学习和考试方法有其可取和独到之处。

唐统一老教授教我们电工量计，唐先生的谆谆教导和循循善诱提起了我们对电磁测量的兴趣。除了电磁测量理论，电磁测量实验课也十分吸引学生。

唐先生的一件小事一直记在我的脑子里。那年我已在电机系任教，带了两位学生搞毕业设计，研究茹科夫斯基线圈的饱和问题。我特地向唐先生请教。第二天唐先生专门给了我一张纸，上面写满了十多条参考文献，我当时真的很感动。

钱伟长是闻名中外的大科学家，我们有幸听他的课。1963 年钱先生给我们五年级学生上高等材料力学课。那年他摘掉右派帽子不久，不光给我们电机专业的两个班学生讲课，晚上还到学生宿舍答疑。我那时习惯晚上在宿舍当"留守派"，所以有机会与钱先生近距离接触。先生平易近人，又认真负责，与学生平等讨论问题，真是大师风度。

高景德先生是我的导师。由于历史的原因，也因自己的幸运，我曾四度师从高先生。1963 年作为本科生就听先生讲授"电机过渡过程"课两个学期，1964 年我考上先生的研究生，在先生门下直至"文化大革命"。1978 年恢复研究生制度，我又从外地考回清华，在先生的指导下较快地完成了毕业论文，于 1980 年春毕业留校。工作两年后又在先生的鼓励下再度在职攻读博士学位，并于 1986 年获得博士学位。在读博期间，常常与先生讨论问题，直接聆听先生的教诲，目睹先生的为人风范。那是我在人生道路上受影响最深的四年。

高先生鼓励创新。交流电机的多回路理论是将电机看作由多个相互运动的回路、各回路间由电感联系的电路组合。与传统的静止电路不同，其电感系数多为时变参数。电机的结构复杂，其传统的分析方法是旋转磁场理论。所以在先生提出这个想法时，有人认为是空想而已。"文革"前先生就有这个想法，并一直坚持这一信念。到了20世纪80年代，在高先生的指导下，我终于解决了这一难题，并用多个试验证明了它的科学性。

跟随先生搞科研，我学习到了持之以恒坐冷板凳的精神。高先生在"文革"期间遭受不公平待遇，在逆境中仍坚持科研，每天到电机教研组坐班（被人戏称为教研组的"常委"），那时他写的书稿和推导的公式在办公桌上有很高一摞。"串联电容引起的电动机自激"就是这一期间写就的。我继承了先生这种对科研执着的精神，在读博期间不怕坐冷板凳，花大量时间和精力推导了一系列的计算公式，奠定了多回路理论的基础。

先生以各种方式关心学生。1978年在我到四川东方电机厂十年后迎来了恢复研究生制度的喜讯。在我犹豫之际（毕竟那时我已脱离学校，在工厂工作了十年之久），高先生在接到我的求教信函后，亲自执笔回信，给了我莫大的鼓舞！

读博期间，每到课题有所进展，先生总是热情鼓励。高先生在电机和电力系统两个领域招收博士生。先生当时已是清华校长，行政事务十分繁忙，他带的研究生，一般都安排副导师，我是唯一由先生亲自指导没有副导师的。记得有一次我向先生汇报电机内部故障试验与仿真计算的情况，得知实验结果与计算吻合甚好的结论，先生兴致很高。他说，以后你随时来讨论课题都是受欢迎的。当时电话不大方便，我向先生求教，都是直接去他家中或到校长办公室，有时难免有惴惴不安之感。所以先生这句话对我是很大的激励。

高先生是对我一生影响最大的长者。

上面所述几位大师，都早已作古，驾鹤西去了。但他们的音容笑貌深深刻在我的脑海里，他们的谆谆教导常记心间。

1931年清华老校长梅贻琦在就职演讲中提出"所谓大学者，非谓有大楼之谓也，有大师之谓也"的著名论断。追忆我们的几位大师，他们才是清华真正的脊梁！

在清华电机系学习生活的往事
——周子寿（1958级）

周子寿，1958年在江苏省泰兴中学高中毕业，被保送到
清华大学电机系。清华大学教授，原北京市高等教育局副局长。

每年4月的最后一个星期日是清华大学的校庆，今年2022年，正逢清华建校111周年，也是清华电机系建系90周年。在这纪念校庆、系庆的美好日子里，我浮想联翩，想起了我当初在清华电机系学习生活的日子，现在我用讲故事的方式，回忆几件往事。

一、入学

我1958年在江苏省泰兴中学高中毕业，被保送到清华大学电机系，同年泰兴中学考入清华的还有周锦宝、肖开亮、赵果明，当年9月7日，我和周锦宝、肖开亮三人一起，从江苏南京对面的浦口坐火车来北京，三个从没有出过远门的傻小子，坐上火车，特别兴奋，8日清晨就到了北京的前门火车站（现中国铁道博物馆（正阳门馆）），一下车就受到清华迎新人员的热情欢迎，人和行李都上了一辆大卡车，我们喜气洋洋地站在卡车上，看着北京的一切都是新鲜的，经过天安门看到巨大的毛主席像，心情激动得不得了。很快我们从西校门进入了清华园，"美丽的清华园，红色工程师摇篮"的巨幅标语让人眼前一亮，西校门的两尊石

狮子令人印象深刻。卡车将我们送到三院前面的小广场迎新站，先前报到的北京同学余步高帮我办理了报到手续，提着我的行李，送我到第十宿舍住下，我住的是铁条上下床，没有带褥子，躺在上面硌得慌，北京同学吕炳仁找了一床稻草帘子铺上，后又给我补贴一条褥子，让我住得挺舒服。我首次体会到大学同学间的关爱和友情，体会到了组织的温暖。接下来，是学校和系的迎新会，特别是系的迎新会，是在电机系新系馆——新建的西主楼大楼内召开的（老电机馆是在大礼堂东边的一个三层小楼）。我们一入学，就赶上电机系搬新馆、住大楼，大家都特别高兴。在迎新会上，系主任兼电机教研组主任章名涛先生讲的话，一直铭记在心，他说："来到清华学习，不仅要学知识、学文化、学本事，首先要学做人，学会做人，学了知识才会发挥更大作用，'为学在严，为人要正'。"后来，毕业后我留校工作，在1992年校庆、电机系建系60周年之际，朱镕基学长写信并回系里看望老师同学，他在信中对"为学在严，为人要正"做了进一步的解读，他写道："为学在严，为人要正，做有骨气的中国人！"此语现在已经成为电机系的"系训"。

迎新会后，同学带领我们参观校园，在纪念闻一多先生的"闻亭"，我们知道了闻一多先生的名句："诗人的天赋是爱。爱他的祖国，爱他的人民！"在纪念施滉烈士的断碑前，我们知道了施滉是清华最早的共产党员，全心全意为革命，被捕后被押送到南京，在南京雨花台被杀害，清华的革命传统深深印在我们心中。

就这样，我开始了清华园的新生活。

二、医院成课堂

开学上了两周课以后，新生被安排参加北京郊区百花山植树劳动，绿化首都，人人有责。我们住在老乡家里，院子里有核桃树、山楂树，正好是果树成熟的季节，山楂、核桃随便吃，就是山楂太酸了。劳动地点是在半山腰中，挖"鱼鳞坑、水平条"，每次上山比劳动出的汗还多。10月1日国庆节，我们是在百花山上欢度的，劳动10天，回校继续上课。没过几天，我感觉身体不舒服，全身无力，尿黄，到医院检查，被告知患了"黄疸型肝炎"，必须住院治疗。住在校医院病房，同屋的是发电专业的两名新生，蔡子才和皇甫民，正好在学习上可以相互切磋。住院以后，同学们给了我极大的关心和照顾，调干生孙大姐给送来了她结婚用的新被，我十分感动。上课了，同学轮流给我抄笔记，或将他们整理好的笔记送给我，或在晚上直接来给我讲解，不厌其烦，医院成了我的课堂。住院近 3 个月，直到本学期末出院，我直接参加了俄语期末考试，通过了。寒假没有回家，留下复习功课，参加了开学前的高等数学补考，也通过了。住院那么长时间，能够继续跟班上课，靠的完全是同学的无私帮助，我心里深深感受到同学间的纯真友情和高尚情操，难以忘怀，我也难以回报。现在见到老同学，总是十分亲切，喜从心来，开心快乐无比。

三、名师授课

20 世纪五六十年代，很多学子向往电机系，所以当时电机系的录取分数是比较高的，基础课和专业基础课的老师多是名师，我记得，我们的高等数学老师赵访熊、胡显承，高等物理老师张三慧，材料力学老师杜庆华，理论力学老师官飞，高等材料力学老师钱伟长，电工基础课老师王先冲，电工量计老师唐统一，电机学老师章名涛、艾维超、陈汤铭等，他们不仅是清华的名师，而且在全国同行业、同学科领域中都是受人尊敬的大专家、大教授，他们学问渊博、知识丰富，专业基础深厚，讲课认真负责，治学态度严谨，讲课生动活泼，非常吸引人，他们是教书育人的楷模。他们的言传身教充分体现了清华"自强不息，厚德载物"的优秀传统。

王先冲老师有一次在讲电磁场的传播时，突然，他左手拿着一支粉笔，右手拿着小刀一样的东西，边削边说："什么东西越削越大？"大家都愣住了，都在想什么东西越削越大，整个教室都静悄悄的，没有人回答，过了 3~4 秒钟，他突然大声说："窟窿，窟窿越削越大！"电磁场的传播像被削的窟窿一样由小到大一圈一圈往外传播，太形象了，接着是惊叹声一片。还有一次，唐统一老师讲电工量计，他声音不大，细声细语，条理清楚，结构和原理讲得明明白白，大家特爱听，下课后，葛德玉同学说，听唐老师讲课，像听唱歌一样，越听越爱听，一点也不觉得累。

在清华听名师讲课，真是一生的幸福，每每想起，都觉得回味无穷。

四、做实验不预习的教训

有一次，做电工基础实验，由于我思想上不太重视，加上社会工作比较忙，上课前没有预习，提前发的实验指导书没有看，到了实验课堂上，陈嘉瑞老师讲了本次实验的目的要求和操作注意事项后，学生两人一个小组，分别做实验，老师来到我们小组时，对我同组的同学提了 3 个问题，他对答如流，很满意；当问到我时，我一问三不知，他有点不高兴了。又问我，你预习了吗？我说没有。他很严肃地说："没有预习怎么能来上实验课呢？做实验必须先预习，才能来上实验课，先预习，才能做好实验，也才能保证安全。实验课和理论课同样重要，不能偏废。不预习，本应让你回去，预习好了再预约时间下次来做，今天是首次，原谅你一次，在现场预习，预习好了再做。"我被老师批评得无地自容，自知理亏，红着脸连声道谢，老老实实在实验桌旁认真预习，这次实验我延长了一个半小时才做完，老师也一直陪着我。真对不起老师。

这次教训对我印象实在太深刻了，我再也不敢轻视实验、轻视实践了。

五、真刀真枪毕业设计

电机制造专业有两个班，电 41 班和电 42 班，1963 年期末，从两个班里挑选了 8 位同学（有夏元生、曾文胜、刘纯礼、曾福湖、王永福、吕炳仁、徐振华和我，班里同学戏称"八大金刚"）组成毕业设计小组，我任组长，周明宝老师带队，赴哈尔滨电机厂进行真刀真枪毕业设计，我们的任务是参加新安江水轮发电机的扩容设计，将原来每台 72500kW 的机组设计扩容成为 75000kW，刚接到任务，我们有些紧张，不知道从何下手。在老师的指导下，我们很认真地向设计科的工程师请教，首先看懂原有图纸，凡事都要问一个为什么，弄清来龙去脉。我们下车间，向工人师傅请教，做个好徒弟，向实践学习，了解生产工艺和安装要求。当时参考图纸和计算公式是俄文版的，苏联进口，我们利用课堂所学知识（尤其是钱伟长老师讲的高等材料力学，我们在现场感觉太有用了），对俄文版的计算公式一个一个地进行了分析研究和理论推导，知其然，也知其所以然，并纠正了原有公式的一些不足之处。就这样，我们根据扩容要求，在原有方案上进行了改进设计，重新计算和出图，紧张之时，常常昼夜不分，连续奋斗，终于用了

7 个月的时间，出了 400 多张图纸，送交总工程师审核通过，当年投产，造出样机。现在新安江水电站安装的水轮发电机就是我们当年扩容设计的产品。

在工厂做毕业设计时，我们也积极参加工厂的社会活动，开饭时食堂人手紧张，我们去食堂帮厨；冬天下雪了，我们第一批出来扫雪；科室人员有时家庭有事，我们主动出来帮忙，倪工程师母亲去世了，我们去帮助料理后事，使他感激流涕。工厂的大喇叭经常表扬清华实习队。我们真刀真枪的毕业设计得到了工厂和学校的认可，在清华 1964 年全校毕业典礼大会上，我从蒋南翔校长手中接过了"清华大学优秀毕业设计小组"的大奖状。

补：关于我在电机系学习时所在班级的变动：1958 年 9 月入学时，是编在电 410 班（当时电机系新生共 10 个班），后来分专业时，是电 43 班，电磁自动装置专业。大概是大学四年级时，专业又进行调整，取消电磁自动装置专业，我们电 43 班的同学都被调整到电机系的其他专业：电机专业、电器专业、工企专业、发电专业、高电压专业。吕炳仁、缪铁夷、孙华林、施允昆、赵瑞华和我 6 个人分到电机专业，前 3 个人在电 41 班，我们后 3 个人在电 42 班，我最后是在电 42 班毕业的。

信仰的力量

——谢小平（1959 级）

谢小平，1959 年考入清华大学电机系。1965 年毕业后留校工作。1985—1998 年，任职电机系副主任，期间兼任系党委宣委和工会主席等职务。1998 年创办民办清华育才实验学校，任校长。

光阴似箭日如歌，六十春秋瞬息过，风雨沧桑几十载，爬过一坡又一坡。我虽已栉风沐雨六十载，回顾 60 年前 1959 年的秋天，我怀着十分激动的心情，拿着清华大学电机系的录取通知书，千里迢迢，从河南省开封市来到了美丽的清华园。当年我们年级共招了 8 个班，每班约 30 人，我被分到电 507 班，报到时被指定为班负责人，负责班的临时组织工作。正式开学后我被选为班团支部书记，一干就是 6 年，直到毕业才卸任。我入学后的前三年，可以说是一个令人难忘的特殊年代，即国家的经济建设，由于天灾和人为的原因，遇到了暂时的困难，经济生活可以说是困难重重。从 1960 年的春天开始，几乎全国人民都实行口粮定量供应，我们在校的大学生也不例外，开始还能勉强吃饱，可后来定量越来越低，到最后男生每人每月 28 斤，女生每人每月仅有 25 斤，每月每人供给半斤肉、二两油、半斤糕点，试想一下，当时我们同学年龄多在 20 岁上下，正是身强体壮、饭量最大之时，食堂又没有油水，每人每天不到一斤的粮食定量，副食品又不好，是根本吃不饱的。当年有几件事使我至今记忆犹新、难忘。

1. 由于当时吃不饱饭，体力下降，在学校里流行一个口号叫"计划用餐，按热量办事"。在学校号召减轻学生负担的情况下，我们除了正常上课，交少量必要的作业和实验外，几乎取消了所有激烈运动，各班之间的体育比赛、篮球比赛运动全部暂停，体育课也改为在西大操场学打太极拳，我当时对此运动不感兴趣，不愿学习，至今都不会打太极拳。

2. 我清楚记得，当年提出，要响应毛主席"自己动手，丰衣足食"的号召，我们班组织起来到附近地里去挖野菜，回到宿舍后，因无加热设备，就由一位同学想了个办法，即用一根电阻丝系上一个铁钉接在电灯泡上，放在水盆里加热，把挖来的野菜煮熟来吃，大家边吃边聊，有人还开玩笑地说这叫"精神会餐"。

3. 有一位东北的同学人高马大，爱扔链球锻炼，消耗量大，饭量也特大，计划又不周，再加上意志薄弱，一个月的粮食定量不到半个月就吃完了。无奈我只好动员同学们捐助一些粮票，帮他暂时渡过本月的难关，下月的粮票我只好找一位同学帮他代管，按天发给他，但他仍是难以控制，有时还不免犯点小毛病。

4. 更让我一直难以忘怀的一件事是，当时为了渡过难关，各班都是八仙过海各显神通，自想办法、自谋出路，搞些副业生产。我当时就想可否搞点养殖业。于是想到，既然周边有不少青草，可养几只羊。后经和几位同学商量决定，由我和另一位同学一起到通县的永乐店，来回徒步用三天时间赶回来两只羊。养了一段时间后就交给九饭厅食堂，换了一些粮票，以作不时之需。

就是在这样极端艰难困苦的情况下，我们也从未动摇过，一定要坚定理想信念，坚持党的领导，坚信毛主席的英明伟大，永远跟党走，相信天大的困难都是可以克服的，困难是暂时的，一定能战胜。至今清楚记得在当时生活极端艰难困苦的情况下，我虽属干部子弟，但从小生在安徽省农村，自幼对农村生活有所了解。1960年暑假我回到了久别的生我养我的老家，亲眼看到许多难以置信的情况，一时间我无法理解，也无法解释，更无法接受。回校后我既不能找人诉说，也不能有别的想法，只能憋在心里，耐心等待解开心结那一天的早日到来。为此我和我的父亲都受到了不公正的待遇。在此情况下，我仍然没有动摇过自己的理想信念和革命意志。在组织本班同学对三面红旗（即总路线、大跃进和人民公社）的学习时，仍能引领同学拥有正确的态度、坚定的理想信念，丝毫不动摇自己对党的领导的看法，相信在不久的将来，我们一定会战胜暂时的困难，迎来胜利的曙光。

三年自然灾害过后，1965 年我们临近毕业，即将走向工作岗位，我出人意料地被留在电机系工作直至退休。回顾经历的 60 年往事，可谓风雨沧桑，成长时之艰难。尽管如此，我一直信守着一个坚定的理想信念，那就是无论在任何风浪中都不能动摇自己的立场。只要看一下我们党的光荣革命历史：从井冈山斗争到长征胜利、八年抗战、推翻国民党反动派的统治、建立起新中国、抗美援朝、确立起新的社会主义经济体系、战胜三年自然灾害、成功发射"两弹一星"、改革开放 40 年、迎来建国 70 周年，所取得的丰硕成果，再到今天在以习近平总书记为首的党中央正确领导下，又遇到抗疫阻击战，无不惊心动魄，真是一仗接一仗，越战越勇，无往而不胜。在我走过的长征路上，看到那些为革命不怕任何艰难险阻而英勇献身的红军英雄，最小的小红军年龄只有 12 岁，这使我更加坚定自己的理想信念，永远跟党走，相信信仰的力量是无穷的，只要有了理想、信念、目标、追求，再加上坚信困难对一个革命者来说就是考验，坚持就是胜利，就能得到成功。信仰的力量一生都在鼓舞、激励着我，终生不忘。当前我们党正在带领全国人民一道实现第一个百年奋斗目标，在要全面建成小康社会的今天，又遇到了严重的抗疫阻击战，坚信也一定会取得全面胜利。明年是我们建党 100 周年、红军长征胜利 85 周年、母校建校 110 周年，我们定会迎来更加美好的明天。

电6毕业50年返校
给母校汇报
——周双喜（1960级）

周双喜，1960年由江苏武进县奔牛中学考入清华大学，1960年3月加入中国共产党，1968年毕业分配留校工作，1968年9月到部队劳动锻炼，1970年2月回电机系从事教学科研和党政工作等，2006年退休。

邓卫书记、曾嵘主任、赵伟书记：

各位同学，老兄弟老姐妹们！

今天，我们电机系1966届毕业生，从海内外各地回到母校，回到电机系，为了庆贺清华大学105年校庆，庆贺我们毕业50年，感恩清华大学，感恩电机系，感恩老师，共忆同学之情，共叙50年别离之念，并向母校汇报。

1966年毕业的时候，电6全年级同学（不包括留学生）203名，至今已有34名同学因病或意外去世，离开我们了，让我们在此向他们默默致哀，表达深切的怀念。还有一些同学因身体欠佳或病痛不能回母校团聚，让我们为他们祈福，战胜病痛，早日康复！还有10多位同学联系不上，让我们努力，想方设法尽快找到他们。

　　56 年前我们满怀豪情踏入了清华大学的校门，到今天已是七老八十的老人了。我们这一代人成长在激情燃烧的动荡年代，经历过物资紧缺、凭证供应的经济困难年代，赶上了改革开放的豪迈时代，现在过上了幸福安康的退休生活。我们这一代人走过了风风雨雨不平凡的岁月，经历了太多太多……

　　我们这一届毕业生是在校学习年限最长的一届。从 1960 年 9 月进校，到 1968 年初逐步毕业分配离校，跨越了 9 个年头，这在清华是空前绝后的。

　　我们这一届是清华大学实施"教育为无产阶政治服务，教育与生产劳动相结合"的教育方针，改革力度最大，但很不系统、经验教训很多的一届。我们是经历思想政治教育运动最多的一届，从红专大辩论、向雷锋同志学习、清理思想、参加农村"四清"社教运动，直到"文化大革命"，停课闹革命。在这些思想政治风浪中我们激动过，迷惑过，沉思过，经受了锻炼，也留下很多缺憾。我们一进校就到清华大学徐水农场搞秋收秋种，我们在清华三堡盖过房子，在现在的东大操场开过白薯地，在电工厂制造过电机，在校的每一年都到北京郊区参加夏收和秋收，可以说我们真正成了能吃苦耐劳的普通劳动者，其中还成长了一批劳动能手。我们到工厂实习，开过车床，值过"三班倒"。在业务上，学习了坚实的基础理论课和专业基础课，受到了较多的工程训练，打下了作为工程师的坚实基础。但是我们的教学计划并没有系统全面完成，政治冲击了业务，劳动打乱了教学。"填平补齐"，有的课上了两遍；多数同学连毕业设计也没有能做。

　　我们回母校了，在春光明媚的清华园里，观赏清华的古景新貌，结伴同行看望白发苍苍的恩师，一起品尝各式美味佳肴，畅谈 56 年的欢乐与悲伤，困难与奋进，失败与成功。虽然我们不再有年轻时的蓬勃朝气，不再有年少时的青春浪漫，但经历 50 多年岁月的沉淀，我们的同学友情之泉，更深、更浓、更纯、更美、更甜！

　　我们回母校了，是要感谢母校／母系，感谢我们的老师，也感谢亲爱的同学！今天聚会的教室是我们当年聆听王先冲和陈允康老师讲授理论电工课的教室，我们忘不了王先冲老师生动又严谨的每一堂课，我们忘不了在 3 区 208 陈汤铭老师深入浅出讲电机旋转磁场的情景，忘不了在一教听张三慧老师讲有趣的物理课，忘不了在同方部教室听马约翰教授一边讲、一边示范的体育课。我们在清华七八年的收获和成长，是许多老师教育和指导的结果。在毕业后的 50 年中，电机系的一些老师还和我们保持着业务上的联系和日常的沟通，使我们倍受教育和鼓舞。

我们回母校了，是要向母校报告。毕业时，我们响应祖国的召唤，到基层去，到祖国最需要的地方去，我们年级有 140 名同学分配到了厂矿企业工作，60 多位同学分配到高校和科研院所，从新疆到黑龙江，从内蒙古到云南，都有我们电 6 的同学。当时正值风华正茂、意气风发、大干事业的青春年华，且处在全国动乱的时期。改革开放的年代，我们获得了施展才华的机遇。几十年自强不息、勤奋不止，在各自的岗位上建功立业，取得了无愧于祖国、无愧于母校的成绩，在祖国各地多个行业留下了我们电 6 人的足迹和印记。在电力行业，从大电厂、电业局、电管局到电力部，有我们的同学担任厂长、局长和部长，有电力局的总工、有电力设计院院长；在一些送变电公司，有我们的同学担任总工程师，建设了一座座变电站、架设了一条条高压线路；在大型电机厂、变压器厂、高压开关厂、电力电容器厂、钢铁公司、汽车制造厂、计算机制造厂、航天工业总公司、航空机器厂、纺织机械厂等各个行业中，都有我们的同学担任厂长、高管或总工。我们的同学从技术员做起，在平凡的岗位上，做出了不平凡的业绩。在科研院所和高等院校，也有多名研究员和教授等。我们的同学中有多名国务院政府津贴获得者、国家五一劳动奖章获得者，还有多人多次获得国家及省部级科技进步奖和教学成果奖。

我们向母校报告，在改革开放的年代，我们有的同学当了官，有的同学下了海，但我们牢记着踏踏实实做事、清清白白做人的为人原则，严于律己，拒腐防变，在历次反腐风暴中，电 6 年级同学没有被"双规"和"双开"的，都安全落地，平安退休了。我们电 6 也有几位同学在纪委书记和巡视员工作岗位上工作过，为廉政建设做出了贡献。

这次回母校的聚会只有短短的 2 天。我们看到了母校的快速发展和变化，感到无比的光荣和自豪，我们真诚地祝福母校的明天更美好！ 50 年相见不容易，说是老同学，一看竟是新面孔。瞪着大眼，不识尊颜。50 年相见，千言万语，涌向嘴边说不完。50 年相见，既有心酸，也有甘甜。虽然我们分布在四面八方，每个人的经历不尽相同，境况各异，但是请记住：我们永远是同学，永远是电机系 1966 届的一员！友谊是人生旅途中寂寞心灵的良伴，特别是同学之间的友谊更是陈年老酒，时间越久越是醇香甘甜。

我们这次聚会马上就要结束了，我们又要回到各自的居住地去。我们又要去忙着关怀、照顾第三代，享受天伦之乐。还有少数同学将继续老有所为，发挥着余力。但是我们都要合理营养，平衡饮食；科学适量运动；积极乐观，平和心态；自我保护，健康长寿。我们要开开心心、快快乐乐、无忧无虑地过好每一天。让我们一起努力，十年后在清华园再相会！

此生经历的三个五十年

——李扬文（1960 级）

李扬文，1960 年由遵义四中考入清华大学，1966 年加入中国共产党，1968 年毕业分配到大三线建设的三九公司自备热电厂，即今天的酒泉钢铁公司。1979 年调到遵义洛江河畔，也是三线企业的"八七厂"。后调到贵阳，进入政府机关，从事管理工作。

2016 年，清华毕业五十周年；2018 年，步入金婚五十周年；2021 年，光荣获得在党五十周年纪念章，共写下诗四首。

2016 年 4 月 24 日校庆于电机系 1960 级毕业五十周年纪念座谈会上即席吟七律一首：

古稀有五返学堂，

青丝银发历沧桑。

难忘恩师传道苦，

更念同窗情谊长。

走南闯北许国愿，

拼东搏西为国强。

喜看河塘添新色，

水木清华更芬芳！

清华毕业五十周年时，学校给我发了一枚"为祖国健康工作五十年纪念章"。我写下一首七律：

毕业五十年（七律）

风华正茂赴边关，

青春许国进荒原。

心怀经天纬地业，

手绘强国富民篇。

戈壁黄沙磨利剑，

苗岭风雨搏山川。

自强不息行天下，

披荆斩棘天地宽。

2016 年 5 月于北京

为纪念金婚，写下一首七律，以资纪念：

金婚自咏（七律）

年少同窗初识君，

风华正茂牵手行。

祁连山下共患难，

洛江河畔历艰辛。

求实进取厂兴旺，

救死扶伤情亦真。

此生有缘天作美，

来世更续一帆情。

2018 年 2 月 3 日写于海南文昌冯家湾老年公寓

2021 年建党百年大庆，正好我年届八十。并获得了"光荣在党五十年纪念章"。十分荣幸。也写了一首诗：

八十抒怀

党建百年我耄耋，

岁月沧桑银发稀。

难忘母慈生养苦，

更念党恩雨露滋。

凄风苦雨儿时忆，

地复天翻斗转移。

一生许国终无悔，

喜看中华崛起时！

2021 年农历四月初四日于贵阳

（初稿于 2021 年 7 月 1 日，改于 2021 年 9 月 21 日）

"行胜于言"的历史

——陈刚（1965级）

　　陈刚，生于1947年，江苏省苏州市吴江区人。1965—1970年在清华大学电机工程系工业企业电气化及自动化专业学习，毕业后留校在电机工程系电力系统及其自动化专业任教，参加教学、科研、管理工作。先后任助教、讲师、副教授、研究员。曾获"北京市优秀教师"、国家级和市级教学成果奖、能源部科技进步奖、校"一二·九青年教师奖"、校先进工作者。后调职教务处任副处长、副教务长，期间曾兼任一届外语系常务副系主任、常务副书记。

　　2022年电机系成立有90周年，回忆在电机系的经历很有感触。从1965年高考入学开始，我在清华学习、工作和生活了半个多世纪。毕业后在电机系工作20年有余，1991年调学校后仍有一段时间参与系的一些工作，亲历了那段时间电机系的改革发展，特别是在本科人才培养方面，有一些事记忆颇深。

　　学校在1999年将教研组改革为研究所前，教研组是学校教学、科研、管理的最基层单位，在校、系领导下负责专业的人才培养，还有的是负责重要基础课程的教学。专业的建设和发展是研究型大学培育人才的重要一环。1970年正值"文革"期间，学校由工宣队执掌管理，那时还没有学生，将原电机系的工企教研组、电器教研组、电子学教研组等分出，与原动农系的热工量测教研组等组合成工业自动化系。当时发电教研组留在学校的老师们多次讨论，一方面有代表在全系大会上勇敢发言，表示不同意见；另一方面根据国家需要、电力工业的发展和教研组长期以来的工作实践，大家认为，搞自动化也是发电教研组的发展方向，电厂、电力系统发展离不开自动控制。记得讨论是在 3 区 201 教研组的小会议室，王世缨老师主持，王老师就在自动控制方面有专长。因面临要招收工农兵学员，讨论确定，对原来的"发电厂电力网及电力系统"专业实行改革，命名为"电力系统及其自动化"专业，报学校获批，并作为首批工农兵学员的招生专业。当时还确定，尊重历史和传承，教研组和专业简称依然为"发电"。还有老师给我介绍，电力系统自动化有它的特殊性和专业性，它不同于机械自动化、热工过程自动化，它反应速度快、过渡过程复杂、涉及面广，出问题的后果严重、影响大。这一改革在全国引起重大反响，各校纷纷跟上，产业部门和科研院所也充分认可，教育部也予以确认。多位进入自动化系的资深教授，如周俊人等，后都前来合作，参与相关课题研究。

　　这一改革在系内也有热烈反响，大家都不局限于原有的工作对象。特别是相当一批中青年教师赴国外访问、学习、深造，带回来很多新的理念和方向，促进了学生培养和科学研究方向的改革。在高电压技术、电机、电工理论与技术、电工电子学等方面都有新的发展。进入 20 世纪 80 年代，在各专业不断改革发展中，为全面反映学科方向，进一步适应需要，由相关教研组提出，经系核心讨论，将原"高电压技术及设备"和"电机"两个本科专业实行改革，命名为"高电压技术及其信息处理"和"电机及其控制"专业，报学校获得批准。各专业和电工理论教研组在注重本科教学的同时，在科学研究、研究生培养等方面都深入发展，成绩卓著。1981 年，我国开始实行学位制，国家批准清华大学首批可授予博士学位的学科专业 31 个、导师 39 人，分布在 16 个系。其中电机系的电机、电力系统及其自动化、高电压工程、理论电工 4 个学科均列入（在学校占比 12.9%），导师有 8 人（在学校占比 20.5%）。在 1988 年国家对二级学科的评选中，电机系的 4 个二级学科都被评为国家首批重点学科，并且名列前茅。当年全校近 20 个实体理工院系共被评上 29 个国家重点二级学科，电机系占比超过 1/8。电机系电气工程一级学科在国家第一、二次评估排名中均位列同类第一，并于 2007 年被评为首批国家重点一级学科。

随着教学科研的发展，系的面貌也在发生变化。大约在 1989 年初，在系主任吴维韩教授的主持下，系及各专业负责人和一批资深教授经过讨论，提出系名应该改变，要与国际流行的学科名称接轨，取名"电机与电子工程系"。讨论时挺热烈，有老师提到，原电机系英文表述是"Electrical Engineering"，这当初为什么要翻译成"电机工程"而不是"电气工程"或"电工程"？记忆里是黄眉老教授解释（意思），汉语习惯，名词要用双字，不便叫"电工程"，叫"电气工程"也不妥，"气"是虚的，而当初"电机"是先进设备，代表了先进，所以沿袭叫下来了。我听了挺有感触。那时学校领导有一个好作风，核心班子经常下系现场办公，了解情况，听取建议，帮助解决问题。系领导就请学校主要领导来听大家意见，高景德校长、李传信书记等都亲临会议（在二区西南角小会议室），他们也都是这方面的专家，在会上都表态支持。后来听系领导讲，李传信书记打来电话，意思是无线电系也在考虑改名，准备要用"电子工程系"名，电机系承担了全校应用电子学的教学，他建议改名叫"电机工程与应用电子技术系"。大家表示同意，并考虑到本系在国内外已有的影响和传承，确定英文系名仍沿用"Electrical Engineering"（记得是教学副主任倪以信教授提议），汉语简称仍是"电机系"。校务会于 1989 年 3 月正式批准新系名，清华最长系名由此诞生，并任命韩英铎教授担任批准改名后的首届系主任。

那时，全系还积极响应学校"拓宽基础、减少专业、柔性设置、按需培养"的改革思想，经过多次讨论研究，确定将原"电力系统及其自动化""高电压技术及其信息处理""电机与控制"三个专业按大学科概念组合成"电气工程及其自动化"宽口径本科专业。在系领导主持下扎实推进，征求各教研组意见，重新制定教学计划（全面学分制后为培养方案），加强共同基础，并在各自重要的专业基础课程中选择最核心内容组成宽口径专业的系列必修课程，还增设有关自动控制、计算机等方面的课程。与此同时期，进一步拓宽基础，开设了面向本科生的"信号与系统"技术基础课程、面向研究生的"数字信号处理"课程。这两门课程分别在姜建国、胡广书等教授的主持下成为受学生欢迎的课，并面向全校开放。这一步宽口径专业建设又一次引领全国，经过几届班子的持续努力深化，先后获北京市教学成果奖一等奖、国家级教学成果奖二等奖。

　　这里还应回顾应用电子学与电工学的发展。"文革"后，为适应新技术的发展和全校教学需要，将原"电工学"教研组发展为"应用电子学与电工学"教研组，承担面向全校非电类理工科专业的相应教学任务，涉及面广、教学工作量巨大。学校从1985年起实行三学期制，每学年增设"夏季学期"，加强本科生实践能力培养，在传统的金工实习、专业认识实习、专业生产实习等的基础上要进一步增加实践环节。在时任教学副主任戚庆成教授主持下，以该教研组为主力，全系各实验室配合，组织全系学生开展"电子专题实践"，取得很好的效果。学校主管部门和领导前来考察，并在全校关于夏季学期工作的专题会议上请电机系作交流，进行推广。其教研组实验室还创造条件，适应教学需要，筹建了全系最早有一定规模的教学用计算机房。我当时承担的电力系统专业课刚开始需要解决学生上机实验的难题时，他们给予了很大的帮助。特别值得一提的是，为适应新技术发展的需要，20世纪八九十年代，全校各非电类工科系纷纷各自开设计算机程序设计和微机原理方面的课，但由于师资和实验条件的不足，教学效果不好。在教务处组织的全校课程质量调查中，学生反映这方面的课质量最差，时任主管教学的副校长周远清教授决心解决这一问题。他找有关系的负责人，希望他们能承担起这个任务，但没有成功。为此他又联系学校计算中心和电机系，分别安排面向全校的计算机软件和硬件方面基础课程的教学任务，两个单位都欣然接受。电机系发扬重视教学、面向全校开课、勇于承担人才培养任务的好传统，将之落实，由"应用电子学与电工学"教研组承担，组织专职队伍开展工作。学校也筹措教学经费，将公用大教室3区208改造为微机原理课专用实验室。学校将这些包含计算机软硬件基础知识和能力培养的课程纳入全校技术基础课系列。这一改革取得良好效果，教育部随即在全国推广，各兄弟高校也纷纷前来交流学习。教育部后来进一步推进，确定由清华大学牵头成立全国理工高校计算机基础教学指导委员会、重点理工高校计算机基础教育研究协作组。"应用电子学与电工学"教研组在做好全校技术基础教学的同时，在杨福生、宗孔德以及周礼杲等资深教授的带领下不断改革发展，在国内较早发展出生物医学工程学科方向，于20世纪70

年代末即筹建相应学科，开始培养研究生。1982 年成立"生物医学工程与仪器"专业，开始招收本科生，是那一段时期清华最热门的本科招生专业之一。生物医学工程二级学科于 2001 年也被评上国家重点学科，并作为一个系进入新成立的清华医学院。

回忆在电机系的工作，目睹电机系的发展，特别是进入 21 世纪后的各类成果，这是一代代电机人的传承接力取得的！清华"电机系"这几个字内涵深邃，90 年的历史是奋进成长的历史！是"行胜于言"的历史！回看这发展的历史，包括过往有关兄弟院系及生物医学工程系的衍生成长，充分显示了电机系在学术上的重要性和活力。

在庆祝 90 年华诞之际，期望母系在奔向百年的路上取得更大的成就。感谢母系的培养。在工作中与各位同事的接触与合作，我还特别感到有一种风气在感染影响我：奋斗路上不张扬，踏实肯干谋前进。我体会，这就是清华"行胜于言"精神的体现！

我的"数字信号处理"
教学之路
——胡广书（1979 级硕）

　　胡广书，1945 年 10 月生。清华大学教授，博士生导师。1965 年考入清华大学本科，1970 年毕业后留校工作。电机工程系生物医学工程专业工学硕士。在清华大学长期主讲两门校研究生公共课"数字信号处理"和"随机信号的统计处理"，这两门课都被评为清华大学研究生"精品课"。2004 年被评为北京市"优秀教师"。研究方向是生物医学信号的检测与处理、医学图像处理。

　　1971 年底，我从学校调入电机系电工学教研组。刚开始，心中既兴奋又惶恐。兴奋的是在中学时就知道清华电机系是清华的王牌系，历史悠久、大师云集、享誉中外，能在这里工作当然非常高兴；惶恐的是自己来自清华非电系，仅有的一点电的基础还是中学物理中的内容，因此担心不能胜任工作。

　　1976 年"文革"结束，电工学教研组的几位老先生敏锐地觉察到生物医学工程学科已在国外兴起，并认识到它在人们健康及国家发展中的重要作用，决定筹建生物医学工程专业。经努力，学校批准在电工学教研组的基础上于 1979 年先招收硕士研究生。当年共招收三位，我有幸成为其中的一员。

第一学年共学习了三门信号处理的课程：宗孔德教授的"数字信号处理"，杨福生教授的"随机信号的统计处理"和周礼杲教授的"生物医学信号处理专题"。从此，我被数字信号处理这一新兴的学科所吸引。深奥的数学理论和多彩的物理世界的完美结合以及无处不在的应用使得数字信号处理在数字化信息时代成为理工科专业的重要专业基础课。

1983年起，我成为宗孔德教授的助教，协助他完成为研究生开设的"数字信号处理"课程。1985年开始试讲其中的一部分，1987年宗孔德教授离休后由我全部承担该课程的教学，从此开始了我的"数字信号处理"的近30年的教学之路。

"数字信号处理"课程先是面向电机系，很快就成了校级研究生公共课。选课研究生逐年增加，到1999年已达200人左右，最多的是2003年，达235人，这之后的三年都是在主楼后厅开课，选课研究生来自我校十多个院系。该课程也成为在研究生中具有较大影响的课程之一。

适逢电机系成立90周年之际，汇报一下我从事该课程教学的一些体会与做法，希望能对正在从事教学工作的年轻老师有一定的启发作用。

一、任课教师热爱教学、舍得在教学上花力气是搞好课程教学的根本保证

搞好教学的关键是任课教师。这个道理很浅显，但做起来却并不容易。众所周知，清华老师的科研任务都很多，研究生培养任务繁重，而相当一部分老师还有行政工作。在这种情况下，对教学是全力以赴还是一般应付，是一个很现实的问题。清华的许多老一辈教师精湛的课堂教学和严谨的治学精神，为我树立了很好的榜样。在从事数字信号处理教学中，我始终以他们为榜样，尽心尽力去做好教学工作。

1998年起，我又承担了另一门校研究生公共课"随机信号的统计处理"的教学工作。就这样，两门研究生大课，上课、作业、答疑，我为之付出了巨大的努力。此外，我为这两门课程出版了两本教材，160多万字，制作了讲课的全部PPT，为此，几乎搭上了所有的节假日。然而，劳动是幸福的。我的教学工作多年来得到学校和广大选课研究生的肯定就是对我的最大回报。

二、任课教师对所讲课程理论体系深和广的掌握是讲出高水平课程的前提

作为清华大学研究生的课程，要做到高水平、高起点，任课教师就不能仅仅局限在一个很窄的知识范围，如一本教材或自己的讲义。多年来，我努力跟踪信号处理学科的发展，除国内有关的教材外，我尽可能地搜集国外这一领域的教材或专著，从校教材中心和北京图书馆复印了有关数字信号处理（digital signal processing, DSP）的著作有 30 多本。通过学习、研究这些著作，一方面丰富了自己，另一方面也了解了国外的教学内容与学科的发展。这样，我在讲台上就比较从容，能抓住问题的本质，并能把一些复杂的理论用简洁的语言表达清楚。

三、不断探索教学改革，努力建设高水平的课程

2001 年，清华大学提出了课程建设"六个要素"的理念，即应在①讲授；②讨论；③作业；④实践；⑤考核；⑥教材六个方面进行改革。多年来，我一直在努力把这六个要素贯穿到两门课的教学改革和建设中去。我的几点做法是：

1. 下大力气做好课堂教学。数字信号处理的特点是理论深、数学公式多，当然，其应用也非常广泛。针对这些特点，我特别注意采用启发式和互动式教学。在讲课中，每当新提出一个概念，提出一个待解决的问题，都向听课的研究生提问：该概念和前面的哪些概念有联系？你认为应如何解决？鼓励他们大胆地提出自己的见解。因此，本课程的课堂教学始终很活跃，使得 200 多人的大课中极少有精力不集中的现象。

2. 注意研究生能力的培养。为此，在课程内容上，努力做到不但信息量要大，而且内容要新；在作业上，既培养理论推导能力，又培养应用的能力。在教学中实施了小范围的因材施教，在考试方面注意课堂考试和期末大作业的结合。

3. 注意教学实践基地建设。1997 年，争取到了美国德州仪器公司（TI）的支持，建立了"清华大学–美国德州仪器联合信号处理实验室"。TI 公司是全球 DSP 芯片的领先者。该实验室的建设，为同学开展 DSP 实验和因材施教提供了基地和物质的保证。

劳动就有收获。我在教学上也取得了一系列的成果：

（1）我在 1995 年被评为电机系"教学标兵"。

（2）2001 年"数字信号处理"被列为校研究生的"示范课程"。

（3）"数字信号处理"和"随机信号的统计处理"先后多次被评为校研究生精品课。

（4）三次获得"清华大学教学优秀奖一等奖（1998，2002，2008）"。

（5）2005年、2006年，学校举办了两届"研究生课优秀教师（十位）"评选，我都入选。

（6）编著的《数字信号处理——理论、算法与实现》《现代信号处理教程》两本教材均被教育部研究生工作办公室推荐为"研究生教学用书"；被评为北京市高校"精品教材"；获得清华大学"优秀教材一等奖"。后者在2021年获首届全国教材建设奖优秀教材二等奖。

2002年初，根据学校安排，生物医学工程专业由电机系调整到新成立的医学院，并成立了生物医学工程系。这是继自动化、无线电、计算机后由电机系派生出的又一个系。我继续承担着数这两门课的教学工作。直到2015年，把它们全部交给了年轻教师，我的"数字信号处理"教学之路也就结束了。

清华毕业三十周年诗三首
——李青（1985级）

李青，1990年获得清华大学电机系工学学士学位。2000年获北京工业大学自动化系硕士学位。曾任北京市自动化控制公司高级工程师、大项目经理、销售总监；美国艾默生过程控制公司大客户经理；德国西门子（中国）有限公司石油化工行业销售总监；目前在美国从事技术咨询工作。参与过众多石油化工领域国家重点工程及"一带一路"项目。

【七律（新韵）】

清芬挺秀育巧匠，华夏争辉投职场。

学冠东西搏寰宇，子知天命道漫长。

再齐共勉研科创，展经氢能智造忙。

宏观微调抓机遇，图强自发耀神疆。

【望海潮】

机窗遥望，飞临云顶，江山万里如虹。黑发旧时，从教懵懂，尘封多少音容。求道志相同。水木清华聚，治学谦恭。刺股头梁，看荷塘月色朦胧。

堂前刻苦神聪。众优行毕业，南北西东。岁月宿分，匆匆远过，同仁马到成功。终耀祖光宗。善智能科技，搏击长空。人和天时地利，展量子心胸。

【满江红】

伫望蓝天，千万里、赏心悦目。三十载、岁华流过，照前识熟。水木清华追梦影，荷塘月色心中凤。何须问、学子幕思情，藏胸腹。

诗情化，词诵读。身感悟，平心笃。望穿名堂屋，至诚明肃。砥砺前行承壮志，铿锵奋进为民族。新时代、量子智基因，清华祝。

清华于我
——唐晓明（1985 级）

唐晓明，1985—1990 年就读于清华大学电机系。毕业后曾供职深圳供电局，1995 年加入华为公司，曾任华为交换产品部总经理、拉美片区副总裁、欧洲片区副总裁、中国区常务副总裁及运营商 BG 总裁、全球销售总裁、东北欧地区部总裁、公司高级副总裁、公司股东代表。现任华为公司高级顾问、华为大学教授。任职华为 24 年间，长期担任华为高级管理者，是华为公司从农村到城市、从国内到海外、从跟随到全球领先发展历程的重要贡献者。

1990—2020 年，从清华毕业 30 年。这 30 年是中国腾飞的 30 年，也是我人生最美好的 30 年。我们这一代人无疑是最为幸运的！我们有幸全程见证和深度参与了中国波澜壮阔激荡的 40 年，中国从封闭落后经过改革开放而日益繁荣富强，深刻体会了中国之于世界、世界之于中国关系的演变历程。

从清华电机系毕业后，我在深圳供电局从事专业工作两年多，后来服务于华为公司 24 年。毕业后回清华的次数并不算多，除 2010 毕业 20 年校庆外，记得有三次是代表华为公司到清华做毕业生招聘宣讲，还有就是陪家人孩子到清华参观了。

在此毕业 30 年之际，我回忆和思考起清华对于我们个人成长的意义。

1985 年，我们怀着最美好的憧憬从五湖四海走入清华园。入学之初的体会是最为深刻的：中学阶段习惯了当"第一"的我们，到清华后大多不再是"第一"。我们有幸遇到无数全国乃至全球的优秀同学、各专业领域的学术大师和遍布世界各行各业杰出的清华校友。清华人文荟萃、博大精深，在清华的学习过程中我们感受着强烈的家国情怀，塑造着自己的价值观，构建着自我认知。清华让我们知道，世界很大，要认识和改造世界，必当脚踏实地，自强不息，行胜于言。

清华给了我们站在高处看世界看趋势的眼光，让我们能在纷繁变幻的现象中看到方向，在面临事业和生活的一道道选择题时，能把握趋势，做出正确的判断和选择，也使我敢于在 20 多年前走出体制，加入早期的华为。

清华学子的底色是拼搏与奋进，教室、实验室是我们生活的"中心"。

清华的学习生活是"单调"的，"一号楼四楼宿舍"，一教二教三教四教五教，电机系馆，还有六食堂五食堂，我们用自行车把它们编织成了日常的主线。我们在"单调"中学会了平实与坚韧。

清华的学习生活更是丰富多彩的，我们是"八十年代的新一辈"，是"春天的故事"中的重要角色。荷塘月色、水木清华、清华学堂、大礼堂、二校门、工字厅、近春园，以及隔壁的圆明园，还有北大等近邻，都记录着我们青春的印记，各种社团活动留下了我们的欢声笑语和美好记忆……

清华师长们知识渊博、治学严谨，对我们言传身教，让我们耳濡目染，带给我们科学的精神、乐观的态度以及面对问题解决问题的方法和能力。

清华重视体育，让我们体魄强健。当每天下午 4:30 的广播响起，号召同学们"走出教室、走出宿舍，去参加体育锻炼，为祖国健康工作五十年！"，就像战斗的号角响起，驱动我们到西大操场挥洒汗水和豪情。我在校五年期间天天打篮球，从未间断。毕业后 30 年间我也一直保持了运动的习惯，状态始终良好。

所有这一切让我们准备充分，面对工作挑战，我们充满信心，百折不挠。

在终生学习日益成为"必须"的时代，在清华的学习经历为我们奠定了坚实的基础。比如，使我在入职华为公司后能够很快适应从"电力"向"通信"行业转变的挑战，适应从"技术"到"营销""综合管理"岗位变化的挑战，适应从"机关"到"拉美""欧洲""中国区"再到"机关"工作环境变化的挑战，使我充分投入到了华为发展的各关键阶段，赢得一次次关键性胜利。

我是电机系发52班级的一员，从昆明初入大学校园，我甚至不好意思开口说"普通话"。在珍贵的集体生活过程中，我们朝夕相处，磨炼了性格，收获了成长，习得了理解，懂得了合作。大学同窗的友谊也成为走上社会后，相互激励、扶持、陪伴成长的驱动力。比如，遍布全国和全球各地的同学们始终团结互助，彼此鼓励；我其实是被发51的夏健同学"忽悠"到华为的，随之以后，我们长期共同战斗的历程升华了同窗之情；特别感动的是电机系历任领导和老师们始终关心着我们每一位从清华走出的学子，让我们始终感受着家一样的温暖！

邱勇校长曾强调："自强是清华人的精神底色，自强的清华人永远保持奋进的姿态！"我们对此深以为然！

30年弹指一挥间，吾辈从青葱少年，进入人生"下半场"，我们身处最好的时代，我们有理由对过去的30年"满足"，对现在"满意"，更对未来"满怀希望"，母校"为祖国健康工作五十年"的号召将继续驱动我们再接再厉，自强不息！

在清华109年校庆，也是我们从敬爱的母校毕业30年之际，我们由衷地感恩清华的悉心培养，并向母校致以最崇高的敬意！祝愿清华，祝愿祖国，祝愿世界更加美好！

清芬挺秀，华夏增辉，让我们继续前行，不负韶华，无愧"清华人"，无愧新时代！

毕业三十年
——齐联（1985级）

　　齐联，1990 年清华大学电机系本科毕业，1992 年清华大学电机系硕士毕业（六年一贯制试点生），香港中文大学 MBA。曾任电机系研究生会主席。工作后，先后任清华紫光集团测控公司副总经理、战略研究中心主任，紫光股份有限公司董事会秘书兼投资总监、常务副总裁、副董事长、总裁，紫光集团有限公司董事、联席总裁。此外，还担任清华大学经济管理学院金融专业硕士生、金融与财务 MBA 行业导师，MBA 校友会副理事长、ITMT 行业分会会长、金融与财务 MBA 校友会荣誉会长，中关村上市公司协会副理事长，中国互联网协会电子竞技工作委员会主任等社会职务。

【沁园春】

清华生辰，我等秩年，同窗聚首。

看紫荆花开，校园尽染；思成名楼，披红挂绶。

餐挤食堂，汗洒球场，兄弟相逢携童叟。

笑彼时，忘终考几何，只知饭否。

如今故地重游，忆往昔青葱岁月瘦。

庆吾辈幸运，国盛当头；英姿勃发，大展拳手。

武当勤王，文则封后，半百辛劳为神州。

望明日，盼身心行健，载物德厚！

我在清华的点点滴滴

——杨立新（1989 级）

杨立新，1989 年考入清华大学电机系电 92 班。毕业后就职于联想集团任资深研究员。2018 年入职于集创北方系统技术有限公司任项目经理。现任职于凯泰斯特（北京）科技有限公司任研发总监。

我家住中关村北一条 3 号楼，清华南校门离我家只有不到 1000 米，校门到我宿舍还有 2000 米，大学报到分三天，第一天北京的报到，后两天外地的报到，父母和我一起去的，记得那天晴空万里，我们的心情自然好得不行不行的。从我入大学那年，大学开始收学费，一年 200 元，我们班电 92 班 34 人，男生 30 人，女生 4 人，其中北京的 5 人都是男生，经过一系列报到过程，我被分到了 1 号楼 362 室（后来搬到 28 号楼 409 室），到了宿舍，我一看房间挺小的，大概 12 平方米，3 张上下铺，安排住 6 个人，每个人的名字都贴好了，我的名字被贴在了一个上铺，我于是成了下铺那位兄弟的住在他上铺的兄弟。男生 5 个宿舍 357 至 363，358 是水房，360 是厕所，北京的 5 个男生分别被安排在不同的宿舍的上铺，我们宿舍另外 5 个，一个是贵州贵阳的席勇健、一个是四川广安的胡灿、一个是湖北孝感的覃伟、一个是广东紫金的廖志斌、一个是广东韶关的覃穆。我正在宿舍收拾东西，有人敲门，我开门一看，一个看上去年龄和我相仿的男子，白白净净的，我正想问他是不是这个班的，他先开了口，让我吃了一惊，他说是我们班主任，叫郑志祥，我心里惊呼，天哪一点都不像呀，他简单了解了我的情况，问我愿不愿意当生活委员，善良的我欣然同意了，接受了这个口头任命。当天，我见到了北京的另外4个哥们，其中来自汇文中学的纪震给我留下了挺深的印象，因为他一脸络腮胡子，我看他才有点像班主任。接下来的两天外地同学报到了，我的大学生活就算正式开始了。课程不是很紧张，每周6天共33节课，一开始我学起来挺轻松的，可到了期中考试，我的成绩在班里是中下等，看来全国各地的尖子还是名不虚传的。我并没有因此而玩命苦学，我觉得大学主要是培养人自学和处理问题的能力，所以并不是很看重成绩。我依然坚持着我的爱好乒乓球和桥牌，加入了清华大学乒乓球协会、北京市桥牌协会和中国桥牌协会。清华的晚自习是出了名的，每晚都要早早去才能占到合适的座位，甚至周末，我一般是不去上自习的，喜欢在宿舍一个人边听收音机边看书。从上中学时，我就发现自己有一心多用的能力，我经常是这节课做上节课的作业，到放学时一般就只剩最后一节课留的作业了。在清华上学其实挺枯燥的，但是我还是尽可能地使我的生活变得丰富多彩起来，除了大三时担任班长不好意思逃课以外，我一般只上第二、三节课，早饭要吃，午饭要早去，下午要睡午觉和跑步打球锻炼身体，所以第一、二、五、六节课我经常不去，实验课除外，是不得不去的。大学生活过得平淡而充实，虽然没有恋爱中的风花雪月，但是同学的友情和自由的生活让我依然觉得大学生活是一种享受，所以我建议现在想出国的中学生们一定要在国内享受完本科生活再出国，研究生可以去国外读，但本科一定要在国内体验。大学一年级没过多久，一个同学徐昕泉经国家公派赴苏联莫斯科包曼技术大学和航空航天大学留学，另外一个香港同学陈敬东从机械系转入我们班，再后来有两个同学因病休学1年转入下一个年级，所以我们班通讯录是35人，31个男生，4个女生。

在中学时，我的俄语成绩还是很猛的，一般都在97~100分之间，大学两年怎么也学不进去，一直担心过不了四级无法毕业，天助我也，最后幸运地以60.5分勉强过关，从此我认为大学毕业已基本无忧，大三还学了一年电机专业俄语和第二外语英语。大四时我怎么也想不明白的是从未有过不及格经历的我最终栽在"过电压及其防护"这门课上，而且让我百思不得其解的是仅仅我一人补考，就连平时老抄我作业的同学也考了高分，后来我分析原因是老师出题总出填空题，比如什么时间哪里建了一座电站这类问题，如果是计算电力分配凭我的智商是没有任何问题的，可怜的是老师说教了一辈子书也没见过这么低的分数——不到 50 分，可悲的是我考了一辈子试从来就没想到老师只出填空题，补考自然是顺利通过，死记硬背谁不会呀，何况自诩记忆力惊人的我，圆周率小数点后 200 位我都会背，我还有什么怕背的？大三时选修体育只有两个乒乓球名额，僧多粥少，让两个田径成绩好的同学挑走了，我只好选了一年排球，大四时同样原因我又选了一年篮球，使得从小酷爱乒乓球且小有成绩的我从没受过专业训练，一直是野路子。刚打篮球时，觉得不是一般的累，打乒乓球连续两个小时都不带出汗的，跑 5 分钟就累得不行不行的了，后来经过训练打 30 分钟就没问题了。献血的时候，我又因为心率过速被刷了下来，可怜我们班仅有的 4 名女生之一，虽然她体重刚过标准 90 斤，可其他指标一切正常，也献了血。

在大学时，我对文学和心理学感兴趣，逃课去图书馆读散文、小说和心理学著作，从小不喜欢读名著，对那些农村题材、部队题材的小说反倒读得津津有味，从喀喇昆仑山读到哈军工，也熟读过"飞雪连天射白鹿，笑书神侠倚碧鸳"，曾想写小说，可太费功夫，最终放弃。其实理想是要以现实为基础的，脱离实际的理想就是空想，只有脚踏实地，理想才能实现。晚上有些选修课，对心理学情有独钟的我一口气选了大学生心理学、社会心理学、青年心理学等一系列课程，没有选修课的晚上我除了骑自行车 50 分钟去什刹海体校打桥牌赛以外，就是经常在宿舍拉几个同学打两副牌的拖拉机，一般从 7 点打到 10 点熄灯。下午的宝贵时间我一般是不用来打牌的，睡完午觉去操场跑个 2000 米，然后去打两小时乒乓球。

大学的每个暑假我也几乎都没闲着，大一暑假我们去通县徐辛庄 52833 部队军训 1 个月，这是我第三次军训了（初三怀柔夏令营和高一承德军训 1 个月），高姿匍匐和低姿匍匐对我来说简直就是小菜一碟，做了几个标准动作后就免修去帮厨，最后考核半自动步枪射击 5 发 45 环优秀全连第一，被评为优秀战士。大二的五一国际劳动节我们一行 3 人（我和同班的杨凯军、阙维国）去山西五台山旅游，五台山是华北屋脊，最高峰海拔 3061.1 米，那里的天气真是奇葩，第一天晴空万里，第二天倾盆大雨，第三天鹅毛大雪，第二天淋湿的羽绒服在第三天冻得硬邦邦的。

大学期间我记得还有过一次说走就走的难忘的旅游，20天内始于泰山，从黄山归来。那是 1992 年的夏天，大学三年级的暑假，我们一行 5 人（我和自 93 的刘海、李良、罗念龙、王志刚），开始了历时 20 天的旅游。因为王志刚家在安徽滁州，我们买的是北京到安徽滁州的半价火车票，只要 21 元。第一站是东岳泰山，车到山东泰安的时候是晚上 11：00，我们中途下车，到泰山脚下是 12：00，为了看日出，我们决定夜登泰山。那是一个漆黑的夜，伸手不见五指，我们低着头，只顾往上爬，又累又困，谁也不敢坐下休息，因为一坐下就会睡去，再也不想起来，向上看，看不到尽头，看不到希望，一点信心都没有。爬了一阵才发现，军用水壶落在山下装水的地方了。大约爬到半山腰，终于看到一点灯光，啊，是个小餐馆，我们一窝蜂似地冲进去，每人要了一小碗小米粥，真好喝，当时真的是有一种想法，这粥里会不会有蒙汗药？就算有蒙汗药，我们也顾不得了，补充了点能量后，我们继续前进，山风吹走了困意，我们顿时精神焕发，经过十八盘的时候，我们已经感觉泰山在我们的脚下了，接着一鼓作气，于凌晨 4：30 登上泰山最高点玉皇顶，那种"会当凌绝顶，一览众山小"的感觉油然而生。由于山上很冷，我们每人花 1 元钱租一件军大衣来等日出，可惜的是没有看到太阳从地平线升起的那一刻，可能是有点阴天的缘故，等看到阳光时，太阳已经升得很高了。我们没有久留，一边下山，一边拍照留念，原计划去孔阜的，可下到山底，谁也没有精力去了。火车票两天内有效，于是我们搭过路车驶往目的地——第二站安徽滁州，由于没有座，我们有时坐在地上，到滁州王志刚同学家休息时，已经整整 40 个小时没合眼了，可以说是筋疲力尽。这一觉睡得真舒服，"环滁皆山也"，第二天我们游览了琅琊山，参观了醉翁亭，体验了欧阳修的"醉翁之意不在酒，在乎山水之间也"。为了等自 93 的王海涛同学，我们在滁州逗留了 3 天，然后 6 人前往第三站无锡，早上坐火车一个多小时到站，将行李往寄存处一放，当天游览蠡园和鼋头渚，晚上乘火车前往第四站苏州，当天住在纺织工业学院。第二天，一口气游览了拙政园、狮子林、留园和虎丘，苏州园林，名不虚传。第三天，开赴第五站南京，住东南大学，两天主要参观了邮电学院、夫子庙、雨花台和中山堂，然后赶往第六站上海。本来没打算去上海的，因为我们的主要目的是游山玩水，只是上海是个大城市，正好路过，就顺便去看看，走访了上海交通大学，逛了第一百货商店和外滩，当时外滩正在修路，没有想象中的美。对上海的印象不是很好，特别是阁楼，太拥挤了，让人喘不过气来。离开上海，我们来到了第七站杭州，在这里滞留了 4 天之久，住在浙江大学里，真是"天上有天堂，地上有苏杭"呀，我们去灵隐寺烧了香，游览了六和塔，参观了岳飞庙，泛舟西湖上，留影于三潭印月，美不胜收，流连忘返。从杭州坐汽车 6 个小时，我们来到最后一站——第八站黄山，黄山路窄，夜里不开，从早上一直到晚上，整整用了一个白天的时间才登顶，有道是："泰山归来不看山，黄山归来不看岳"，泰山以巍峨挺拔著称，黄山之美在于奇、秀、险，以雾、松、石闻名，遗憾的是我们没有看到雾，也没有看到日出，而且没有登上莲花峰，下山时有人提议坐缆车，被否决了。我们转道南京，坐火车回北京，结束了这一次愉快的长途旅行。由于我们大部分时间都住在学校，20 天的旅行，途经 8 个城市，每人才花了 500多元，还包括吃饭（100 多元）、住宿（就住了南京宾馆 1 天 4 元和黄山宾馆 1天 6 元）、门票（100 多元）、照相（200 多元，包括 6 个胶卷 100 多元和洗照片100 多元）、车票，现在想想，真的是不可思议。这是一次终生难忘的旅行，是我学生时代美好的回忆。

从教学改革视角看电机系的学术精神

——于歆杰（1991级）

于歆杰，1991年考入清华大学电机系电11班，1996年毕业后就读电博6班，2001年毕业后留校任教至今，教授，现任电机系党委书记。

在电机系七十周年系庆之际，我写了一篇《我在电机系十一年的心路历程》，从学生和青年教师视角谈了自己的体会。2011年，我担任了电11班班主任，因此写了一篇《桐花万里丹山路，雏凤清于老凤声——八十周年系庆之际写给同学们的几句寄语》，谈了3点彼时我的青年学生发展观。在准备九十周年系庆之际，我用了较大精力主持编写了《电机系九十年》中最近20年部分的初稿，其中也自然带了一些个人对电机精神的理解，比如90年4个发展阶段的提法，以及对电机人有一种刻在骨子里的不断追求突破的内在驱动力的阐述等。本文从另外一个视角，即从最近十几年来"电路原理"课程的教学改革历程，来总结和回顾一下电机系的学术精神。

自1932年建系起，电机系就开设了"电工原理"课程，其主体内容逐渐演化为现在的"电路原理"课程，并成为工科电类专业本科生第一门专业核心课。

钟士模、孙绍先、唐统一、王先冲、肖达川、蔡宣三、陈允康、江缉光、陆文娟等一大批学术功底深厚、科研和教学水平高的教授先后负责或承担这门课程的教学。课程曾获"国家级精品课""国家级精品资源共享课""国家级精品在线开放课""国家级课程思政示范课"等荣誉，两次获得北京市教学成果奖一等奖，广受学生认可和好评，在我国电工理论界享有盛誉。电路原理教学组有深厚的文化内涵，对授课教师建立了体系化的培养和发展模式，3 人获北京市教学名师奖，2 人获北京市教学基本功比赛一等奖，4 人获清华大学青教奖，教学组 4 次获清华大学先进集体，并首批入选北京高校优秀本科育人团队。

　　在介绍电路原理课程教学改革之前，先要谈一下我对学术的理解。大多数人认为，学术研究就是科学（含技术和工程）研究。我则认为学术研究包括科学研究和教学研究两个方面，它们有相同的流程，那就是：发现问题，寻找答案，分享成果。也就是说，我认为学术研究首先是一种处理问题的思维方式，将这个思维方式应用到科学问题上，就是科研学术；放到教学问题上，就是教学学术。每一个学者做科研，从来自文献或者生产一线的问题入手，以某种科学研究范式寻找解决问题的答案，最终将成果以专利、论文、书籍等形式进行分享。这个流程对于教学学术而言也是一样的。如果某位教师是真的用心进行人才培养，那他就一定会通过自身实践、阅读或交流发现在当前教学过程中的问题，由此入手以某种教学研究范式来试图解决这一问题，最终将成果以某种方式进行分享。因此我认为大学里上课的真学者，一定会遇到教学问题，一定会开展教学研究并且撰写教学论文，因为这跟学者开展学术研究的思维方式是完全匹配的。

　　当然，科学技术发展的时间常数要小于人才培养，因此科研问题更多、更明显，但这并不意味着教学中没有真问题。下面我就从教学学术视角来尝试总结一下"电路原理"课程在开展一系列教学改革过程中始终秉承了电机系的哪些学术精神。

一、始终坚持来自真实需求的创新

　　关于教学创新，可能会有两个问题，那就是绝大多数电路原理课程的教学内容都是 50~100 年前创造发明出来的成果，为什么需要创新？怎么创新？

关于第一个问题，我想从两个方面进行讨论。首先，电路建模和分析理论，以及实际电路元器件是在不断演化发展的，电路课程教师要让教学内容与时俱进。更为重要的是，学校对人才培养定位的调整，使得核心课程的教学方法必须改变。在我入学的 1991 年，清华的学生培养定位是"红色工程师"，也就是说，学生一方面要听党话、跟党走，另一方面要具备工程师的基本技能，有能力及时解决工程和生产过程中的问题。可是现在，清华要在 2030 年进入世界一流大学前列，2050 年成为世界顶尖大学，就需要把学生培养成为具有足够国际视野的拔尖创新人才，这其中创新意识和创新能力成为关键要素。我们没法想象，学生在大一大二的核心课程中对其创新没有着力培养，在其高年级和研究生阶段就能够突然爱创新、会创新。因此电路原理课程来自真实需求的教学改革问题就是：如何在成熟内容中培养学生的创新意识和创新能力？这不是靠老师更熟练地讲授课程能够实现的，必须进行教学创新。

关于第二个问题，我举一个例子：戴维南定理，这是电路原理中最重要的定理。"标准"的讲授方法是：介绍法国工程师戴维南于 1883 年提出戴维南定理；陈述戴维南定理；证明戴维南定理；举例说明戴维南定理是解题利器；布置学生课外练习以学会应用戴维南定理。这种处理方法没有根本性问题，我也是这样学会戴维南定理的。但是我们想通过戴维南定理训练学生的创新，就必须要在教学设计上进行创新。我们在讲戴维南定理之前，先给学生足够多的"梯子"，跟他们一起讨论一端口网络看入 $u\text{-}i$ 平面特性，学生会兴趣盎然地跟教师互动，讨论说明水平线、垂直线、过原点的直线分别对应电压源、电流源和电阻。接下来教师提问：刚才我们讨论的都是 $u\text{-}i$ 平面上的特殊情况，大家觉得一般情况可能对应怎样的电路？请用纸笔写写画画，然后用手机拍照，在"雨课堂"里投稿。接下来的 3 分钟里，老师不说话，等着学生陆陆续续投稿上来，经过初步选择，挑出一个正确答案（假设由 ABC 同学给出），并且将其推送给全班同学。教师接下来说一段关键的话："恭喜 ABC 同学答对了，但是很遗憾，你晚生了 100 多年。如果你早生 100 多年，我们接下来讨论的内容，就不叫戴维南定理，而是 ABC 定理了。下面我们就看看 1883 年的戴维南和今天的 ABC 的共同想法吧"。后面的处理方法和传统流程一样。通过这 5 分钟的教学设计，让 ABC 和其他同学都亲身参与的戴维南定理在课堂上被再创造的过程。经过一系列创造性的教学设计，我们在每节课中都包含了这样一个让学生参与再创造的知识点。作为核心课程来说，这就是来自真实需求的学术创新。

二、始终坚持敢于啃硬骨头

在我看来，创新者有 3 个不同层级：指出方向的人，开辟道路的人，拓宽道路的人。无论教学还是科研，遇到了问题后，最为困难的是解决问题的方向，因此能（正确地）指出方向的人，毫无疑问是最高级别的创新者。但是知道方向和能走到哪个地方，是两码事儿，这里面有"无人区"，会遇到大量前所未遇的新挑战，因此能够真正把一个大致靠谱的事儿无中生有做成的人，毫无疑问是了不起的创新者。当然不同环境下，在具体实现过程中，还会遇到各种新的情况，因此为了使得学术成果得到更为广泛的应用，需要不少人针对各种情况在现有技术路线上进行拓展，他们也是创新者。我想作为清华人和电机人，我们至少要成为开辟道路的人，并且努力成为指出方向的人。落实到教学学术创新上，就需要不停留在文献综述和现有技术方法的落地应用上，要习惯在黑暗中向着光明前行，敢于并且善于成为捅破窗户纸的人。

朱桂萍老师牵头开展的小班完全翻转课堂的改革就是这方面的典型案例。要想在大一的电路原理课程中培养学生的创新意识和能力，必须放弃传统的"上帝视角"，要给学生提供创新的环境和氛围。这个思想毫无疑问是对的，但是究竟如何做到？在 2014 年，我们开展小容量班级翻转课堂改革的时候，国内外并没有成熟经验可以借鉴。在朱桂萍老师的主持下，电路原理教学组以舍我其谁的使命感，勇敢地进入教学改革的无人区。要让学生创新，必须让他们在课堂上充分交流，因此我们提出了教室改造方案，并得到教务处的大力支持，对六教 6A010 和 6A011 两间教室进行了改造，每 6 人圆桌围坐、墙面全是黑板、插座在圆桌中央、讲台移到教室的角落……这些构想完全来自于一线教师对翻转课堂教学组织的设计，即使在现在看来，也毫不过时。在环境能够满足需求后，朱桂萍老师将所有现成的讲授式教学课件完全推倒重来，设计了基于慕课资源的课前预习安排、基于课前预习的课内讨论和课外设计性实验。学生在课前进行基础电路知识的学习，在课堂上通过彼此讨论重新发现知识、深入理解知识，课外需要自行设计并实现能够验证知识和综合应用知识的实验。在这种模式下，学生来到课堂里是探讨知识的，而不是获取知识的，因此他们对参与课堂兴趣盎然。为了进一步改善学习体验，我们又与设备厂商合作，推出"雷实验"，让学生随时随地能够设计并且完成电路实验，真实的测量数据随时能反馈给教师，教师随时能对实验结果进行验证并给出进一步意见。教学组在小班翻转课堂方面的这些开创性工作，都是向着培养创新意识和能力这一正确方向，彻底打通理论课与实验课的空间鸿沟和课内与课外的时间鸿沟，成功地"蹚出一条血路"，当然这样的成果具有非常强的引领性和示范性。

三、始终坚持开放共享共赢

习近平总书记在给清华 105 周年校庆贺信中指出：清华大学是我国高等教育的一面旗帜。他进一步在 2021 年 110 周年校庆前夕考察清华大学时要求学校要进一步树立旗帜意识，出经验出示范，系统探索总结可复制可推广的中国特色现代大学制度和办学模式。这就要求清华大学在管理、教学和科研等方面的改革成果要能够及时惠及其他学校。在这个方面，电路原理教学组始终保持"以开放促发展"的心态，大力推动我国相关课程教学水平的提高。

早在 2003 年，清华大学电路原理教学组就牵头成立了京津地区电路课教师听课制度。在 2014 年开展电路原理翻转课堂教学改革之际，我们主动邀请南京大学、青海大学和贵州理工学院教师深度参与，合作拍摄慕课微视频，商讨设计各具特色的教学方案，协同推广翻转课堂教学模式，共同撰写《以学生为中心的教与学》专著……以这 4 所高校为基础，2015 年起牵头十余所高校开展了基于 SPOC 的翻转课堂研讨，逐渐影响了全国近百所高校的电路课程教学。2015 年清华电路原理教学组牵头组建了"电路教师之家"微信群，目前已包含全国近 500 位电路课程教师。微信群里讨论活跃，时不时会爆发关于某个基本教学点的激烈讨论、争论和辩论。2016 年起教学组与学堂在线合作，在全国范围内举办了多期"雨课堂 × 电路原理"研修班。截至 2021 年年底，教育部共评出 30 门电路国家级一流本科课程，参加过该研修班的学校教师（主要为课程负责人）有 15 门。

以清华大学电路原理教学组为核心，已初步形成优质教育资源共建共享的一整套机制。2021年，清华大学电路原理教学组牵头，联合全国32所高校的342位教师共同申报电路原理国家级虚拟教研室，希望进一步利用克隆班等信息技术提高高校电路课程教师的授课水平，并计划在几年内将覆盖范围拓展到百所高校的千位电路课教师。最近十几年清华电路原理课程教学改革的实践生动诠释了只有开放才能引领、只有开放才能发展的硬道理。

根据我31年来在电机系求学和任教的经历，电机系的学术精神其实也就是本文的3个部分，即刻在骨子里的创新意识、迎难而上的使命精神和开放共赢的发展观点，这3点在电机系90年发展过程中，在电机系人才培养、科学研究、社会服务、文化传承创新和国际交流合作的方方面面不断涌现，成为电机人共同的精神财富。

216 的原住民们
——郭巍松（1992 级）

郭巍松，1997 年毕业于清华大学电机系，毕业后进入数通行业，现为浪潮信息交换机事业部的系统架构师。

如今已是 2022 年了，今年入学的本科生，按照清华人的说法，是 2 字班的学生了，我也是 2 字班的，30 年前的 2 字班。

30 年前，清华南门外今天号称"宇宙中心"的地界上，道路还很残破，路边还都是些低矮的小饭馆，那时的东门距离主楼还很近，出了门就是菜地，晚上黑得有点吓人。学校南北主干道的最北边有几个新的宿舍楼，比起 20 世纪 50 年代的那些老楼来说，看起来现代一些。

我们的记忆安放之地，28 号楼，就在这几栋新楼之中——如今也算老楼了吧？

28 号楼，在 1992 年是清华最新的宿舍楼，凹字形，开一口对着小河边，6 层高，看起来规模颇大，6 人一个宿舍，大约可住得 2000 多人。

216 房间，就是我们的宿舍，我们也是这间宿舍的第一代主人。

宿舍的陈设很简单，3 张 1 米宽的上下铺铁架床，每个铺位简单的一张薄床板；3 张方桌，各有两个带锁的抽屉；6 个壁橱；几个木凳。

入住的 6 个人，论身高体重，我都是第一位。

年龄却只能排到第二。

第一位的自然是胡老大，这是尊称，更多的时候都是直接叫胡子，大名几乎没什么人叫了。胡子是兰州人，黑红的脸庞，有着令路人侧目的爽朗笑声，也有大手（其实有点小）一挥指点江山的习惯，很有革命现代京剧《沙家浜》里那位曾藏身水缸的胡司令的气势，所以很多时候大家也叫他胡司令。

胡老大比我大了近半岁，虽然有着西北人的脸色和毛发，却全然没有西北大汉的雄壮，身材是矮墩墩的，而且并没什么凸起的肌肉，各处都圆滚滚的，这大概是因为有着喝凉开水吃馒头都能长胖的体质。那个年代大西北整体都比较穷，胡子上学时吃得都很节俭，但一点没妨碍他长肉，如果不是身高实在吃亏太多，我这第一体重的位置多半是拿不到的——当然他虽然先天不足，后天还是很努力，毕业后还是很快发力，把我远远丢在了后面，这是后话了。

既然号称胡司令，义气还是要讲的。有一次我中午吃完饭回来得晚了一些，胡子先回来，就碰到了党组织派人来了解我的情况，胡子一边心里埋怨我不声不响地写了入党申请书，一边还是很讲义气地狠狠夸了我一顿，一番天花乱坠之后，赶上我回来，才发现原来组织上闹了乌龙，找错了人。

胡子是个一直有着充沛热情的人。早起跑步他经常是最积极的——虽然既没看到多了些肌肉，也没见减肥成功；学过溜冰，还真学了些花样，滑起冰来挺有冰墩墩的感觉——尽管也曾因此碰得头破血流；即使睡觉也比别人响些，幸好他不在我正上方，时间久了又早已习惯，倒没有晓强那样的怨念。

胡子毕业后很快开了自己的公司，也仍然延续了无限的热情，每次见面似乎也都在谈他的技术，公司持续到现在，我其实也没搞清楚过公司的名字，但这个时代，自己能开一个能活 20 多年的公司，哪怕只是十几个人、七八条枪，也是英雄了得，不堕胡司令的名头了。

排行第二的就是本人了。我的铺位在进门右手边的下铺，陈杰说我当年有文青气质，大概是有一点吧，可惜是光有气质，学问却远远不济。好在京城长大，中学也没进什么名校，竞争压力就显得没有那么大，因此就有了好多时间去玩，所以杂书也看了一些，棋也下了一些，计算机也学了一些，也爱唱个歌，偶尔也玩个乐器，所以虽然样样稀松，却也足以自娱，笔头上虽比不得几位大才，却也勉强可以应付。

　　大概大二的时候吧，有个北大的女生宿舍在学校里贴广告，要找个联谊宿舍，作为理工科为主的顶尖学校，除了少数系外，大抵女生都是十分稀缺的，北大的女生显然算得门当户对，216的一众光棍们一见机会，心痒难耐，便嚷嚷着要写封信应征。禁不得大伙撺掇，素来被认为有点文艺又有室长之名的我被大家推举出来。那个年代当然还没有什么电子邮件，我只得铺开信纸，把各位舍友逐一夸了一遍。信发出去，不久还真收到了回信，说是周末上门。到了日子，光棍们像迎接卫生检查一般把屋子打扫干净，不久女生们如约上门，落座后，宾主进行了热情友好的交谈。几天后又有来信，自然是委婉拒绝——我很怀疑是不是因为我们宿舍实在是没有能吸引眼球的高大帅哥，本人虽然号称第一高度，其实从小学到高中一直是前排就座，一米七的身高，即使按当年的标准，大概也只能算勉强及格。

　　清华虽是理工科为主，当年也是很出了几个歌手乃至词曲作家的，年轻人爱唱歌的并不少，水房里、澡堂里都不缺少或慷慨或深情的高歌之士——当然也包括我这半个文青。一次晚上在二教自习，赶上停电，众人只得出来，竟发现有不少人在唱歌，自然便跟着唱起来，后来唱歌的人渐渐聚集，竟自发地集中在大礼堂前的阶梯上，面朝大草坪唱起了合唱，不少人还手里拿着蜡烛，今天想来总觉得有些恍惚，仿佛那些举着蜡烛的该是如舞台上般穿着白裙的，没举蜡烛的大半也该是穿着西装捧着乐谱的，然而当然不是的，那只是些穿着各异的普通学子。不久供电恢复，一曲终了，大家吹熄蜡烛，各自散去，仍是陌路。这大概就是理科生的浪漫吧。

　　临窗的一床上铺是陈杰。这名字我至今觉得口感、手感和音律都很陌生，因为那几年大家都是叫他老驴的。这叫法也不清楚是谁的发明，我也只是跟着叫，本以为是因为他有一张长脸，不过后来老驴亲自解说，这美名所赖，并非是凭着颜值，而是实实在在经过众驴认证的一呼百应的实力。老驴看起来比年龄要成熟些，也舍得拿自己开涮，别人这么叫，他也不生气，还会"啊、啊"地学驴叫凑个趣，后来叫开了，就成了近乎正式的称呼，顶多是年轻点的叫个驴哥。

　　老驴是蚌埠人，勉强算个南方吧，那时国人的营养水平还比较低，所以他虽然身材不高，但在家乡也算拿得出手了。老驴身体精瘦精瘦的，鼻梁有点高，眼睛总像使劲睁着，有女生说，老驴算是我们宿舍唯一有点帅的——我这直男审美其实也是好多年后才隐约领悟到。老驴不光脑瓜好使，身体也倍儿棒，百米有着 12 秒出头的能力，球也踢得像模像样，算得上我们宿舍的体坛担当了。唯一老天不太眷顾他的就是深度近视，运动时也要用带子把眼镜牢牢拴好，看上去有点像后来的眼镜侠。

老驴大概是班里结婚最早的，研究生毕业时就办了"盛大"的婚礼，之后就远渡重洋，再见时已是两个孩子的父亲，头发也有些褪色了，然而身材还维持得很好，精神也矍铄如昔。

老驴的下铺是弘元。弘元是广西柳州人。跟老驴一般的身高，一般的体重，身体略显单薄，脸上又生得白白净净，如果以书生标准来说，可算得上是我们宿舍的颜值担当了。

弘元的普通话发音其实蛮好，但还是有些特别的语气词，显得有些生涩，但学起广东话来似乎是有着先天优势的，粤语歌唱得像模像样，比我等北方人效颦的味道正很多。

但凡宿舍，大约卧谈会总是省不了的，天下大事、家乡小事乃至有的没的八卦都不少，弘元在我们中间不算话多的，但也常有惊人之举。有一次聊得兴起，已是后半夜，正热闹间，忽听得有些异响，竟是刚刚谈话的原音重放，原来弘元竟暗暗地给大家录了音。不知这磁带现在还在不在，今天看来，倒是珍贵极了。

弘元一毕业就携温婉女友去了珠海，很快就买了房，在那个风景秀丽的特区城市，小日子过得好不舒服。只是遗憾发际线退后得早，有点破坏形象。

胡子的下铺，也是我的对床，就是小白了。小白名冰，大约是因为"冰棍"的缘故，后来被小六起了个没什么文化的诨号叫阿棍，尽管三位小陈显然都比小白更像棍一些，但叫得多了，倒也得到不小范围的接受。

小白是石家庄人，虽然算得上是赵客，但显然跟快意恩仇的侠客不沾边，身材只比胡子高 5 厘米的样子，有些婴儿肥的脸上总像是带着些谦卑的神情。熟悉了之后，会表现出似乎是为了克服羞恼而故意做出的嚣张模样，很有些孩子气的可爱。多年之后再见时已经经历了太多，只剩了谦逊有礼，其实有些遗憾的。

　　小白即使在清华大概也可以算是聪明过人了，如果不是河北的竞争实在过于惨烈，大概不太会"屈身"电机系的，遇到难题时，只要啾啾有声地把各个手指挨个唆上一遍，大概十有八九问题都会迎刃而解的，如果还不能解决，就再唆一遍。因为足够聪明，所以涉猎倒也挺有些广的，不过并没有太沾染我们这些所谓文青的酸气。

　　小白人如其姓，其实肤色很白，只是那时青春焕发，青春痘也焕发，脸上就显得多了些火山头，影响了整体观感。小白有点好酒，有一段时间大约是有些失眠，晚上睡前经常要对瓶喝些小二，别人喝酒脸红，小白是全身都红，而且来得很快，不需要喝太多。

　　小白虽然看起来有点腼腆，但其实蛮有闯劲的，实习后我跟小六、小白和翀仔做伴从兰州去敦煌，之后我和小六返回，小白和翀仔两个人却继续向新疆进发了，学生时代的穷游其实是最有意思的，当然也会显得艰难和危险不少，据说他们还搭着当地人的大篷车一起走了很多地方，实在令我羡慕不已，后来好多年都遗憾当时没有一同去——后来再去新疆已是20多年后了，基本都是坐着大巴车晃悠，再没有学生时代的感觉。

　　睡在我上铺的兄弟，就是小六了。小六大名陈俊杰，江苏宜兴人，江浙那边大概发展得早些，宜兴又有紫砂壶这样驰名的特产，所以家境大概是比当时普遍才免于饥寒的同学好一些，说话间的底气不免就显得壮一些，出手不免就显得豪阔些，所以最初我们都是叫他"大款"的，谁知他不知怎的，跑去219入了个伙，因为加入得晚，明明年纪比阳川还大些，却只好做了小六。幸好他在216是真正最小的那一个，叫小六也不算冤枉，所以后来渐渐地更多人叫他"小六"了，"大款"反而不大叫了。

　　小六在216算是第二高度了，比老驴和弘元有肉，头也略大些，但还是偏于豆芽菜。小六说起家乡话时发音短促细密，外人完全无法得知所述为何，他最初说的英语同样难懂，发音更像是日语，让我一度怀疑日语也是他们地方话的分支。他因而说普通话也有发音比较短的倾向，一度想学北京话的儿化音，但"倍儿棒"到他那里就成了"笨而棒"，听起来很有喜感。

　　小六是个很 nice 的人，单纯而善良，遇事能为别人着想，性格上蛮适合给女孩子们做个男闺蜜的。大概为了增加点魅力吧，一度还曾去学了一段时间的吉他，我那时也常常抱着他的吉他玩，最初他看我轻易地玩出了调子还觉得蛮不错，后来学得多了，长了见识，就开始嫌我弹得更像弹棉花——后来想想，还是挺贴切的。我后来从自己弹的情歌里听出了隐隐的杀伐之声，就此丢下，也不知道他是不是还在玩——我猜大半是早扔下了。

上次见到时，已经是两个孩子的父亲，推着辆童车，很耐心地哄孩子，看得出来，小六是个温柔又宠娃的超级奶爸。

216 一直就是我们六个人，除了老驴因为混学生会短期搬出过一段，其他就没有过什么变动。期间我们一起攒了人生第一台个人电脑，见证了 Win31 和 Win95 的诞生，一起在每个缝隙都塞满人的活动室里看足球赛，也一起在输球后数着窗外被砸碎的酒瓶和暖瓶。周末有时会一起去大学生之家打牙祭，晚上有时也会在熄灯后从楼下小卖部买上一瓶黄酒秉烛夜饮。我们虽然来自不同的地方，有着不同的梦想和去向，还是在一起度过了一段难忘的水木年华。

我们在香港回归的当日毕业，两日后，我最后一个离开宿舍，翀仔送我上了出租车，临别时不免有一点感慨，落了几滴清泪。后来虽多次返校，却再没上过 28 号楼，当然更没见过 216 的后来者，所以在我的记忆里，216 始终还都是我们的。好多次午夜梦回，推开门，我的铺位还是老样子，老几位也都还在熟悉的位置上，仿佛未曾离开过。

毕业 20 年

——塔尔盖（1996 级）

　　塔尔盖，蒙古族，在内蒙古呼和浩特出生长大，后来保送清华电机系。清华本科毕业后去美国留学／工作。先后在美国 GE 公司做工程师、在 Valeo 公司做项目经理。后在 Stanford 获得 MBA，毕业后加入财富 500 强 Danaher 集团旗下 KaVo 公司的美国总部。两年后，被派回国内做中国区高管。2014 年底辞职创业。2015 年创立极橙齿科，并获得真格、分享、IDG、道彤、清新资本等数家机构的多轮投资。现专注于打造一个"帮孩子快乐看牙"的儿童齿科连锁，全国开办了 13 家诊所，是儿童口腔领域的领导品牌。

　　一转眼毕业 20 年了。

　　20 年前，觉得 20 年以后是遥不可及的事情，因为那个时候的自己也才不过二十几岁。现在回想那个时候，很多场景还历历在目。

　　20 年前，觉得 20 年以后的自己肯定已经是叱咤风云、登峰造极、飞黄腾达，因为那个时候的自己觉得整个世界都是自己的，等着自己去征服。现在呢？发现自己是发际线逐渐退后的中年男人，和公司里年轻同事的父母同龄，还在前进的路上慢慢挣扎，努力打拼。

20 年前，因为自己是"清华制造"而深深自豪。现在呢？居然还有人知道我是清华毕业的而赞叹一声。离开母校 20 年了，没为母校做什么，却还在沾母校的光。

20 年前，懵懵懂懂地离开了清华，不知道自己学到了什么，不知道自己未来在何方。现在呢？还是在寻找和思考，但是发现清华的烙印深入骨髓。不来源于当时就没学明白的线性代数，更不是因为差点挂科的模拟电路，而是来源于那种和一大堆顶级聪明人同吃同住同哭同笑同做实验同写作业之后，对于优秀的定义，对于天高地厚的敬畏，以及发自内心的常对自己的提醒：山外有山，永远不要太把自己当回事。

20 年前，"自强不息，厚德载物"是校训，也是口号，每天能看到却很遥远和模糊。现在呢？因为理解了这句话的厚重，所以反而不敢每天挂在嘴边。

20 年前，因为结识了这一班兄弟姐妹而感到庆幸和温暖。现在呢？虽然联系少了，但是大家在心里，永远占据着一个独特的位置：大学同窗。

站在今天看，大学毕业那天大约正好是过往人生的"中点"。很感恩，自己在清华度过了中点。很自豪，自己可以一辈子以"清华人"自居。

你的名字便是诗章
——郭庆来（1996级）

郭庆来，1996年进入电机系电61班学习，本校博士毕业后留校任教，现为电机系长聘教授。

记得刚刚入校时，每个班要出班刊，某次将很多同学的名字嵌到了一篇文章里，可惜已经找不到原文了。转眼毕业二十年，再次尝试将每个同学名字中的至少一个字"聚"到这首酸诗中，以弥补因疫情而不能相聚的遗憾。一开始，纯粹为了押韵堆砌辞藻，但写到后来，自己都觉得有些感动了……献给永远的电61。

时间从未放慢脚步
徐徐到来，然后匆匆转场
青春似乎才被肆意挥霍
转眼只剩下中年的模样

相识如画
朱砂调色，逸兴飞扬
相知如诗
韵脚华丽，余味悠长

而离别如歌

钟声响起，天各一方

吃不完的散伙饭

喝不尽的悲伤

从日暮到破晓

从清醒到迷茫

有人醉谈着崇高伟大的理想

有人拥抱着互灌心灵的鸡汤

感觉永远都不会结束

直到有人开始哼唱西山苍苍

那时还流行的纪念册

扉页是金色的纸张

互祝对方鹏程万里

打趣彼此富贵勿忘

还有些话说出来太过矫揉

全放在文字里，涂满忧伤

无论是否准备妥当

都被盖上同一印章

懵懂中走出校园

周围开始充斥挑剔的目光

学会在挫折中成长

习惯在成长中遗忘

总想坚毅地超越自己

也有时模糊了梦想

不变的是一种寄托

常勾勒出旧时光

始终凌乱的宿舍

一直陈旧的门窗

总被踢碎的暖瓶

旁若无人的小强

多年后常常想起

却是满屋斑驳的阳光

从丙子到庚子

一切过往，皆为序章

你问我最近一次思念？

思念如剑，就在刚刚

附：电六一的 31 位兄弟姐妹，你们的名字就是最美的散文诗

刘崇茹、徐璟、李扉南、庚炘、张旭、周劼英、郭庆来、郭毅、高峰、赵宇鹏、塔尔盖、虞苍璧、夏祖华、李福贵、宋文超、李刚、郭剑、吴强、纪慧波、崔伟、施剑、朱鹏、钱序、刘斌、汤宏、涂卓、钟志安、吴云超、牟晓勇、陈惟斌、全晓霖

青苹果乐园拾趣二三事
——覃慧芳（1996级）

　　覃慧芳，曾获清华大学电机工程与应用电子技术系工学学士学位，后赴美读书，获加州大学伯克利分校电子工程与计算机科学系博士学位。曾就职于谷歌、Facebook，现任Twitter数据科学总监，主管社交媒体平台言论健康与安全。

　　生活就像一个调色盘。作为正统理工出身的技术男女，人到中年正值盛放年华。所谓事业过了上升期，膝下娇憨儿女环绕，高堂矍铄亲朋满座，端的是姹紫嫣红，此间春色满园。而那各家的配方又自不同，或泼墨事业，或写意亲情，或工笔于各种奇趣雅志。在地球村的每个角落，总在不经意间邂逅校友大作，令人感叹世界精彩。

　　时光倒转二十年，记忆中的色彩要纯净许多，像是初夏满校园的郁郁葱葱，或是秋风吹起主干道边的落叶，还有寒冬雪后的礼堂和西操。那时的世界似乎也要简单许多，没有微信，没有手机，没有短视频和热搜。记得1996年大一刚入校，约上初见的室友一起去八食堂边的小屋给家里打长途电话，遇见同班叫不出名字的大脑门男生及一众室友。后来趴在枕头上陆续写了许多家书，用掉了几张楼下大耳朵的电话卡，听熟了楼道里天天傍晚回荡的"422，有人找"，终于有一天迎来了宿舍装电话，也就有了再后来我妈一大早天没亮打电话被室友告知我已经去教室占座了的佳话。

而 1997 年之后信息时代的到来，像一面棱镜在生活侧畔浮现，将最初素净的校园时光折射出各种五彩的斑斓。如果说回忆是一部电影，开篇的那些镜头虽然模糊但美好而亲切，比方说：

1996 年秋天入校，找到宿舍房间放下行李，认识了同屋三位可爱的小姐姐，就兴冲冲地去照澜院邮局隔壁的银行排很长的队等待开账户，设置新生活；

大一的军训好像是热烈地打扫了卫生然后有人上讲台做了慷慨的检讨；

军训之后那个中秋的夜晚和新认识的班级同学在礼堂草坪上簇拥着一个美味的蛋糕开展了团建；

来自天南海北的新同学们就各地的方言展开了深入的探讨和互相的学习，见证了东北姐姐问扬州姐姐"你知道便宜是什么意思吗？"然后解释"就是不贵"；

虔诚地去新馆学习图书检索课程，学到的技能这辈子没用过估计也用不上了；

不知道为什么有一阵清早全班拉出去一起热情地晨跑，然后上课打瞌睡；

中午下课抖擞精神去吃八食堂的炸鸡蛋、九食堂的凉皮、七食堂的京东肉饼；

在食堂吃面听到旁边女生给另一位女生介绍说这里的油泼辣子的味道很没有文化，自此引为金句回味良久；

被主干道两侧的各种俱乐部招新广告吸引，兴冲冲地去面试戏剧表演俱乐部和广播站播音员，结果都没进，最后决定去学生会打工；

大一的微积分期中考给幼小的心灵带来许多威慑与震撼；

每周去趟照澜院寄信取钱然后蹭一顿鸡汤馄饨、小包子、肉夹馍与刀削面，仿佛人间天堂；

晚自习后光顾楼下小卖部两块五的煎饼果子、三块钱的菠萝、两块钱一大袋的冰淇淋；

在一教旁边诡异的某个小门里面走楼梯上去教室然后做光学实验；

男生们轰轰烈烈的各种足球赛局，女生们热热闹闹地到处勤工俭学；

1996 年冬天的第一场雪，南方来的同学们欣喜若狂；

第一个学期结束之后和老乡们结伴开始漫长的火车旅程，坐了 36 个小时硬座之后终于到站然后转长途汽车和轮船回家；

青苹果乐园拾趣二三事——覃慧芳（1996级）

回家之后激动地让妈妈买了两个椰子放在阳台上，一个月后带着坏掉了的椰子回校给同学们尝鲜结果很尴尬；

寒冷又温暖的早春在西操游泳馆被手持长棍的教练赶下水学习游泳启蒙，然后赶到礼堂旁边某个极具仪式感的教学楼里面上机械制图课，课上可以尽情地想象各种零件的三维透视；

大一在学生会参加组织了很多有趣的活动，包括著名的女生节和跳大绳比赛，学年结束的时候参与学生会竞选，在发表竞选演说之前得到我班东北大哥温暖的祝福和叮嘱，说是把台下的人都当大白菜就好，然后在台上演说的时候看到众多大白菜当中这位大哥特别灿烂的笑容，一直记在心里；

大一后的暑假和同学们一起去山东参加社会实践，写了很长的报告但是记住的事情不多，包括在农家鱼塘里钓鱼和在公园逃票上山以致同行的某些同学被管理员抓获并检查学生证；

大二以后已经非常适应骑着二手小车在校园里穿梭的生活，以至于一度练就了在寒冷的冬天里可以不戴手套，并且左手握一把瓜子、右手攥着瓜子壳，骑着没闸的一辆小破车从5号楼穿过校园赶到一教去上课；

大二冬天，是一个长跑的冬天，不爱动的女生们迫于1500m的压力也不得不时常在课后加入黑尘飞扬的西操跑道战局去锻炼腿部肌肉，勤劳的我有一次在化雪之后的早晨呼吸着寒冷清冽的空气完成了长跑练习，第二天开始发烧，然后在同屋姐妹们的护送下住进了留学生楼旁边的校医院，确诊肺炎然后住院治疗了大约一周，期间姐妹们每天贴心护理给我送饭，然后打开自己的饭盒在病床边一起聚餐，短短一周时间都是感动的回忆，后来我出院了，在白雪皑皑的西操跑道上悲情地完成1500m补考，前头有姐妹们轮流带跑，最后居然好像还及格了。

如果说回忆是一部电影，这一部一定是用蒙太奇手法拍的，因为之后的那些镜头忽然改变了风格，变得千篇一律而又充满刺激，因为生活中出现了一种事物叫做BBS。

说到BBS的故事，还要从信息化讲起。从小时候学习重要的省钱技能"电报体"，到上中学开始用书信载体完成包括投稿、家书、鸿雁传情、笔友谈人生等各种重要的通信任务，再到清华东门外那块巨大的"走过路过没法错过"的

FM365 大牌牌，和 2000 年毕业前已臻如火如荼之化境的互联网烧钱大战，我们这代人可谓是用生命观看信息化从"投胎"直到长成"超级赛亚人"之完整历程的一批幸运观众。

而这出大戏的开场，对我来说是在 1997 年春天的一个中午，从水利馆下课出来骑车穿过广播站和大学生之家的十字路口回宿舍的路上，擦肩路过一位计算机系的高中校友时，听她激动地在给同伴讲述昨天给家里发了封电子邮件的神奇经历。那一刻听到的这个历史新名词，像一颗种子轻轻落地在脑中发了芽。

后来不久，年轻人的周末除了出校找老乡又多了个新鲜项目，就是和室友相约拿上学生证去主楼后面一个叫做开放实验室的地方，排队、刷卡、找机器坐下、上网。最早的上网很淳朴，就是一帮小朋友瞪着没什么好看的屏幕，听室友姐姐的帅哥老乡讲解打开 hotmail 网页然后申请一个邮箱。其中的亮点是邮箱账号自己起名，所谓称王称霸都可以。这个福利在当年只拥有过大名小名和外号还都不是自己起的小朋友看来，的确是颇有诱惑的。而申请了邮箱之后其实也没有什么人可以发邮件，剩下的活动只有崇拜地看着帅哥展示用 html 语言制作的介绍家乡的网页，看完了也不知道崇拜的到底是帅哥，还是网页。

再后来纯朴的女生生活也开始激动起来，夜谈的主题变成了凑钱买一部宿舍电脑。一群小白的电脑梦想很快在友邦人士援助之下实现了，具体技术实现方式作为印象派人士就无法追踪了，只记得宿舍里出现过我班善良的四川小哥和乐于助人的北京大哥。

对于不具备 CS 天赋而又专注功课的工科女生，与信息化这个魔兽的大学缘分原本应该到此为止。但是当社交这个风靡接下来数十年直到今天的互联网杀手级应用以最早期萌芽的形式出现，就立刻在小朋友平静的校园生活中掀起了滔天波澜。时至今日，还记得当天在开放的进门直走再拐弯处向里的一排座位上，某个小朋友对着电脑屏幕先尝试了创建账号 coco，失败，coconut，失败，第三次输入 cocogirl，成功。从此这个账号就伴随着一个小朋友人生的成长、青春的记忆，直到二十多年后这个大朋友在成功入职 Facebook、过上专业玩社交的生活之后，某一天忽然收到名字熟悉的同事发来的工作讯息，说还记得我们当年在 BBS 上的聊天吗？我说记得聊天可是不记得怎么认识的了，同事犹豫一下说我在开放看到你，从座位查 IP，IP 查用户名，就聊天了。我作崇拜状，心想这样的故事对于工科女生，也就只能发生在清华 BBS 上了。

时光流转二十年，当年满乐园的青苹果伴随着信息大潮席卷全球，飞散到世界的各个角落，生根发芽开花结果，见证时代潮起潮落、云卷云舒。愿我们的故事，昨日尚可追忆，明天刚刚开始。

水清木华，韶光何处
——沈光辉（1996级）

沈光辉，清华大学电机系 1996 级。2000 年直读本系硕士研究生，2003 年毕业。曾在通用电气医疗、西门子医疗任职。现在美敦力（上海）管理有限公司任职。

2020 年的春节假期，由于新型冠状病毒的缘故被迫加长了假期，被迫开始了在家办公的日子。除了上班开会、陪着孩子做作业上网课、买菜烧饭安顿一日三餐外，偶尔还能有些时光回看这毕业来的 20 年。

在家办公，对于我们这批最早接触互联网的人来说，其实也不是太新鲜的事情。我们在学校的本科四年，完整地经历了从等着楼长在楼下大喊 ×× 电话，到买 201 电话卡在楼下电话亭排队打电话，再到听到 BP 机滴滴响冲下楼回电话，然后开始有电脑联网，有 E-mail，有 BBS，再到有手机，开始靠 70 字的文字短信作为主要联络的通信和交流方式的巨大变化。现在在谈的网上陌生人社交、熟人圈、工作群，回想起来那时候多半已经有了雏形。那时候的 BBS、MUD 还有 QQ，网线两端的人多半的时候是没有见过的，但一来二去慢慢也就因为不同的原因熟了起来。慢慢各个宿舍楼都通了网，每个实验室联上了网，找到同学的第一选择，好像不是电话，而是 BBS 上留言。

现在回想起来，我们可能真的曾经错过了好些小目标。哪怕再小一点的小小目标，比如说淘宝收费 20 元一次的夸夸群，其实并不比我们在 220 秉烛夜谈时充斥着 Gong 和 Ji 的彼此的吹捧先进太多。现在动辄出台费几十万的电竞主播，似乎听起来也没有比老杜阿梅讲起英雄无敌如何挖矿找金子更加生动多少。而那些对 VVIP 收费上万的婚恋网站，也许还需要用柱子哥这样的传奇网恋故事来打动受众掏钱买单。今日张口闭口的社群营销的所谓 KOL，可能的社群号召力和影响力，不见得超过水木的站长和版主多少。

但是，这些小目标都随着我们离开校园，离开了我们。我们都开始各自辗转在自己的一日三餐、一家三口以及各种的大城小事或者小城大事和各自工作的 KPI 上了。

散开后，和大家聚得并不多，但惦念很多。

上海及周边的同学，我，陈迁，卢丰，柱子，老莫，老杜还有后来回国的 akai，多多少少会有些"偶遇"。

陈迁在上海工作开始的几年，时而还会约到一起去户外走走。但他要使用 GRE 和托福分数的目标始终明确，坚持在上海没有买房，几经努力后终于去到了美国，然后有了两个孩子，然后就只能在他偶尔回国探亲的时候叙叙旧，吐吐槽。

第一次再见阿梅和老杜是在无锡。我刚去无锡工作，阿梅刚改行打铁，老杜从江阴过来，我们三个坐在太湖边吹着冷风打趣阿梅的工作从塑料到陶瓷再到马口铁，确实越来越硬；我们还在畅想阿梅的孩子的名字是不是该叫梅闻花，老杜的孩子可不可以真的叫杜子腾。之后又去过老杜家吃饭，也因为孩子考察衣服原料由来的作业，特地去江阴的工厂请老杜帮忙讲解。

和卢丰做网友的时间多过见面，第一次见是他刚从吴江到上海乔迁新居的时候去过他家里，那时候，他和我们两个的另一半还都是房地产业的同行。再后来，他从码砖转身开始码钱以后，频繁出差。再见，多半是有其他同学一起到了上海。一起和海波吃过晚饭，一起和商涛探讨过他回国相亲的种种利弊。

和 akai 再见是他刚回国高就。那时候带着我的孩子，还有他的双胞胎孩子一起在还没长什么树的辰山公园，一起坐在草坪上看孩子们疯跑。我现在家里书桌上摆着的我和我老婆的合影，还出自那次见面时 akai 的手笔。

2005 年有幸和柱子贤伉俪一起在川西周游了一周，之后有段时间更有幸和柱子一起在风能行业共事，所以不咸不淡的扯淡没断过。赴其婚宴的时候还去莫文波同学家叨扰了片刻。想念小龙虾和老鸭粉丝汤的时候，还特地去过南京要求柱子买单，也听到了在南京没有一只鸭子可以游过长江的典故。

其实来往江南一带的还有包大人，只可惜只曾和在苏州的出差的他通过电话，没能见面。

能见同学最多的还是在北京。阿鹤还没有去香港前，我出差去北京，多半会先和阿鹤打个招呼，然后等他通知在哪里和谁谁谁可以一起打屁聊天。不过工作了大家聚的地方多半靠近国贸，那时经常会见到的是马亚杉、燕西欣、韶峰和王昕。虽然一直惦记着去璐璐开的贵州菜馆欢聚，奈何北京城太大，一直没有成行。某年带孩子去北京，正赶上下着大雪，住在中关园的某小酒店，阿鹤还冒着风雪特地跑来见面一叙。

无法凑齐很多人的时候，会临时地骚扰，看谁有空，一起吃个火锅啃个串或者哪怕一起吃碗拉面。王昕是骚扰最多的，没开始创业的韶峰也有。但创业后的韶峰，就只能半夜跑过来和出差到北京的我和江江一起吃几个串，感慨下生活不易。在北京不容易找到公务繁忙的海波，反倒是某年暑假带孩子去秦皇岛休假的时候，能和海波一起把盏言欢。

在珠三角的有广州的黄江江、周安石，深圳的友春和中山的阿梅。很早出差去深圳和广州的时候分别见过友春和江江。其他同学都不曾有缘相见。

女生除了古力曾在上海小聚外，其他人毕业后都不曾再会了，只在微信群朋友圈看到各自的精彩。

从 2000 年到 2020 年，东门外的五道口已经不再有火车经过，只有途经宇宙中心的轻轨和日夜不停的人流；北门外的那些小餐馆早就变成了紫荆园的宿舍和食堂，再也找不到板车把烂醉的兄弟拖回来；西门斜对面隔壁的校门也已经修了几遍，我们再想从西门进来却已经要排队。

但无论如何，只要进了校园，到了西主楼，只要看到那几栋红砖黑瓦的宿舍楼，我们就知道，回到家了。

亲爱的同学们，转眼我们都开始为人父母，是否，我们会在这个毕业 20 年的时候，一起探讨下如何让我们的孩子也跨入我们深爱的清华园？

我和电机排球

——曹喆（1996级）

曹喆，1996级电62班学生，原校女排队长。长期从事汽车制造质量管理工作。现为上海橙木智能科技有限公司高级顾问。

2020年国庆上映了一部颇受瞩目的影片，陈可辛导演根据中国女排创作的《夺冠》，我和家人一起观影，令我回忆起在清华大学里的排球生涯。

我是一名排球体育特长生，在电机系大家都认识我，高高的个子，男孩儿般的短发。我和清华的缘分源于1995年的冬天，那是高考前的最后一个寒假，我参加了在清华大学西体进行的运动冬令营，这是为学校选拔运动人才而举办的体能和技术测试大会。来自全国各地的特长生聚集在一起，由清华女排的赵青老师统一安排，对每个人的速度、力量、耐力以及专业技术进行考核和排名。我对于自己的排球专业还是蛮有自信的，母亲年轻时在河北女篮拿过全国亚军的好成绩。我从7岁开始学习排球，小学和中学上的都是排球运动的传统校。虽然我不知道我的最终分数，但是我相信能排在前三名。果不其然，春季里我收到了清华大学电机系发来的邀请函，里面介绍了电机系的教学和科研内容，以及系里的运动传统。

清华要求全面发展，分数必须达到当地高考的重点线。返回家乡不久，我就投入紧张的复习中，最终超过重点线50分。收到清华的录取通知书的时候我正在高中里和队友们筹备 1996 年的全国高中排球大赛，非常幸运，在大家的努力下，我们拿到了当年的冠军。

　　9 月份去清华报到，我还记得是 94 级的师兄师姐接待的我，把我送到了电机系女生宿舍大本营 5 号楼。同时我也看到了他们对我期待的目光。电机系具有悠久的历史，著名的高景德校长、朱镕基总理都毕业于电机系。电机系有三大球的赛事：蓝光杯（篮球）、白光杯（足球）和鸿翔杯（排球）。每年春天系里都举行鸿翔杯，作为校队成员，我自然就成为班队队长，原以为会排球的人不多，但没想到班里人才济济。来自河北的高峰、广东的陈汉杰、湖南的赵傲和彭遒、天津的魏少岩、内蒙古的张兵锐、陕西的王小宇、江苏的彭涛、黑龙江的张凤营……大家根据自己的优势进行了位置划分，集中训练。经过不断磨合，我们终于组成了一支颇具实力的队伍。不过我们也有几个强劲的对手，电 64 有两位会打球的男生，生医 7 有校队的二传。不过这也难不倒我，毕竟运动对我们来说是，目的是强健体魄、锻炼意志。我向来觉得友谊第一、比赛第二，四年里我们一直保持在系前三名的水平。

　　后来和这几位同学都结下了深厚的友谊。儿子出生时，队友们都送来了祝福，有趣的是，后来得知我先生和我们的主攻手高峰是同一个小学和中学的校友。

队员合影

　　除了班级联赛外，学校里的马约翰杯，我也一直担任女排队长一职，从大一到研三，结识了不同年级的队员同学。电机系的运动队出了名的团结，至今我还记得系里有一句口号叫做"强电必胜弱电"，意喻和老对手兄弟院系电子系的对决。从1997年到2003年，电机系四次获得校亚军的好成绩。在学校里，我从1997年至2000年担任队长一职，代表校队出征，多次获得北京市高校亚军，我和大家的努力也获得了老师们的肯定，三次荣获专项奖学金。

　　和排球结缘、和清华电机系结缘，决定了我的人生观和价值观。毕业后我在汽车制造企业从事质量管理工作，学生时代形成的兢兢业业、一丝不苟的态度，以及勇于拼搏和团队协作的精神，都让我在事业上看得更高、走得更远。中华民族正在崛起，不断走向繁荣富强，我也希望我的质量管理专业，能推动中国制造的发展，让中国的产品走向世界。

青春如歌，心系电机系
——戴国华、陈国峰及工硕 99 班全体

　　戴国华，清华大学电机系工硕 99 班学生，1999 年，正式进入清华大学电机系学习，2004 年毕业。现在黑龙江省电力公司发展策划部工作，任职投资管理处处长。负责省电力公司电网建设和固定资产投资计划及综合计划编制和下达，负责编制黑龙江省电网诊断分析和项目后评价报告。参加多个特高压和超高压项目可研审核和初步设计概算审核。

　　陈国峰，清华大学电机系工硕 99 班学生，1999 年正式进入清华大学电机系学习，2004 年毕业，现在北京市电力公司客户服务中心从事重要客户服务工作。全过程参与 2008 奥运会和 2022 冬奥会的筹备和赛时保障，组织编写了北京市电力公司配电网五统一技术标准，负责中宣部党史馆、京西宾馆等国家级重要项目的电力服务工作。

青春如歌，心系电机系——戴国华、陈国峰及工硕 99 班全体

喜闻清华校庆在即，作为一名电机学子，心潮澎湃，思绪如潮，当年在电机系求学时的点点滴滴涌上心头，那是无论冬夏漫步荷塘的苦读，那是自强厚德丰碑前的誓言，那是少年人生梦想的启航！

20 年前，怀揣着人生梦想，带着惊喜和新奇的心情步入了清华园，开始了梦幻般的电机系求学之路，班主任老师如慈母如长姐，照顾着我们的生活起居，无微不至地关心我们的学习生活。课堂上聆听电机系教授们的授课，他们宽广的胸怀、厚重的知识储备、放眼全球的视野，深深地震撼了我们，教授们总是一下就把我们带到了学科发展的最前沿，20 年的电力发展、沧海桑田，总在电机系教授们的弹指一挥间。在电机系教授们的带领下，我们由一滴水，窥见了太平洋的宽广；我们由一粒沙，狂飙般飞跃整座沙海；我们由一颗石，傲立在喜马拉雅顶峰！站在巨人的肩膀上，我们能轻松地登上泰山之巅！

毕业多年之后，2019 年金秋的北京，美丽的清华园中，迎来了工硕 99 班全体同学入学 20 周年同学聚会的喜庆日子，全班同学和老师们欢聚一堂，共同回顾上学时老师们点点滴滴的培养，走出校门后 20 年工作历程的风风雨雨。

电机系主任康重庆老师介绍了学校的变化和电机系取得的主要成绩，让我们作为一名清华学子、一名电机系走出的工程技术人员，感到无比荣幸和自豪。夏清老师带我们回顾了工硕 99 班酝酿和创办的指导思想，就是要为电网企业培养生产一线的工程技术人员，让他们在清华园"自强不息，厚德载物"精神的感召下，成为学术大师、企业英才和治国栋梁。孙宏斌老师系统介绍了国际电网技术的发展潮流，着重介绍了能源互联网的实质与核心内容，拓展了同学们的视野和思想宽度。班主任丁青青老师带领大家回顾了同学们当年学习生活的点点滴滴，以及丰富多彩的清华园生活。

回想 20 年前的学习岁月，在清华老师的培育下，严谨求实的学风已成为我们记忆中永久的珍藏，"自强不息，厚德载物"的校训，深深地印在我们的脑海，融入我们的血液。我们工硕 99 班同学是时代的幸运儿，企业对我们给予厚望，母校以她博大、睿智和宽厚胸襟培养了我们，丰富了我们的专业知识，给予我们智慧和力量，为我们插上了飞翔的翅膀！

课后，授课老师和同学们欢聚一堂，同学们从清华园扬帆起航，成为电网

企业各自岗位上的骨干，老师们辛勤培养着一拨拨学子，平添了许多白发，校园的一草一木都牵出师生们绵绵不绝的回忆，一砖一瓦都饱含难以忘怀的感动，我们永远是清华的赤诚学子，母校永远是我们的精神家园。

代表工硕 99 班全体同学祝愿：

我们的母校阔步前进！

我们的老师身体健康、事业腾达！

我们的电机系在电气工程和能源互联网领域硕果累累！

另附诗一首贺清华校庆，聊表电机情怀。

【蝶恋花】电机系求学岁月

——陈国峰（1999 级工硕）

漫步荷塘苦读书，清华园中，少年多少梦。

有志不怕勤学苦，教授指引展宏图。

清华丰碑铭刻骨，自强厚德，伴我人生路。

电机桃李满天下，游子欢腾举杯祝！

2003 年非典在清华园
——蒋栋（2001 级）

蒋栋，2005 年和 2007 年先后毕业于清华大学电气工程专业，获工学学士学位和工学硕士学位。2007 年赴美国弗吉尼亚理工大学攻读博士学位，2010 年随导师转学至美国田纳西大学。2011 年年底获美国田纳西大学博士学位。2012—2015 年担任美国联合技术公司研究中心（总部）高级研究科学家兼工程师，负责应用于航空和建筑等相关的电力电子前沿技术研发。2015 年 7 月全职回国，担任华中科技大学教授，博士生导师。研究方向为电力电子与电力传动，已发表学术期刊和国际学术会议论文 200 余篇，拥有 50 余项授权发明专利，出版中英文学术专著各 1 部，多次获得国际会议的优秀论文奖和发明奖。2018 年至今担任 IEEE 电力电子学会（PELS）武汉分会主席，2020 年入选 IET Fellow。

今天是 2020 年 4 月 8 日，在因新冠疫情从 1 月 23 日封城开始，76 天后，武汉终于重新开通离汉通道。我也在武汉封闭了 76 天，一直住在我岳父岳母家没有出去过。这段时间有的朋友戏称我的人生真是硬核，2003 年非典，作为清华电机系本科生的我在疫情的中心北京，2020 年新冠，我又作为华中科技大学的老师在疫情的国内中心武汉。在武汉封城这些日子里，我也常常想起 17 年前在清华园里那些往事。

2003 年的时候，我在电机系读大二，在电 13 班，住在 28 号楼 409 宿舍。那时候我们宿舍有五个电机系的男生。我上铺的许伟和我对面上铺的张宁是大一就和我一个宿舍的室友，但是他们都是电 12 班的，对面下铺的余鹏是我同班同学。另一个室友是大二开学从建筑学院转系过来的姚晓昀。那时候没有智能手机，没有移动互联网，大家都是一台台式机，而且是大块头的 CRT 显示器，连着网线可以上网。那时候是水木 BBS 的黄金时代，大家很多信息都是通过在 Fterm 上灌水了解的。很多网络的术语也来自 BBS。

2003 年春季学期开学的时候，我们都没有感觉到有什么异样。非典在广东流行的消息也在 BBS 上偶尔出现。那个学期的前几周，我们和平常没有什么区别，宿舍、教室、食堂三点一线的生活。大二下学期的那几门课还是挺重的。我记得在一教上谢金星老师的数学实验，三教上刘卫东老师的信号与系统，五教上邹军老师的电磁场基础，唐竞新老师的数字电子技术基础不记得是哪个教室了。前八周就学完的复变函数课的任课老师是一个很有意思的年轻老师，叫杨奇林，在自己的清华学堂个人介绍里写"未婚，有女友"。

2003 年的初春，一切都如同每个春天。3 月下旬，BBS 上开始有越来越多的消息，但是一切都离我们很远。4 月初的时候，我一个中学师弟从香港来北京，我们在万人食堂吃了一顿饭，听他说了一下那边的事，这也是我记忆中第一次关注 SARS 这个词。然后期中考试就悄然来临，大家又天天起早贪黑的在教室占座自习。那时候六教还没有完工，自习室资源很紧张。考完期中考试，电机系的学生节又开始紧锣密鼓地准备。我们班策划了一个班剧，拍的是校园生活，班花班草领衔主演，从 3 月下旬开始就排练，全班对这个班剧都非常投入。那个年代，数码设备是很稀罕的东西，拍摄的质量也远远不能和现在比。最近几年我在优酷等网站上看了这些年清华各个系的学生节的 DV，质量已经远胜我们那个年代。不过我们的确是早期的探路者。

就像 2020 年 1 月下旬的武汉一样，4 月下旬的北京也是急转直下。北京在 4 月 20 日左右开始进入防控非典的状态，而学校也在很短时间内采取了紧急措施。最直接的一个措施就是封校：学校各个大门都封闭，没有特殊要求不能进出。用这样的措施，把清华园保护起来。后来知道，清华之大，实实在在地保护了我们这些幸运儿。在北京城里的很多学校，比如北交大、中央财大等，校园很小，使校内出现了不少交叉感染，封校之后学生的生活也不方便。而清华那么大的校园，不但容易分散聚集，也让大家封校后的生活更方便。后来解封后遇到一个电子系的同学跟我说，封校两个月基本没感觉，因为即使不封校，两个月不出校门也不是少见的事。

封校后，学校采取了很多措施，让大家在防疫安全的情况下能维持正常教学科研的秩序。一个政策就是宿舍楼分餐制，就是说一栋楼的学生只能去一个指定的食堂吃饭，也不能去其他宿舍楼。这样就避免了不同宿舍楼的学生在食堂交叉感染。为了保证这种政策能严格执行，学校给每个学生发了一个胸牌，上面写了对应的宿舍楼号，只有凭这个胸牌才能去对应的宿舍楼和定点的食堂。当年我们把这个胸牌戏称为"狗牌"，甚至有的老师上课的时候也提到过"狗牌"。近些天有同学发朋友圈发了张老照片，就是当年夏天解封后大家把"狗牌"挂在东操前篮球架的照片。可惜我没有把那么有意义的物品留下来。我们 28 号楼被定点在十五食堂吃饭。吃饭前先发一袋中药，提高抵抗力。十五食堂是那时候最好的食堂之一了，28 号楼的同学们还是很幸运的。现在好像这个食堂都不在了吧。

另一个政策就是分批上课。以前的上课，学生坐满一个教室，人员密度大，容易引起交叉感染的风险。封校后，每节课拆成两半，分开上。比如电机系这样每届四个班的系，前 45 分钟 1 班和 2 班上，后 45 分钟 3 班和 4 班上。这样教室的人数就减了一半，可以隔开坐。不过老师就要把 90 分钟的内容压缩到 45 分钟讲两遍。清华的学风之严谨，在那个学期表现得淋漓尽致。那个学期的期末考试，该不及格的一个也没有因为非典疫情而放水。因为非典给自己找借口不好好学习的，期末都得到了教训。技术的进步改变了这一幕，网络视频资源在这 17 年得到了长足的进步。如今新冠疫情下，教授都变成了主播，教授与学生不见面也能完整地授课。我已经开始在网上讲这个学期的第二门课了。这一点上，母校和母系走在了全国的前列。为了学习网络授课的经验，我也参加了电机系于歆杰教授的授课方法介绍，非常受启发。2002 年，我曾是于老师第一次主讲电路原理的学生，如今再次从他这学习教学方法。

封校之后的校园生活有了很多的不同。记忆中非典似乎没有这次新冠那么强的传染力，28号楼各个宿舍平时没有说要严格隔离，也没有平时出去都要戴口罩。每天晚上辅导员都让每个同学测体温，高于37.5℃的要上报给他。盗用我们电13班另一个宿舍的一张当时的合影，这就是那年春天的我们。

所有的聚集性的活动都被取消了，也不允许室内聚集。我还记得2003年的五一，我们在十食堂对面的草坪上玩"杀人"游戏，是那个时期校园的一道风景。我也做过志愿者在清华西门执勤，检查出入。原定的学生节也在开始前几天被最终取消。我们班准备的班剧自然也没有机会上演。但是导演是我们班的陈骁骁，是当时清华影协的牛人，用当时还挺稀罕的数码录影机把我们的班剧拍成了DV。后来也做进了我们的毕业光盘。我们现在也能看到那个特殊时期自己的样子。现在的学生有太多的数字影像记录自己的青春，而我们是那个时代幸运的少数。

因为取消聚集活动，封校之前已经闯入了马约翰杯男足决赛的卫冕冠军电机系队也没有机会在那个春天登顶。后来决赛在2003年的秋天举行，电机系队卫冕成功。那是电机足球最辉煌的三连冠时代。在因为非典取消了2003年学生节后，2004年学生节举行时正是电机系第三次夺冠之后。当时的系主任梁曦东老师在台上说："清华建校90多年历史上，我是第一个能三次给自己的球队颁奖的系主任。"

而我自己，在那个时期还有一段特殊的记忆。2003年5月4日晚上，我从三教下自习回宿舍，路上就感觉到身体有异样。回到宿舍按规定量体温，第一次 37.8℃，室友叫来了辅导员，第二次测量体温到了 38.4℃，气氛顿时紧张。晚上 11 点的时候，我的两个室友陪我骑着自行车去校医院，在发热门诊进行了复查，拍胸片之后确定为疑似非典，留在校医院隔离病房。后来才知道我可能是电机系第一个被疑似的学生。那个晚上真是不眠之夜，我几乎是看着天慢慢亮起来的。而且当时我没有手机，都没法给外面通信。5 月 5 日中午的时候，医生给我送来一个包，是我的室友许伟给我送来的，把他的手机给了我，让我有办法和外界通信。还附上了一张纸，我至今记得上面写的话 "To be a man, boy. To be healthy or not is depended on yourself, not others"。紧张了一夜多的我看到之后终于感动得泪流满面。17 年后的 2020 年，我在武汉封城后封闭在家最困难的时候，许伟从美国加州给我寄来的包裹在路上历经 26 天又一次寄到我的手中。我给他微信说这次怎么不给我附一张纸再写一遍 "To be a man,boy" 了，他说你 36 了还算什么 boy 啊。

　　在校医院住了 3 天，伙食非常好，每餐都是 20 元的标准。要知道那时候我们在食堂每餐一般也不超过 5 元。独立的卫生间，还是我第一次用坐式的便池，那时候还真不习惯。校医院的医生每天给我打几次针，很快就退烧了。复查胸片之后，5 月 7 日下午就让我出院回宿舍了。出门的时候，看到我 4 日晚上骑过来的破车还停在校医院门口，后来这辆车一直陪了我 4 年。

　　那段经历身处其中的时候是非常的紧张，但是经历过去之后又很快平静下来。而整个北京也一样，从疫情顶峰的紧张气氛，到 6 月初新增病例清零，不久清华就解除了封校。生活很快就恢复了正常。期末考试结束之后，学校就放暑假了。到小学期返校，一切和以往没有任何不一样。非典就这样消失在我们的生活中。

　　后来的十几年，我本科毕业、读研、出国读博、毕业在美国工作。2015 年得到了一个非常好的机会，回国来到武汉的华中科技大学任教，也在武汉定居下来。2019 年和我的妻子，也是土生土长的武汉姑娘结婚。命运的巧合，让我再一次处于疫情的中心地区。武汉年初的一切和 2003 年 4 月的北京那么的相似。1 月 23 日醒来得知武汉封城，我就开车从学校附近的家带着妻子去了岳父母家，一直到现在。武汉封城之初的艰难，比起当年的北京有过之而无不及。而华中科技大学也成为这次疫情中损失最大的学校。武汉能慢慢走出困境，最终战胜疫情，靠的是我们国家的八方支援。而我在这个阶段，也得到了清华亲人们强力的支持。我刚刚封城的时候没有准备口罩，一个旧口罩用了十几天。第一批收到的口罩就是清华电机系的孙凯老师给我寄过来的，如雪中送炭一样。除了之前说的许伟给我从美国寄来的包裹，另一个当年的室友，在北京工作的张宁也给我寄来了防护用品。我们电13班几个同学专门建立了一个疫情讨论群，搜集资料给有需要的同学。给我电话微信慰问鼓励的清华老师和同学更不计其数。我的同班同学，现在清华电机系的罗海云老师没日没夜加班加点，开发出杀毒效果99%的等离子体消毒装置，就要用在武汉的医院消毒中。我在家工作，没有很好的仿真软件，我的硕士导师，电机系赵争鸣教授主动提供了他们新开发的DSIM软件给我们试用。清华的亲人们从来就没有离开我的身边，他们一直都在。这就是我们这个伟大的国家能帮助武汉走出困难的一个缩影。这次疫情让我的母校清华大学和我任教的华中科技大学越走越近。两校同上一堂党课，共享网上慕课资源。清华电机系也与华科电气学院一起组织支部活动。这也是我生命中另一种重逢吧。

前几天看到了今年清华校庆的征文启事，就一直想写点什么。去年校庆是我毕业十几年第一次返校。但是我一直记得清华六年的点点滴滴，和清华的亲人们。有这些回忆和感悟，就啰里啰唆写了下来。

初心未忘，砥砺前行

——胡金双（2001 级硕）

胡金双，2001 年考入清华大学电机系攻读硕士学位。曾就职于浙江省金华电业局、南瑞继保、通用电气、阿尔斯通、西门子、埃森哲咨询、华为、博世等公司。现就职于上海玫克生储能科技有限公司，任产品副总裁。

清华，是莘莘学子心中的中国最高学府和学术殿堂。初中二年级，我一个学期内在县里数学、物理和英语三门学科竞赛中同时获奖，当时我就有一个念头："我将来是不是可以考上清华？"那是我对清华的第一"初心"。

一、收获学生生涯的高光时刻

2001 年的那个 9 月，我带着硕士研究生的录取通知书，依次走进了清华的东门、西 14 幢宿舍楼、电机系西主楼Ⅱ区、一教和图书馆，完成了"我已是一名清华学子"的心理转变过程。

由于本科毕业先工作了 5 年再考上研究生，我非常珍惜第二次做全时学生的机会。研一时，我学习非常认真，从未缺过一堂课，上课时详细做笔记。在"数值分析"的课程中，我基本掌握了通过迭代求解方程（组）的方法，而迭代基本可以分为两种：一种是同一方程组内不同方程列式间的组合消元，另一种是通过导数由变量的上一步值推导出迭代过程中的下一步值。我自己把这两种迭代分别简称为"横向迭代"和"纵向迭代"。

第一年的上课学习，最大的收获是我终于理解了电力系统潮流计算的物理机理。我的导师张伯明教授是我学生生涯中遇到的能把电力系统分析课程讲解得最透彻的老师，没有之一。在上张老师的"高等电力网络分析"课以及课后在西主楼Ⅱ区实验室与张老师的多次讨论过程中，我慢慢领悟到基本电路理论中的电路求解与电力系统分析中的潮流计算是物理机理不同的两个问题。前者是在已知用电侧阻抗值和电源侧电压值的条件下，求解每个节点电压和每条支路的电流的问题；而后者是在未知用电侧负荷的阻抗值、只有负荷的额定功率值的条件下，怎样调节发电侧的电压值，使得负荷获得额定供电电压、额定功率的问题。电力系统潮流计算在物理机理上就是根据一个系统（电力系统）的输出结果要求（负荷侧的额定电压和功率）去调优输入条件（发电侧的设定电压和功角），所以在数学上就是一个迭代的求解过程。

研一结束，在系里公布的 GPA 排名中，我意外获得电机系同年级全系硕士研究生的第一名，并获得南京南瑞继保公司在系里设立的奖学金。这是我 18 年学生生涯的最高光时刻。

二、产生基于物联网的智慧能源管理的概念

我所在的电力调度自动化实验室是电机系中把信息通信技术（information communication technology, ICT）应用到电力系统的最领先的实验室。实验室的吴文传老师是我遇到的把电力系统的领域知识和计算机编程技能结合得最好的老师，没有之一。在实验室中，我遇到了与我志趣相投的严亚勤同学，他非常精通 UNIX/Linux 操作系统及其上的 C/C++ 编程。

在入学清华前，我只掌握了 Windows 平台的一些编程技能。在电机系电力调度自动化实验室，在吴老师和亚勤同学的热心帮助下，我在 UNIX 平台的软件开发能力得到了快速提升，我掌握了 Sun Solaris/Redhat Linux 等操作系统的安装配置，学会了基于 SQL 语言编写 Oracle 数据库的增删改查操作脚本，知道了支撑电力系统高速计算的实时数据库的映射是基于哈希算法实现的（即当下 IT 界

最主流的基于键值对的 NoSQL 技术），利用 Qt 中间件完成了后端计算程序和前端用户界面的跨平台开发。

电力调度自动化实验室拥有浓厚的应用型学术氛围，即强调"计算机技术只是实现手段，解决电力系统的难题才是价值所在"。在自己的软件开发技能快速提升的同时，我逐渐开始思考"信息通信技术怎样才能真正解决电力系统的业务问题"。我当时就有一个想法，电力系统自动化或信息化整体解决方案的设计，不能只局限在运行在计算机服务器上的软件平台，而应该从电力系统一次设备、二次设备（又可进一步划分为现场自动化装置和软件）分层次的角度去思考。对于一次设备，应该考虑增加感知能力，而不仅仅只采集稳态的电压、电流、功率这些电气量；对于现场自动化装置，应该考虑数据的自处理能力，而不仅仅是把采集数据上传到服务器或者把控制命令下传到传动器的"中转"角色；对于服务器上的软件平台，应该考虑对全维度数据（如电力系统运行、电网公司运营和电气设备运维等领域的数据）进行综合分析，而不仅仅只分析电力系统运行的电气量数据。

多年以后，当我看到一篇源自 IBM 公司 2009 年首先提出的"智慧地球"理念的"智慧能源管理"咨询报告时，突然意识到，我在清华电机系读研时的想法，其实就是那篇咨询报告里提出的基于"终端 - 边缘计算 - 云计算"三层架构的智慧能源管理体系的雏形。

时光飞逝，我从清华电机系毕业已经 17 年了。17 年间，我从一名电力系统应用软件开发工程师成长为一家创业公司综合能源管理软件平台的产品研发副总裁。而在这个过程中，在清华电机系 3 年的学习让我具备的对电力系统及其自动化的深刻理解、Windows/UNIX 跨平台扎实的软件开发能力，为我起到了不可或缺的支撑作用。

清华电机系，感恩有你！

难忘 21 年前一边在电力调度中心倒班一边复习考研的日日夜夜，难忘 20 年前收到清华大学硕士研究生录取通知书时的热泪盈眶。初心未忘，砥砺前行。

My heart for smart electrical power system will go on!

九载电机缘，终生奠基石

——刘静琨（2008 级）

刘静琨，1989 年生，天津宝坻人。2008 年考入清华大学电机系，2012 年本科毕业在电机系直博，2017 年博士毕业。在校期间曾任电 84 班班长、电 8A 党支部书记、电机系团委副书记、电 2 年级辅导员，曾获北京市优秀毕业生、清华大学优良毕业生、"一二·九"辅导员奖、优秀研究生共产党员、"启航奖"金奖。毕业后选调至河北省香河县工作，现任香河县安头屯镇党委副书记、镇长。

今年是清华大学电机系建系九十周年。我从 2008 年本科入学到 2017 年博士毕业在电机系求学九年，经历了电机系历史的十分之一，同时 2022 年也是我本科毕业后的第一个秩年。因此，我觉得非常有必要回忆并记录下过往的一些学习生活经历以及我在电机系学到的很多受用无穷的东西。

一是集体主义，团结奋进。清华是一个鼓励集体主义精神的地方，电机系作为一个传统工科老系更是如此。"一枝独秀不是春，百花齐放春满园"。本科时候我所在的班集体电 84 班无论在学习方面还是在其他活动方面都体现出了强大的凝聚力和团队协作精神。从每个学期的期末成绩来看，虽然班里的同学少有进入年级前几名的，但是我们班的平均学分绩基本都是年级第一，其根本原因就在于大家团结一致共同努力，有机会多开展组团集体自习，学得好的同学积极为其他同学答疑解惑。记得大一秋季学期学习"工程图学基础"这门课的时候，大家为了把画图的基本功练扎实，竟然周末晚上在宿舍搞起了"工图大赛"。无论是学生节还是"甲团"，我们都坚持全班齐上阵，不过分突出某个个体，每位同学都要有登台的机会。在这样的集体中成长，我想我们每个人也都更能明白团结的力量。

二是拼搏奋斗，耻为人后。来到园子里的同学们都是各自中学时代的佼佼者，电机系以其强大的行业背景更能吸引不少优质生源。在这样的环境中我们无时无刻不会感受到强大的"朋辈压力"。为了不落后、不丢人，只能加倍努力，把所有的事情做到最好。每年春季学期的男生体育课都会考引体向上，做21个就能拿到单项满分。我经常晚自习之前去体育部外面的单杠上练引体向上，手指根处先是有一层连皮带肉磨掉了，长出茧之后又连皮带肉磨掉一次，练习的过程中每拉一下就会感觉痛彻心扉。终于通过不断练习和请教周围同学相关的技巧，掌握了动作要领，达到了满分水平。"比学赶超"的奋斗过程确实很辛苦，但也正是这个过程磨炼了意志品质，提升了攻坚克难的能力。

三是严谨治学，精益求精。电机系的治学严谨是出了名的，从系训出处的前半句就能看得出来——"为学在严，严格认真，严谨求实，严师可出高徒"。记得在某节专业课上，老师专门讲解了"千伏"为什么不能写成 KV 或者 kv：小写字母 k 表示千，而大写字母 K 表示物理量热力学温度的单位开尔文；大写字母 V 表示物理量电压的单位伏特，小写字母 v 表示物理量速度，因此"千伏"在用字母表示时只能写成 kV。自此我一直注意，再也没有用错过。读博的时候，为了把"云储能"这一新理念发表在高影响因子的 SCI 上，不能仅仅满足于英文语言的通顺以及图表能够展示基本的计算结果，还需要在不厌其烦的修改中精雕细琢文章中的每句话、掌握丰富的绘图技巧以及培养相当水平的美感。严谨治学、追求完美的历程很艰辛，但从中收获的却是经历严格学术训练之后的综合素质。

四是心系祖国，不计得失。国庆60周年群众游行活动中，清华师生组成的第24方阵（科技发展方阵）走过天安门广场，向祖国和人民展示科技发展相关成果。而在24方阵筹备和训练的时候，我们都付出了巨大的努力。在2009年暑假前的最初动员报名阶段，电 8 年级整体报名比较踊跃，最终竟然组成了一个中队。同学们深深地明白活动的意义所在，大家为此牺牲了暑假回家的时间，更改了原本定好的社会实践计划，退了机票、车票，投入到高强度的训练中。记得有一个阶段的训练中我耽误了一处伤口的处理，等到放假回家去看病的时候大夫告诉我周边的肉都溃烂了，经过手术处理后又养了两个月才彻底治好。同学们类似的故事还有很多，但是当国庆当天大家一起走过天安门后未经排练不约而同地高呼"祖国万岁，清华加油"的时候，我们发现所付出的一切辛劳都是值得的。

电机岁月，奠基人生。电机系不仅给了我在电气工程学科"坚实宽广的基础理论和系统深入的专业知识"，更教会我了"为学与为人"。无论未来的路上有什么样的困难与挑战，在电机系的这段时光永远是我重要的力量之源。

九载跨十年
——戴远航（2009 级）

戴远航，2009 年考入电机系，2013 年本系直博，师从闵勇教授，2018 年博士毕业，现任职于国网湖南省电力有限公司。

一直对时间的流逝没有太强的概念。在 2021 年结束的时候，网上有一个很火的说法：2021 年距离 2000 年过去了 21 年，跟 2000 年距离 1979 年的时间一样长。于是很多人感慨，时光飞逝，毕竟 1979 年，是在歌谣中传颂的，历史中的遥远年代。按这个逻辑做一个同样的推断，2021 年是牛年，入学的 2009 年是牛年，而上一个牛年在 1997 年，那时候我才刚刚上小学，是背着个小书包哼唱"小呀么小儿郎"的年纪。

所以写点啥呢？正发愁的时候，看到赛奶茶同学发了个朋友圈，拍的是当年的复习笔记，说看到这些脑子里都是问号，我也仔细看了一下，虽然还能大致分辨出这是哪门课的内容，却再也回想不起那些精巧公式构建的细节。那些曾经发生在眼前的璀璨过往，十多年后，也只剩下了日渐模糊的些许轮廓。

2009 年那会儿，大概是国家电网最红火的时候了，家人都说上个电机系，然后毕业去个电网，挺好的。于是在报志愿的时候就把电机系列成了第一志愿，第二志愿是生医，想着万一第一志愿录不上，可以从生医转系，第一年生医和电机上的课差不多，转系也方便。现在回看当年自己的样子，可能就跟现在的小朋友们千方百计地想去计算机差不多吧。

当年懵懵懂懂做出的一个决定，在我身上，就一路延续了下来，从天北到地南，最终应了最初的想法，去了电网，一直工作到现在，这也算得上某种程度的不忘初心？虽然这话写出来，有种工作了好几十年的沧桑感，但其实满打满算，我也才工作了将将三年半而已。

回归主题，在园子里度过的整整九个年头，跨越了从 2009 年到 2018 年共十个年份，每年选一件事，来回忆这段关于青春的岁月吧。

2009 年，国庆游行。搞完军训，上了没几天课，有天晚上在上自习快结束的时候收到班长短信去西主楼开会，然后又去了综合体育馆开会，于是整个 9 字班就被召集去了大兴训练，八天七夜，每天都被大鱼大肉投喂，稀里糊涂地就有了一次从天安门前走过的经历。现在回过神来看，当年浩浩荡荡地走过天安门时作为渺小个体的那份汹涌澎湃的心情，恐怕这辈子再也没有机会体验了吧。

2010 年，"一二·九"大合唱。五音不全的我，居然没有被淘汰，那段时间天天排练到楼里熄灯停水，虽然辛苦，但好在有所收获，在杨老师的指导下，我们拿了电机系历史上第一个一等奖，这个记录在我离校的时候仍然是唯一的。"一送里格红军，介支个下了山……"，现在每年一到天凉了，走在路上看梧桐叶子在寒风中簌簌地落下的时候，总是会不自觉地哼起《十送红军》的旋律，这恐怕是这辈子都不会忘记的肌肉记忆吧。

2011 年，甲团。入学的时候学长们都说大二是最辛苦的一年，而大二这一年我做了班级的团支部书记，和小伙伴们一起组织和参与了一项项活动，最终拿下了系里的甲级团支部称号，弥补了大一的遗憾。还记得当年结束了以后在西阶二楼的大厅拍了一张合影，穿着通红的新班衫，王导也在，真的是笑得像花儿一样。

2012 年，生产实习。大三暑假，去了二滩水电站搞生产实习，一群人在攀枝花度过了一段快乐的时光，还翻山越岭去了当时正在建设的锦屏水电站，路过了西昌，在邛海边吃过一顿饭，只记得当时还有醉虾，在碗里还弓着背动来动去，吓得我没敢吃。后来在成都，吃火锅的时候在黄粑粑的带领下第一次吃猪脑，与学长座谈，还去爬了青城山，游览了都江堰，也是十分愉快的回忆。

2013 年，毕业。一不小心就毕业了，还没有来得及好好回味大学四年就过去了，还记得最后统计学分的时候，因为 SRT 的学分没有录进去，凑整的希望落空，还有那么一些失落。2013 年的下半年本来还有十佳宿舍评选，连续两届当选的 601B 显然还有机会继续入选，只是可惜我们已经毕业了。有些同学毕业就直接工作了，去年雷哥结婚的时候去四川，才在八年之后第一次见到了皮哥，时光荏苒，很多人还真是一别之后可能很多年就难再相见了。

2014 年，没有特别的印记。不过那时候已经用上了微信，翻看朋友圈，发现 2014 年我在游泳馆考上了深水证，大概研究生低年级的时候还是比较闲一些，是有足够的时间锻炼身体的吧。

2015 年，又一次告别。大部分念硕士的本科同学都在这一年毕业了，于是又迎来了一波告别，从此大家再难有机会再次聚齐。

2016 年，辅导员。告别了三年的辅导员生涯。将电 3 年级从大一带到大三，辅导员的这段经历，大概是在园子里这九年的时光里，最幸福的一段回忆。与一百多个人一同学习，一同成长，而最终，所有 2013 年入学的人都顺利毕业了，这应该算得上我跟丰叔做辅导员最有成就感的事情吧。

2017 年，英国交换。2017 年有半年的时间在英国曼城交换，在不同的环境中，体验完全不一样的生活，这段时光也是在园子里的九年里完全不一样的体验。

2018 年，毕业。为了让生活有些仪式感，从 1 月 1 日那天开始正式动笔写论文，论文写完了，答辩了，项目结题了，然后就走人了。一段九年的时光结束，离开生活了九年的园子、城市，及至最后，才想着要时光慢些走，要离别的日子慢点来，带着些许的无奈，最终匆匆离开。

人的一生就这么几十年，能够待上整整九年的地方，恐怕就只有家乡和园子了吧，以完成作业的形式又回顾了一下那段美好的时光，也是极好的。

惦你九十载·记我一生情

——赵博石（2009级）

赵博石，2009年考入电机系，2013年本系直博，师从宋永华教授，2019年博士毕业，现任职于武岳峰资本。

母系即将迎来九十年华诞之际，作为万千系友中的一员，我此时此刻颇为有幸，让自己的思路翱翔，与眼前的笔记本电脑共同分享我关于电机系、在电机系的十年光阴，电机系的老师、同窗、兄弟、初恋以及一切能涌上心头的点点回忆。

为此篇回忆定下的题目是"惦你九十载·记我一生情"，来自2012年，当时我还是电机系学生会主席，参与筹办电机系的系庆晚会时，我为那场晚会起的名字——"惦你八十载，记我一生情"。两句第一字分别取自"电机"的谐音，以纪念母系历经八十年风雨，如今仍熠熠生辉，承载着万千系友一生之情，转眼间，十年已过，这仍是此时此刻我想对母系说的话。

我是2009年本科入学进入电机系，当我步入西主楼的那一刻，老系友朱镕基总理为母系题写的系训"为学在严，为人要正"就映入眼中，从那以后，这句系训也逐渐在我的内心中生根发芽，成为电机系给我上的第一节也是最重要的一节课。随着我在电机系的学习与成长，在与老师、同学、系友的交流学习中，我看到"为学"与"为人"的系训已深深地印刻在每个电机人的心中，成为我们共同的思想土壤与精神认同，这也必将成为我未来一生严于律己的守则与自强不息、勇敢担当的力量之源。

电机系最美的，还有电机系的人。在电机系刚好十年的光阴是我生命中最有活力的时光，年轻的我曾经朝气蓬勃却又冲动气盛，心高气傲却又难以面对真正的挫折。十年来的成长多半在老师和辅导员的指导呵护下顺利又快乐，而我们也终将开始独立担当，独自闯荡，难免遇到学业、科研、感情、就业中的挫折。是师长们以他们的责任心、使命感与悉心的关怀帮助我们面对挫折，克服困难，让我们有勇气在跌倒后再爬起来。在此能有机会特别感谢我的导师宋永华、胡泽春，我的本科班主任于庆广，他们不仅教授我知识与学问，同时用自己对人生的理解、未来的感悟影响我的一生；也要特别感谢我的辅导员黄杨、王敏、刘满君、蔡宇，是他们关照我们的成长，让我们在人生最关键的阶段树立正确的价值观，选择入主流，上大舞台，践行清华精神，培养家国情怀。师者仁心，香远益清，在他们的影响下我也立志做一位"双肩挑"的辅导员，在学习科研之余为学弟学妹们的成长发展尽自己绵薄之力，因此在研究生阶段，我选择成为电机系的团委书记，协助开展本科生第二课堂的相关工作。

在我负责电机系团委工作的那一年，最为难忘的就是发起了"梦之网"这一公益志愿活动。我们组织起一批本科生、研究生到当时系友杜爱虎师兄支教的甘孜贡嘎乡玉龙西村小学搭建光伏微电网，以解决当地不太可靠的电力供应问题。虽然作为学生，我们能做的事情颇为有限，但这体现的是每个一直在象牙塔中的电机学子的使命与担当。"梦之网"项目得到了中央电视台和《人民日报》的报道，后来也成为电机系的品牌实践项目，持续做了下去。回忆起同学们忍受着高原反应，顶着高原的暴晒，和着水泥，扛起光伏板爬上屋顶，他们稚气的脸庞露出的是坚定与满足，我也由衷对未来的电机人充满信心，看到了电机精神得到传承。

2019年夏天，我终将搬出住了将近六年的博士生宿舍，开始自己崭新的生活，那一晚我感慨万千，写下了一首词：

【虞美人】陋室别

（于己亥六月初七，记清华园最后一晚难眠）

仲夏夜短不知晓，十载忆逍遥。午时犹酣丑未宵，不辨冬夏天地人寥寥。

陋室狭榻灯影摇，诗书惹心潮。阔别难逢路迢迢，纵有广厦不及梦今朝。

　　那是我在清华的最后一晚，而我与清华和电机系的魂牵梦绕却不会终结，多少次午夜梦回，我们在电机学课堂上一筹莫展，在紫操的赛场上挥洒汗水，在西主楼的实验室埋头苦干，在大礼堂的舞台上展现青春，在紫荆一号楼的宿舍里谈天说地畅想未来，在午夜的学堂路上思念那个女孩。而我如今就在那曾经畅想的未来中，努力坚定起曾经的理想，带着些许的疲惫与迷茫，继续走在茫茫的人生路上，而回过头去眺望，电机系永远是我们电机人的精神故乡。

第二部分

校友访谈

学而思 思而行 行必果
——张履谦（1946级）

张履谦，中国工程院院士，1946年考入清华大学电机系。毕业后分配到军委通信部，从事雷达与抗干扰工作；1957年，调职国防部第五研究院，从事"两弹一星"研制工作；1965年，任七机部二院23所副所长，进行防空反导技术攻关和新型雷达研发；1979年，调任七机部"450"工程办公室，从事我国第一颗地球同步通信卫星的微波统一测控（雷达）系统研制；1985年调职航天工业部、中国航天科技集团公司科学技术委员会任常委、顾问，从事空间技术领域的工作。

一份沉甸甸的简历，文字背后承载的是一段波澜壮阔的历史，以及由此造就的功勋卓著的人生。

张履谦出生于湖南长沙县黄花镇的一个农村家庭，父亲张子尧通过自学《医宗金鉴》和不断实践，逐渐成为家乡远近闻名的中医。撑着一把洋伞外出行医的背影，不论刮风下雨、逢年过节都不辞辛苦出诊的身影，成为张履谦对父亲最深刻的记忆。母亲王淑仪勤奋温良，不仅要料理一家老小的衣食起居，养猪养鸡，还要日出而作、日落不息地承担地里的农活，默默支撑整个家庭。而且，她从不介意患者弄脏自己的家居厅室，并教育子女要礼节待客。

学而思　思而行　行必果——张履谦（1946级）

家风正则后代正，则源头正，则国正。父母身上的优秀品质潜移默化、言传身教地影响了幼年时期的张履谦。也正是这样的品性伴随他走过抗日战火洗礼，在战争颠沛流离的逃亡中坚持学习，一路指引他脚踏实地地迈向了通往进步阶梯的殿堂。

1945年抗日战争胜利后，各高等院校逐步从西南地区回迁，并相继开展教学活动。获知有三所学校在武汉招考的消息后，张履谦奔赴报考。功夫不负有心人，他被清华大学、武汉大学和西北工学院三所高校同时录取。

出生在战争年代的张履谦认为只有自己能制作飞机、制作大炮，国富兵强，才不会受人欺凌。抱着读书救国、科技救国的念头，张履谦选择了清华电机系，从此与电结缘。

1946年，他离开家乡辗转赴校，步行20公里到长沙，火车到武汉，江轮赴上海，水路到塘沽，陆路乘汽车到达清华园。他的人生也就此开启了一个新的篇章。

张履谦入学当年，清华聚集了一大批国内外知名的学术大师。与此同时，北京大学、燕京大学、清华大学之间，教师相互任课，更使得师资优势进一步增强。沐浴在这种环境下，张履谦拼命吸取大师传授的专业基础知识，聆听过名师周培源老师的"普通物理"、叶企逊老师的"力学"及王竹溪老师的"热学"。教授们在讲课时都特别强调概念理解，比如常迵老师教授的"电波学"。

"电波学实际上是非常晦涩难懂的学科，但常迵老师总能深入浅出地用理论结合实际案例的方式让我们听得懂。课下，常老师出的习题都是实际生活中的应用，所以必须要听懂之后，认真思考，才能做得出习题。我还记得，常迵老师讲研究课题不要别人说什么就是什么，而是要有自己的见解，用现在的说法就是要创新。"

当时用的教材大都是国际名著，教师学识渊博，作风严谨，学生学得比较"透"，加之学校严把考试关，不及格要重修。因此，学生的知识基础、思维能力、创新能力得到了很好的培养。

在专攻学科的同时，张履谦博采众长旁听土木建筑系的素描课，学习绘画基础知识。去文学院英语系听英诗课程，对欧洲文艺复兴时期英国伟大的剧作家和诗人，世界杰出的大文豪莎士比亚的著作很感兴趣。其中的内容，张履谦至今还记得非常清楚，"莎士比亚《麦克白》中有一句话，'上天生下我们，是要把我们当作火炬，不是照亮自己，而是普照世界'。这其实与电机系的'为学与为人'教育理念不谋而合。当我修完一年级基础课程，二年级分配入系，系主任章名涛老师找我谈话时问我从电机系毕业后想做什么，我说想制造飞机大炮。章老师对我的想法非常肯定，并告诉我学习不是为了自己生活得更好，住洋房、开汽车，而是要为国家做贡献，让我们的国家更加强大。这一点我印象非常深刻，我来到清华既要学会怎样为学，更要学会怎样为人。"

张履谦寒暑假从未回过家，他利用假期和课余时间，参加学校的社团，积极投身社会活动，虽然是假期，但他的课业也不懈怠，早上依旧在荷塘边念外语，上午复习专业课。下午和晚上去学校郊区的农村识字班、医疗队和清华职工夜校参加活动。在此期间，他结交了庄沂、许宏温、郭道晖等进步人士。在与他们的长期接触和交谈中接受了许多新思想，也加深了对党的了解。并于1948年，通过庄沂介绍正式加入中国共产党。

刚刚入党不久的张履谦响应党的号召，服从党的分配，暂离清华，参加北京市军管会接管石景山钢铁厂的工作。

在石景山钢铁厂，张履谦负责对全厂职工的宣传工作。根据在校参加学生运动的经验，以家访、个别谈心、召开诉苦会等方式，引导工人群众转变思想，提高觉悟。为了工作，他日夜忙碌，一天工作十几个小时，实在饿了就掏出兜里的花生米吃几粒。张履谦所做的工作，不仅得到了党内文化名人贺敬之等人的热情肯定，还得到了北京市领导的赞赏。1949年，北京市委书记彭真到钢铁厂视察时，张履谦向他汇报了接管前后职工的思想变化和自己的工作体会。彭真对他做的创造性工作非常满意，在得知他是清华一名大三的学生时说："新中国需要你们这样的知识青年，希望你能够继续完成学业。"

随着石景山钢铁厂接管工作告一段落，张履谦回到清华园，重新开始专业知识学习。

1951年，张履谦从清华大学毕业，分配到军委通信部。就是这一年，他第一次正式步入工作岗位、第一次穿上军装、第一次接触雷达，也是第一次奔赴前线。

当时，抗美援朝战争正处于艰苦的相持阶段，美国 B-29 飞机对鸭绿江两岸狂轰滥炸，试图切断前线的运输补给，同时施放电磁波干扰使我国前方防空雷达看不到敌机，我军引导雷达不能引导空军作战。张履谦临危受命奔赴前线，"不解决问题绝不回北京"，这是决心，也是命令！经过几个通宵的研究后，他提出雷达收发设备快速跳频和雷达交叉定位的解决方案。"战地器材短缺，形势又紧迫，我就用金属罐头盒制作电容器，用拉杆麻绳作快速联动装置。这个思路正确，罐头盒加麻绳就解决了抗干扰问题。虽然没有学习过雷达，但在清华无线电课程中讲过电容器性能与它的面积大小有关，由此想到了用金属罐头盒来改变频率这个办法，这也是第一次我把清华学习的理论用在实际中。"张履谦说。

值得一提的是，60 多年前张履谦发明的快速跳频的方法，至今仍然是各种现代雷达抗干扰的基本手段。

有了抗美援朝抗干扰的经历，张履谦立志攻克雷达技术。他每天晚上八点后，坚持看书学习两个小时，再加上周末节假日的时间，经过十二年刻苦学习，读完了全套 28 册英文版美国麻省理工学院（MIT）编写的《雷达丛书》，这是一部雷达技术的经典巨著，书中的诸多理论与设计技术，至今仍有重要参考价值。这为他从事雷达工作打下了坚实的理论基础。

1952 年，中国人民解放军在军委通信部成立雷达干扰与抗干扰组，张履谦任组长。在此期间，由他领导研制的多种雷达抗干扰电路，被送往前线部队试验使用，获得了较好效果。他还总结前线抗干扰经验，写成操作规程颁发给全军，成为中国人民解放军电子对抗的首个条例。

1956 年，总参通信部成立雷达干扰与抗干扰研究室，张履谦任主任。在他的带领下，研究室工作得到了迅速发展，从自行研制出我国第一台高功率微波干扰机，到多种雷达侦察接收机，从自行设计瞬时自动增益控制电路到活动目标显示滤波器，种种成果不胜枚举。同时，研究人员也由十几人扩充到三十余人。著名电子学家黄足、导弹武器总设计师李一鸣等都曾是其中一员。张履谦的工作为我国电子对抗事业打下了良好基础。

同年 10 月，党中央决心发展尖端武器，成立了国防部第五研究院。1957 年，年仅 31 岁的张履谦调职到第五研究院二分院，担任雷达研究室副主任，就此开启献身我国航天事业的生涯。

二分院刚成立初期，正是我国连续三年自然灾害的艰苦时期，又逢苏联毁约撤走专家并带走所有关键数据材料。"没有调试设备我们就自己造，遇到不懂的问题，我们就仿照样品来设计。"在一穷二白的情况下，张履谦带领一批刚从大学毕业的研制人员经过千万次的反复试验，克服了种种困难最终完成了"东风一号"地地导弹、"红旗一号"防空导弹制导雷达的仿制工作。

20 世纪 60 年代初，是我国"两弹一星"研制的关键时期。美国急于了解中国发展尖端武器的研制进展，派出有"蛟龙夫人"之称的 U-2 高空侦察机频繁进入我国领空探查军事情报。它携带干扰机干扰我地空导弹雷达站，张履谦向军委总部出谋献策，并亲临改装雷达，多次击落了美国 U-2 飞机。

红旗一号仿制成功后，张履谦根据部队扩大导弹作战空域、增加雷达作用距离、提高命中精度和增强抗干扰能力等要求，担任地空导弹制导雷达主任设计师，采用雷达新体制，增强雷达发射功率，降低接收噪声，预埋了多种抗干扰电路，完成了地空导弹红旗二号制导雷达的研制和定型，批量装备了部队，并在干扰条件下第 5 次击落了美国 U-2 飞机。由于我地空导弹有较强抗干扰能力，U-2 飞机再也不敢侵入我国。红旗二号防空导弹成为 20 世纪 60 年代至 21 世纪我国空军防空作战的主战装备，服役 40 余年。

接着，他领导研制完成一部 C- 频段导弹精密跟踪单脉冲雷达，达到当时技术先进水平。他领导进行了远程精密跟踪相控阵雷达的总体设计，攻克了天线、移相器、收发组件、波束形成、信号处理等技术关键。他指导完成了合成孔径雷达（SAR）的研制，装备在我国第一颗全天时、全天候传输型对地观测卫星上。他的工作促进了雷达技术进步。

1979 年张履谦调任七机部"450"工程办公室任工程总设计师，主持研制我国通信卫星工程中的一部多载波、多调制、多功能一体化微波统一测控（雷达）系统和一部超远程引导雷达。在高端仪器、器材无法引进等困难条件下，他与同事日夜奋战攻克技术难关，将我国第一颗地球同步轨道试验通信卫星成功送入太空，实现了对三万六千千米卫星发射的实时控制和准确定点，使我国在地球赤道上空占有一席之地。同时，使我国空间测控网得到了更新换代。

1985 年后，张履谦调职航天工业部、中国航天科技集团科学技术委员会任常委和顾问，从事空间技术领域的工作。他参加了我国气象卫星、通信广播卫星、对地观测卫星、导航定位卫星、数据中继卫星等项目研制，做了立项论证、方案设计、重大关键技术攻关等工作。他是我国建设北斗卫星导航系统的科学家之一。他领头撰写了《提高我国应用卫星研制水平的研究报告》，提出我国卫星研制的需求、差距、发展型谱、关键技术、解决途径、措施等具体建议，得到原国防科工委的采纳，使我国迎来卫星研制的崭新局面。

他参与我国"神舟"载人航天、"天宫"空间站、"嫦娥"探月、"天问"火星探测等工程研制，审查设计方案，指导重大关键技术攻关，进行独立风险评估。他是最早向国家提出建议我国建立载人航天、空间站和载人登月工程的科学家之一。

张履谦的一生俨然就是一部我国雷达与航天的发展史，他见证和参与了我国雷达、电子对抗和航天技术的发展过程。如今青丝已变白发，虽步履蹒跚但从未停歇，"我一辈子其实只做了两件事，一个是学习，一个是实践。在生活和工作中学习、实践。"莫道桑榆晚，为霞尚满天，已经步入黄昏晚年的张履谦依然坚持关注雷达与航天技术最新发展，坚持学习新知识、了解新概念。

在提及他对在校学生的寄望时，他说道："我希望大家能够在将来各自的岗位上发挥自己的作用，把所学知识报效给祖国，应用在祖国伟大复兴的道路上。同时，希望清华电机系的同学们能够锻炼好身体，响应马约翰老师的号召，为祖国健康工作五十年，争取做得更好、干得更久。"

这一生，张履谦把自己的全部才智奉献给了祖国，用近七十年的默默坚守，让我国的雷达与航天事业绽射出耀眼的强国强军之光。他忠于科技报国的信念和使命，生动诠释了从清华园走出的科技工作者知识报国的人生价值，用一生书写了一曲践行使命的精神赞歌……

脚踏实地，辛勤耕耘
——谢桂林（1948级）

谢桂林，中共党员，1929年出生于天津，1948年考入清华大学电机系，1952年分配至煤炭工业部华北煤总设计院，后选派至莫斯科动力学院攻读副博士学位，1959年毕业后在中国矿业大学工作至今，退休前为中国矿业大学教授、博士生导师。

圆梦清华，偶然中的必然

考试在即，正是平津战役进行时，谢桂林学长考入清华，进入电机系学习，是偶然中的必然。由于战争原因，天津和北京之间的铁路时常会封锁，而考试那天，正好铁路解封，学长才能上京参加高考。通过高中时期的厚积薄发，学长顺利被清华录取；而进入电机系，是学长敢于挑战自我的结果。当时清华大学的规模并不大，每年只招收400多人，而理科院的物理系和工学院的电机系名声在外。学长的一位高中老师告诉他，电机系的课程是最难学的。年轻的学长，拥有满腔的学习热情，充满着对未知的向往，不惧挑战，因此决定报考清华大学电机系，并最终成为1948级系友。

大学生活，全面发展

一个人的生活总是和时代分不开的，学长在时代潮流中脚踏实地，积极探索。在大学期间，学长不断提高自己的专业素养，培养求真务实、严谨刻苦的品格，提升自己的思想水平和社会责任感。

在平津战役之际，学长参加了入学考试。因此，在进入学校后，学长积极了解当时的时政，配合进行中国共产党的宣传教育工作，并且产生了加入中国共产党的意愿。当时，清华学子的政治热情很高，这也体现了清华"又红又专"的传统。1950年，学长正式向党组织递交了入党申请书，随后成了一名入党积极分子。之后抗美援朝战争爆发，学长和同学们请战意愿强烈，并纷纷写下血书要求上前线参战，但由于国家要求所有工科院系同学不能上战场，学长只能放弃这个想法，并在后方做一些力所能及的工作，比如加入纠察队，专门监督抗美援朝军服制作中的棉花质量，防止一些不法分子赚黑心钱。功夫不负有心人，1952年毕业前夕，学长顺利加入中国共产党，现在学长在党时间即将满七十年。

谈及教学，当时的授课方式和现在有较大的差别。老师授课主要以报告的形式展开，每次报告有相对完整的内容，并且涉及方面众多，并不只是一门课程的内容。学生们手头的教材、资料都很少，所以学习内容需要记大量的笔记。电机系当时对学生也有培养指导书。一年级需要学习数学、物理等课程，这些基础课程对于后面的学习十分重要并且也比较难学，甚至有三分之一的挂科率，并且如果数理基础类课程学习不好，也不利于之后专业课的学习，因此延期毕业现象也比较常见。电机系重视数理基础的传统从当时就可见一斑。二年级需要学习"电路原理""电工原理"（现在的电磁场）等课程。三年级学"电机学"——电机系王牌专业课，而当时教"电机学"的章名涛老师给学长留下了深刻的影响。三年级的时候，学生会分流去几个不同的研究方向。研究组主要有电讯组和电力组。电讯组与现在的电子方向相关。学长选了电力组，当时电力组主要分为制造、发电两个方向。制造方向主要是电机、变压器等的设计，发电就是发电厂、电力调度、继电保护等相关内容。大四的时候，学生需要完成一个类似毕业设计的报告，而当时学长选的是一个与接地相关的内容。在大学四年的学习期间，不仅学习了专业知识，更重要的是提高了学习能力，为以后的学习和科研打下了基础。

在社会工作方面，电机系的学生们朝气蓬勃，十分积极。当时学生会称作学生活动组，是完全由学生自发运营组织的，没有任何的官方背景。学生活动组下面有生活部、文艺部等。这些活动组经常会有一些活动，比如文艺部，就经常联系共产党文工团的同志来到清华大学进行文艺表演，比如《白毛女》，还会组织看电影、演讲等，丰富学生的生活。学长也加入一些社会工作中，比如当时的生活部，学生的餐食是由学生自身管理，学长作为食堂管理员，需要计划食堂的安排、记录菜谱支出等。由于粮食短缺，大家还会自己种地。大一入学时，学校设置的一项奖学金就是成绩优异的同学，在食堂吃饭可以免费。后来由于受到土改等政策的影响，此类奖学金就变成为助学金，这样可以帮助家庭经济困难的学生继续学业。

关于清华"无体育，不清华"体育传统的建立，马约翰先生功不可没，而学长的体育老师就是马约翰先生。当时马约翰先生积极号召大家进行课外锻炼，每天下午五点大家都会到操场上跑步运动。学校对体育也非常重视，大学四年都设有体育课，每学期两学分，并且教授各种类型的体育运动。学长当时也喜欢各种体育运动，比如游泳、排球、篮球等。这种体育精神一直贯穿到学长的生活中，现在九十二高龄的学长依然精神矍铄，身体硬朗。

在清华学习的四年，学长增长了见识，拓宽了眼界，更重要的是，养成了求真务实、严谨勤勉的态度和终生学习的习惯，这对学长的成长产生了重要的影响。

谢桂林学长和 1948 级同学在二校门合影

毕业之后，继续深造

当时大部分人从电机系毕业后，都是国家分配工作，主要去的地方有电力局、煤矿。因为正值煤炭资源大开发，而矿井结构复杂，也有很多电气设备，所以分配到东北煤总部，以及华北煤总部等部门的学生人数较多，学长也是其中之一。在华北煤总部工作的两年，学长积极工作，于是被推荐到苏联进行学习，也因此在莫斯科动力学院留学，并获得了副博士学位。由于就业时选择了煤炭部，因此在留学的三年多，学长选择在矿业学院学习。这与之前在清华电机系学习的内容有较大区别，因此入学第一年，除了要克服语言和生活中的难题，还需要学习新的关于矿业专业的知识。学长当时的主要方向与电机传动有关，主要解决电机启动、调速等问题。在莫斯科，除了学业有所成就，学长也幸运地获得了爱情。那位同样在莫斯科求学的中国姑娘，一直陪伴着学长。两人至今依然是琴瑟和鸣，相敬如宾。

学成归来，几经变迁

学长带着满腹知识和满腔热血从莫斯科归来后，在专业对口的中国矿业大学开始了科研工作，并于1964年招收了两位研究生。随后进入特殊时期，科研工作因此停滞。虽然生活艰苦，时局不利，但学长依然尽自己所能。在"文革"十年间，如果有去煤矿的机会，就会去矿井了解情况，解决一些遇到的问题。1978年后，社会秩序逐渐恢复，学长也重新回到中国矿业大学任教，并重新建立自己的实验室，开始科研工作，期间研究过电力传动机、模拟计算机、可控硅器件等方向。由于多年在现场的经历，学长招收研究生时，会更加关注和培养学生的动手能力和解决实际工程的能力。同时，在清华养成的认真求实、严谨勤勉的特质，也体现在学长之后的教学科研中。

几十年耕耘如一日，学长培养了接近二十位博士生，学生们在国内外相关领域贡献着各自的力量，其中也有博士生在清华留校工作。谈及最令人深刻的一项科研项目，学长不禁说到"七五计划"中的一个项目。当时国家重点支持该项目，并拨款60多万作为科研经费。由于项目大，涉及的面广，再加上当时信息不畅通，所需要的材料、器件很难购买到，因此遇到了许多困难，学长承担的工作十分繁重。经过不断努力，该项目取得了预期的结果。细细想来，学长所在的实验室在几十年里做了众多大大小小的项目，解决了电力传动方向的许多问题，可以说，电力行业的快速发展是一代代人共同努力的结果。

深深祝福，殷殷期待

现在，学长已是九十二岁高龄，但是依然精神矍铄。在清华大学电机系成立九十周年之际，学长表达了自己对母系母校学子的深深祝福和殷殷期待，希望清华学子能继续将认真勤勉，求真务实，谦虚友好的优秀传统发扬下去，为社会的发展添砖加瓦。学长也将1932年出版的，由苏联列宁格勒工业大学的坡博夫（音译）所著的《电动机在工业上的应用》书籍捐赠给母系，以此祝贺母系九十周年系庆。

澳门本土化教育奠基人
——周礼杲（1950级）

周礼杲，1953年毕业于清华大学电机系发33班，曾在清华大学担任电工学与应用电子学教研组主任，教授，博士生导师，电机工程与应用电子技术研究所副所长，生物医学工程研究所副所长。1991年受邀至澳门大学任教，并先后出任科技学院院长、澳门大学副校长、校长等职务，曾任全国人大澳门特别行政区筹委会委员。2000—2002年担任澳门科技大学校长。是信号处理、模式识别和计算机在医学上的应用领域专家。因在领域内的突出成绩，在1995年获国家教委科技进步奖二等奖，连续多次担任IEEE/EMBS世界大会的国际委员会委员，为国际无线电科学联盟委员、美国纽约科技学院院士、美国电机与电子工程学会高级会员。中国US-RIK组委员会主席、《电子学报》编委等。

周礼杲先生作为清华电机系元老级校友，从毕业到此刻，数以万计的日日夜夜，以清华教育所特有的家国情怀作为人生底色，经历了祖国发展进程中最为波澜壮阔的年代，也经历了澳门高等教育建设艰苦卓绝的时期，既是见证者、参与者和建设者，也是时代大潮中的一滴水珠、一朵浪花。时间回到1946年，当时的周礼杲在父亲眼中还是一个不谙世事的调皮孩童，为了让周礼杲考上当时上海顶级的中学——上海中学，父亲生生将他关了三个月的"禁闭"，让他不被外界打扰，潜心学习，专心备考。终于功夫不负有心人，他如愿进入上海中学学习。当时盛传的一句话就是进了上海中学，就等于踏入了清华北大的校门。"我清楚记得我高考的第一志愿就是清华大学，我对电子设备特别感兴趣，所以就报考了当时电机专业顶级而最难考的清华电机系。"

　　这位如今已是耄耋之年的老人，回忆当年，依旧宛如昨日，又想起第一天到清华报到时的情景。他信步走进清华园，打破了心里的神秘感，却亲近了心中的神圣感。不知不觉走到了西操，只见那里人潮涌动，他凑上去便看到一名学生站在体育馆的讲台上慷慨激昂地发表着爱国演讲，心中的爱国情怀被瞬间点燃，听得热血沸腾。后来得知，那人便是后来的国务院总理朱镕基。从这一刻起，清华的使命与担当、爱国的情怀与责任深深刻在他的骨血里。

　　20世纪50年代的清华大学正处在我国教学改革和院系调整的关键时期，注重培养德、智、体全面发展人才。"当时，学习任务很重，每天早、午、晚甚至星期天都被课程排得满满的。我印象最深的课程就是钟士模老师教授的电机学，他讲得高深、凝练，逻辑思维清楚，由浅入深，<u>丝丝入扣</u>，需要全神贯注才能跟上他的思路"。就在这样紧张学习压力下，蒋南翔校长及时提出了"为祖国健康工作五十年"的号召，全校积极响应，立即掀起了体育锻炼的热潮。每天下午四点钟以后，几乎绝大部分同学都来到操场上进行各种形式的体育锻炼。与此同时，学校还加强学生实践能力的塑造，鼓励学生参加苏联援助的156个项目的建设和研究，鼓励学生搞研究要到工厂和基层中去，从实践课程到毕业设计要向工人师傅学习技术实践，将课本上的理论知识与实践结合起来。

　　20世纪50年代初期，正值国家百废待兴的时期，需要大量的干部提早投入工业建设中，因此清华大学电机系大三的200人中，要选择6人提前毕业，留任清华大学电工学与应用电子学教研组任教，周礼杲先生就是这百分之三。在清华大学工作期间，他从助教、教授、博士生导师，到电工学与应用电子学教研组主任、电机工程与应用电子技术研究所副所长，再到生物医学工程研究所副所长，这一干就是38年。

　　澳门回归前，澳门大学急需高水平教育来提升高等教育本土化办学质量，储备政治、法律、管理、财经等方面的人才。1991 年，葡萄牙政府向中国教育部申请支持。于是，当时还在清华大学电机系担任博士生导师的周礼杲受清华大学的推荐、教育部的委派前往澳门大学任教。当他接到委派时候，心中只有一个信念，祖国需要，我便全力以赴。58 岁的他十年磨剑寒气逼，万里东风正当时。

　　1991—1999 年，周礼杲先后任澳门大学科技学院院长、澳门大学副校长、校长等职务，为澳门大学本土化高等教育事业呕心沥血。八年间，累积培养各专业大学毕业生近三千人，满足了澳门各个部门和行业所急需的人才，真正实现了澳人治澳的基本方针，为祖国交上一份完满的答卷。同时，他的成绩也得到了主管澳门回归工作的国务院港澳办陈滋英副主任的肯定。在 1998 年 4 月成立澳门特别行政区筹备委员会时，周礼杲被时任全国人民代表大会常务委员会委员长李鹏颁发了筹备委员会委员的证书，由此他积极参加了筹委会的工作和活动，在他卸任澳门大学校长之职时，澳门总督特别颁授其一枚专业功绩勋章，以肯定和表彰他对澳门大学发展所做的贡献。

　　1999 年，澳门知名的实业家和社会活动家廖泽云博士决定出资办大学，这一计划得到了候任特首何厚铧的支持，他们认为在澳门办一所一流的私立大学，对澳门的发展是一件非常有意义的事情，既可以运用社会力量办高等教育，又能够加速培养澳门急需的高等人才。何厚铧特首和廖泽云先生先后找到清华大学电机系教授、时任澳门大学校长的周礼杲先生，诚邀他执掌澳门科技大学校政。澳门回归后的第一天，廖先生把办学申请正式交给了特别行政区政府。

　　学校成立初期，没有校园、没有建设校园的土地，更没有教授和学生，一切从零开始。但是，2000 年招生是个死任务，时间如此紧张，没有给予他更多的时间慢慢筹办。然而，明知这又是一个"烫手的山芋"、艰巨的任务，颇具挑战，他没有退缩，迎难而上，因为他具有清华人的气节，因为他知道这是诸多有志之士的共同愿望。刚刚走马上任的周校长第一件想到的事情就是四处网罗英才。"有困难找清华"，这一次也不例外。当清华计算机系主任唐泽圣、著名教授薛成华等一批学术造诣高、学界声望好的专家教授先后来到这里，奋力支持新大学新学院的建设，周校长才吃下一颗"定心丸"。

澳门科技大学的教授队伍中，一半以上聘自清华大学、北京大学、南京大学等知名大学，其他教授聘自中国香港特区、中国澳门特区，中国台湾地区以及欧美国家。这使得澳科大成立伊始，四个学院和多个研究所就达到了颁发专科、学士、硕士和博士学位的水准。

在周礼杲校长"高质量、高科研水平、高建校速度"的定位下，他再次提出要注重引进培养复合型、创新型专业人才和学科带头人；注重利用前沿技术和多学科集合的研究方法，力求创新；注重进一步扩大、深化与海外相关研究机构的合作。紧贴国家科技发展前沿需求，着力解决国家重要领域和产业发展过程中的突出问题和亟待解决的难题。在短短二十年间，澳门科技大学从四个学院的学校发展成为拥有九个学院、一个通识教育部在内，含概文、理、法、管、商、医、药、艺术、传播等学科门类的综合性大学，在校师生逾万人。同时，成立了中药质量研究、月球与行星科学两个国家重点实验室，以及多个重大研究院所中心。斐然的成果，专业领域内世界瞩目的成就，使得澳门高等教育事业在回归之后站在了新的起点，并在2019年跻身《泰晤士高等教育》世界大学排名三百强。面向未来，澳门的高等教育事业仍然要紧密适应国家的发展趋势，发挥大学在经济社会发展中的重要作用。

2009年，八十岁的周礼杲退居二线，被委任澳门科技大学校董会主席，为学校的建设献计献策。在他的倡导下，2011年经国家科技部批准，澳门科技大学与澳门大学联合建成中医药质量研究国家重点实验室，被称为"国家中医药科研和产业发展的重要平台"。如今，耄耋之年的老人，依然精神抖擞，对教育的一腔热血始终如一，对清华母校、电机母系的深切情感和希冀从未改变。他希望清华电机系学子能够秉承清华自强不息的传统，克服一切困难，实现鹏程万里的目标，获得更大的成就。

以信仰之魂，勤学敬业发奋创新

——程建宁（1950级）

　　程建宁，1932年生，清华大学电机系毕业，中共党员，少将军衔。1950年考入清华大学电机系。1951年7月抗美援朝参军后，一直在军界工作，历任学员班长、文化教员、干事、副指导员、代理指导员，1961年任空军政治部宣传部干事，空军政治、文化教材编辑组组长，1969年起任空军政治部宣传部宣传处副处长、总政治部宣传部干事，1983年任总政治部办公室秘书处副处长，1985年任总政治部宣传部副部长、全军整党办公室秘书组组长，1987任中共中央军委办公厅副主任，1993年任中共中央军委办公厅主任，1988年9月1日被授予少将军衔。1996年退出现职，任中国国际战略学会高级顾问。

清华记忆，信仰之名

　　提及当年在清华园中的经历，程建宁校友坦言，虽然自己只在清华园中度过了一年的时光便赴抗美援朝，这一年的学习生活却树立了他日后的信仰。

　　他回忆到，1951 年抗美援朝时参军时，因为在清华大学学了社会发展史，知道了人类社会是怎么发展的、个人应该怎样生活才有意义，进而从一个为个人着想，想名、想利的人，开始转变为想要为人类、为社会做贡献的人。这是一个很大的转变，奠定了他 60 多年人生道路的基础。

　　提及在清华大学的求学时光，毕业多年的程建宁校友语气变得兴奋，眼中也闪起光芒。几位教授的课堂，他至今记忆犹新。"物理、数学、机械、制图，还有其他的一些老师，很多都是国外刚回来的，教学最好。"在他看来，清华的课程体系架构完善，教授的课堂有着迥然不同的个人风格，有自成一体的逻辑演进方式，老师们总能讲得妙趣横生，一语中的，深入浅出，让学生能够跟进代入。

　　程建宁校友还提到，清华的体育精神令他受益匪浅。在延续了百余年的传统熏陶下，体育早已成为了学校精神的重要组成部分，体育是清华人终身的必修课。体育锻炼是一种自强的精神、一种拼搏的气质、一种受益终身的生活方式。正是当年在清华园养成的良好锻炼习惯，才使得他在紧张的校园生活中能够保持旺盛的精力和健康的体魄。他在清华担任学生会体育部副部长，也是校篮球队的成员，不仅组织能力得到提升，身体素质也不断增强，终身受益。

勤学敬业，发奋创新

　　回顾自己的事业发展，程建宁校友的工作历程也离不开信仰的陪伴。而正是在学校就树立了坚定的信仰，让血肉之躯拥有了超越艰难险阻的力量；也正是忠诚的信仰，让境界因之提升、人格因之升华、事业因之兴旺。信仰是青春励志，用心坚守在基层；是奉献到老，退休而不褪色。

　　程建宁校友毕业后分配到了空军，从教员到指导员、干事、副处长、副部长，在空军工作了 18 年，后来调到总政治部，在总政治部机关工作了 18 年，在军委办公厅任副主任、主任，工作了 10 年，之所以能在众多同龄人中出类拔萃，他总结为"勤学敬业"和"发奋创新"，自己厚积薄发才遇到了好机会。

　　程建宁校友分别从几个事业发展中的事例讲述了自己勤学敬业和发奋创新的精神追求。在勤学敬业方面，程建宁校友说自己的座右铭是"勤勤恳恳做事，清清白白做人"，这句话一辈子都在鞭策他、提醒他。他在机关做过不同类型的工作，如文化教育、宣传教育、思想理论教育，以及秘书性、综合性的工作等。"有些工作并非自己的爱好和特长，但我对组织分配的任何工作从不敢怠慢，而是抱着从头学起、兢兢业业、全力以赴的态度。从熟悉一点的理工知识到学习文史、军事知识，从不会写文章到逐步掌握一些写作规律，从不善言辞到大胆地锻炼在群众集会上讲话，我都一步一步地闯过来了。"

在发奋创新方面，程建宁校友认为，创新可以填充空白，可以补上短板，更可以让发展拥有"加速度"。他列举了自己工作中的事例，为解决大学毕业生不愿意分配到高山海岛等边远地区担任基层技术工作的问题，他协助提出"到基层去、到边疆去、到祖国最需要的地方去，长期为雷达部队服务"的口号。结果几年来，这个学校成千上万的学员都主动要求到最边远、最艰苦的地方去，总政治部召开全军思想政治教育工作会议，推广这个经验。"这个典型，说明了马克思主义和自己的思想实际结合能够产生巨大的威力，一定要善于发现生活并从生活中创新。"

程建宁校友还强调，大浪淘沙，唯有信仰不会被黑暗吞没。这是历史的启示，也是世道人心的真理。处在一个大发展、大变革、大调整的时代，坚守与解构、担当与逃避、奋进与堕落，交织碰撞在所难免。做出正确的选择，坚守高尚的信仰，是我们必须回答好的考题。

莘莘寄语，至诚至坚

提及对未来清华学弟学妹们的期待和嘱托，程建宁校友表示需要互相学习，共同努力，"后浪"拥有无限生机，希望同学们把小我融进大我，把学习和工作的具体目标同中华民族伟大复兴的宏大目标相结合起来，在新的起点上做出这一代青年人的历史贡献。

艰苦奋斗，淡泊名利
——李发海（1951级）

　　李发海，出生于1931年。1951—1954年就读于清华大学电机系，1954—1995年在清华大学工作，曾任教授、博导和电机教研组副主任，培养了多名博士、博士后。曾担任北京市政府五届顾问（10年），负责指导北京市政府有关电机节能方面的工作。共承担了33项国家级、北京市、研究院、企业的科研课题。获得国家、省部委等颁发的科技进步奖一、二、三等奖共13项，其中"同步电机阻尼磁链定向控制理论及其在大功率交交变频系统中的应用"获国家科技进步奖一等奖。出版《电机与拖动基础》《电机学》等电机方面的专著、教材、译著共8种，其中《交流电机及其系统分析》获全国优秀图书一等奖。

艰辛求学，师生共进

　　李发海老师出生于1931年，2021年也是老先生的90华诞。李老师于1951年入学，1954年毕业，是当时最后一批四年制本科生。入学之初在北京大学电机系，1952年由于院系调整，来到清华大学电机系就读。期间还曾在哈尔滨工业大学学习过半年。当时的教学模式与苏联相仿，但师资力量相对薄弱，条件比较艰苦，师生之间是一种共同学习的氛围，而正是在这种条件下，老一辈的艰苦奋斗精神才显得尤为可贵。也正是在这种艰辛求学、师生共进的环境下，电机系才逐渐成长和发展起来。

潜心教研，不求名利

李老师毕业之后在电机系从事电机学的教学工作，后来在高景德先生的支持下，与教研组的其他同事们一起努力，使教研组的电机控制科研工作取得了从无到有的进步。期间不但从纵向上取得了国家相关部委的支持，更重要的是将电机控制从一个二级学科逐渐横向拓展为两个二级学科。这一研究领域的拓展工作，是在对电机本体研究的基础上，将电机与控制相结合，拓宽了研究方向，延伸到了交交变频等领域。直到今天，电机控制领域仍然是电力电子的重要研究方向。在此期间，李老师还与汽车系等兄弟院系共同推进了电动汽车重点项目，并获得了相关科技奖项。但提起这些奖项时，李老师对此并不在意，甚至连这些奖状放在哪里都不记得了。像这样的重点项目还有很多，李老师对待科研事务用心努力，但对于事外的名利却并不在意。正是这样潜心本职、不求名利的精神造就了那个时代的一位位大师，推动了我们国家这几十年来的快速发展。

引领后人，厚德载物

李老师作为与电机系同龄的老先生，向我们介绍了自己四年求学过程以及后续几十年教学研究的亲身经历和感悟。展现了一个艰苦努力的求学者、一位推进发展的建设者、一位淡泊名利的老前辈在不同人生阶段的形象。

电机系像李老师这样为后辈成长、为国家建设努力奋斗的老先生们，还有很多很多。他们从事着不尽相同的领域，但这种自强不息、厚德载物的精神是他们所共有的。如同周国平所说，人是要有一点精神的，万有皆逝，唯有精神永存。希望这种自强不息、厚德载物的精神能够推动电机系，推动清华大学，推动整个国家不断向前。

结缘清华七十载
高压馆里献青春
——陈昌渔（1951级）

陈昌渔，1955年毕业于清华大学电机系发电专业。留校
工作后，长期在高电压教研组任副主任，从事教学和科研工作，
后升任为教授，1993年底退休。

陈老师1933年出生于上海，1951年考入北京大学工学院。1952年适逢全
国进行院系重组，北大的电机系被整体并入了清华大学电机系，陈老师也便成了
清华的学生。进入本科阶段的高年级之后，同学们开始选择自己的学习与研究方
向。当时还没有明确地设置二级学科专业，而是叫做某一方向的"专门化"。在
水电、火电、继电保护和高电压中间，陈老师选择了高电压专门化，从此与高压
结缘。与陈老师一同选择高压的还有五位同学，其中有三位后来都留在了清华工
作，包括电机系的薛家麒老师、张芳榴老师和工物系的王克礼老师。

留校之后陈老师主要从事的是高电压测量与试验技术方面的研究工作，参与
并见证了现在的电机系高电压实验室从无到有、再到试验条件完善的全过程，这
也是陈老师觉得自己工作中最有成就感的一件事情。1956年到1958年期间，陈
老师与当时苏联派到中国的专家斯捷潘诺夫一起研制成功了1400kV冲击电压发
生器。而在许多经典教材如《高电压工程》《高电压试验技术》等课本上，也可

结缘清华七十载　高压馆里献青春 ——陈昌渔（1951级）

以看到陈老师的名字。那个年代教师们科研方向的选择基本都由国家的政策决定，为国家的迫切需求服务。那时的科研经费也很有限，陈老师搭建高压试验平台的预算总共只有六万元。

从 1952 年来到清华园算起，到现在已经近七十年。说起这些年间清华的变化，陈老师首先想到的是校园环境。陈老师刚入学时，清华的校园面积还很小，京张铁路甚至就从校园边穿过。后来经过数十年的建设，才有了今天的校园环境。另一个巨大的变化则是学校的院系设置。陈老师是因为院系调整才从北大来到了清华，那时的清华是纯粹的理工科大学。后来国家放弃了照搬苏联模式，学校也不断进行着改革。经过最近几十年的发展，清华再次变成了一所横跨多学科的综合性大学。并且，电机系在这个过程中贡献颇多，现在学校的很多院系如电子系（原无线电系）、计算机系、自动化系和生医系都是从电机系发展出去的。

最后，在电机系即将迎来九十周年系庆之时，陈昌渔老师和夫人朱德炯老师为电机系送上了祝福。

为了祖国的需要，献身科教事业
——周明宝（1952级）

周明宝，1952年进入电机系，1954年毕业留校工作，1994年退休。

兴趣是最好的老师

周明宝老师说，他在中学时期非常顽皮，对新鲜事物充满兴趣，喜欢动手实践，家中连大人一般都不敢随意拆开的电器，几乎都被周老师拆开研究过，因此也经常会触电。周老师开玩笑说："还好那时家里电压是110V，要是220V早就没有我了。"除了对电感兴趣外，周老师还喜欢钻研难题，周老师说："当时听身边的人讲学电难，但是我就是想学电，什么难就干什么。"对电的强烈兴趣与喜欢钻研的精神，让周老师在1952年中学毕业后选择了电机系。

哪里需要我，我就到哪里去

中华人民共和国成立初期，国家一穷二白，百废待兴。考虑到五年计划即将开始，国家急需大量人才，如果按四到五年的学制，到1954年国家没有应届大学毕业生可用。因此当时一些重点大学响应国家的需要，开办了一些短学制的特殊专科，两年毕业，专门为五年计划培养人才，并号召党员、团员带头报名参加。清华大学也开设了这种特殊的班级，一方面培养工程师，为国家工业提供新鲜血液，一方面培养年轻教师队伍，为人才培养积蓄力量。当时周老师是共青团员，面对国家的号召，他怀着报国之心，急切地想参与到社会主义建设之中，因此也报名了这个特殊的班级，用行动践行着"哪里需要我，我就到哪里去"的初心和誓言。

图书馆是我最喜欢的地方

由于班级的特殊性，学习的时间只有两年，因此电机系也为这个班级专门编制了特殊的培养方案，学完数学就开始学习专业课。这两年时间非常紧张，即使是周末，周老师也在学习。周老师回忆道："我记得当时清华流行跳舞，在周末，很多学生都会去大饭厅跳舞，但是我一次都没有去过，因为图书馆是我最喜欢的地方，我平时社会工作也比较多，课业压力比较大，周末就变成了我专门用来学习的时间，几乎所有的周末都在图书馆度过，因此渐渐地图书馆就变成了我最喜欢去的地方。"这种勤奋刻苦、热爱学习的精神，为周老师毕业后留校任教打下了基础。

学然后知不足，教然后知深浅

两年的学习时间很快过去。周老师原本设想着毕业之后到祖国最艰苦的地方去，去建设水电站。但当时中国的教育事业也急需像周老师这样的人才，他再次响应国家的需要，服从分配，留校当助教。当时负责的电机学课程，要辅导的学生正好是和自己一届的同学。虽然周老师在这两年的时间里已经尽可能地努力学习了，但是两年的时间还是太短，学到的知识非常有限，因此在成为老师后，还是倍感压力，不敢松懈，一直保持不断学习。

直至今日，周老师心里一直存有遗憾："我对自己的知识是一直不满意的，我觉得我还能比现在做出更多的贡献。"周老师希望同学们能够一直保持着学习的热情，更努力地学习知识，为今后的科研和工作打好基础，为国家和人民做出更多的贡献。

为祖国健康工作五十年

当我们问起清华体育锻炼的传统时，周老师非常高兴地和我们分享他的回忆："我记得当时蒋南翔校长提出'为祖国健康工作五十年'的口号之后，每天下午四点半后，学生们都下课来到操场，连教师都从教研组出来到操场活动，系里也去督促大家锻炼，我以前是校排球代表队的，毕业当老师后，我就组织一些喜欢打排球的老师去（现在航空馆前面的排球场）打排球。"

周老师 1954 年毕业留校工作，1994 年退休，退休后还负责一些教学和科研工作，直到 1998 年才放下所有工作。周老师表示非常遗憾没能达成为祖国工作五十年的目标，实在是心有余而力不足，身体状况不允许。他希望同学们多参加体育锻炼，争取为祖国健康工作五十年。

制度的变迁

周老师也为我们介绍了清华科研经费制度的变迁。在周老师刚毕业留校任教时，几乎没有什么科研经费，那时的主要职责就是教书，培养人才。学校从 1959 年才开始招收研究生，这时的科研经费是要自己写好计划，然后向学校申请，学校负责审批发放经费；"文革"以后，开始和企业有横向联系，这时开始有了横向经费；再到后来，教育部由于资金紧张，高校经费削减，要求各高校自行解决经费问题，由此清华各院系开始大规模地与企业合作或者自己创建公司，这一时期百花齐放，涌现出了一批先进的公司。但随之也带来了一系列问题。从 2013 年开始，国家发布政策严禁高校院系一手办学一手经商，清华控股的公司慢慢都转变为了国家控股，学校经商的风气得到遏制，横向经费也逐渐缩减。清华经费来源的变迁也从一定程度上反映了国家经济制度的变迁，从最初的计划经济到改革开放后的市场经济，再到现在越来越成熟的经济制度，折射出了国家、社会的进步。

一名合格的党员

周老师 1955 年入党，是一名老党员。谈起怎样才能算是一名合格的党员，周老师有自己的心得。周老师认为，要德才兼备才能称得上是一名合格的党员。在周老师看来，才华很重要，因为如果给你安排在某个岗位，你的能力不能胜任，那也是很痛苦的；而德行是一个人的基本，没有良好的德行，那不能保证思想上的纯粹性，也不能真正做到为人民服务。现在出现的那些贪官污吏，品德都败坏了。这种情况下，即使有再好的才华，也不能为国家和人民做出贡献，甚至会危害到国家和人民的利益。周老师认为，如果成为党员，那就要做一名真正的党员，做一名合格的党员，要不断提高自己的品行修养，不要形式上戴着党员的帽子，实际上做出一些违背党员身份的事情，要成为一个无愧于党员称号的人。

对电机系师生的期望

在采访的最后，周老师也对电机系师生提出了建议和期望。周老师希望看到更多电机系师生的身影出现在与国家发展密切相关的重大项目里，出现在影响世界的重大项目里。攻克这些重大难题并不是一朝一夕就能出成果的，希望大家能够潜心研究。因为我们电机系有脑力、有智慧、有人才、有这个可能，即使没有重大成果，也为这一方向的发展积累了经验、贡献了自己的智慧，十年磨一剑，只要我们不断努力，刻苦钻研，不断积累，那总有一天会成功！

坚持体育锻炼，为高压
事业奉献五十载
——戚庆成（1953级）

戚庆成，教授。1953年9月考入清华大学电机系，1958年毕业后留校参加工作，并继续攻读研究生，1980—1981年赴瑞士苏黎世联邦理工学院访学，回国后致力于高电压测试技术研究，在校任教40年。

20世纪50年代，戚老师慕名考入清华，他说当时有句话叫"清华电机顶呱呱"，清华电机系的科研成果与优良的学风和学生素质是分不开的。戚老师说，由于他的毕业设计优秀，参加了毕业设计展览会，加上当时高压专业需要人，他就被系里选中，留校担任助教，开设电力系统过电压及其防护课程，开展过电压方向研究。戚老师读本科时还没有高电压专业，只是高电压技术专门化，当时还是以发电专业毕业。而后1959年才有第一批高电压技术专业毕业生。

改革开放后戚老师前往瑞士苏黎世联邦理工学院访问，开始研究微秒级的冲击高电压测量技术。期间他提出的冲击高电压测量系统性能的判据被写入国际标准，指导各国冲击高电压测量技术，以保证测量准确度达到要求。这是戚老师觉得比较有意义的一件事。

回国后戚老师继续从事高电压测量标准方面的工作，担任了国家标准化委员会委员，参与制定有关的国家和行业标准。退休之后戚庆成教授继续发挥专长，参与研制出我国首套自主开发的百万伏特高压快速变换极性的直流试验设备，弥补了我国空白，并已生产出一系列产品，在全国电力系统和电力设备制造企业的特高压研究基地、试验室投入运行，为发展特高压直流输电技术做出了贡献。可以说，戚老师为我国高压事业呕心沥血五十余载。

　　戚老师虽然已过八旬，但是依然很精神，谈笑间提及到多位年龄相仿的老教授，他们大多也身体健康。戚老师说他进入清华时身体比较瘦弱，清华重视体育锻炼对他影响很大。当年马约翰先生在新生迎新会上就让同学们"动起来"，下午四点广播准时响起，动员学生们到操场上去。戚老师学生时代很喜欢长跑，经常跑三千米，甚至负重跑过一万米。可以说，戚老师是"为祖国健康工作五十年"的典范了。戚老师还谈到自己的三样运动爱好：游泳、自行车、散步，只是现在年事已高，不得不放弃了游泳和自行车，如今还在坚持每天散步。

　　最后，戚老师为电机系九十华诞表达了衷心的祝贺：希望今后电机系继续保持良好作风和传统，依然能够在清华各院系中出类拔萃、在全国各高校保持领先地位，祝愿电机系将来发展越来越好！

艰苦奋斗，一心向党
——邬学三（1954 级）

邬学三，1954 年考入清华大学电机系发 92 班，1968 年 8 月去水电部业余动力学院报到，1969 年水电部北安干校劳动，1971 年随北安干校合并至河南平舆干校继续劳动。1974 年末分配至水利电力出版社电力编辑室工作，1985 年申请到出版社信息室从事计算机应用工作，1987 年评为副编审，1995 年任电力出版社计算机排版与信息处理室主任（副处级、副编审），1998 年退休并返聘至计算机图书编辑室（名义为特约编审）。

1949 年后，邬学三校友在党的教育下逐步有了正确的人生观——不向往安逸的生活，愿意通过艰苦努力为人民服务。邬校友 1954 年考入清华大学，大一、二期间担任班级的团支部书记，还参加了校合唱队，但由于体质偏弱，体能差，对当时创建优秀团支部活动感到压力大，产生焦虑情绪，又没有正确对待，实际上产生了精神失常症状，给自己及党的工作都带来了损失。之后降至 1955 级学习，并决心通过艰苦努力积极向党组织靠拢。在清华期间，积极参加了班级组织的建校体力劳动，努力在艰苦的劳动中锻炼自己、改造自己，毕业阶段再次向党支部提出了入党申请，毕业分配留校为硕士研究生。由于身体原因，一年后休学回家，直至 1967 年由清华再分配至水电部业余动力学院工作。

在"文革"时期，邬学三校友的职业生涯几经波折，先后去了东北水电部干校和河南平舆干校后至水利电力出版社任职。邬学三校友在东北水电部干校期间不怕苦、不怕累，老老实实做人，勤勤恳恳做事，已能挑动六七十斤的担子和肩背一百多斤麦包，有一年冬天干校宿舍着火，邬校友及时跳进冰冷的大水坑中，帮助递水救火直至大火扑灭，避免了更多损失。

邬学三校友在本职劳动之余，还能充分发挥自己的特长，例如在平舆干校广播站帮助修理扩音器、录音机等设备，放映电影，还参与组织、修改和播送稿件等，得到了党组织的认可，党委书记还鼓励他参加入党积极分子学习班学习，以便接受审查解决入党问题。

在干校后期，被重新分配到水利电力出版社时，邬学三校友已是 40 岁。但邬学三校友没有灰心丧气，在充分发挥自己的专业知识，做好本职工作之时，由于意识到数字化管理的优越性，在 50 多岁时邬学三校友便主动申请参与出版社的计算机应用工作，努力学习计算机技术，为使出版社告别铅与火（铅字排版）、实现光与电（微机排版）贡献了力量，参与组织排版的水利百科全书获得了国家图书奖。此外，为了迎接电力百科全书的出版工作，邬学三校友独立开发了一套汉语拼音排序系统，使该百科全书得以顺利出版，并获得好评。最终，邬学三校友退休后依然想要继续发光发热，践行"为祖国健康工作五十年"的承诺，申请并成功被返聘至计算机编辑室，参与培训编辑、审阅稿件等工作，直到 70 岁才真正退休。

邬学三校友一直在追求入党，不管在什么单位，邬学三校友都用自己的勤劳与真诚，得到了周围人的认可；虽然几经波折，终于在水利电力出版社于 1989 年得以入党，成为一名光荣的共产党员，这距离邬学三校友第一次提出入党申请的 1956 年，已经过去了 33 年。

邬学三校友向我们介绍了自己曲折的求学经历以及后续在水利电力出版社工作的亲身经历和感悟。邬学三校友对党的信仰值得我们学习，邬学三校友说："为人民服务，作为知识分子要追求真理，这样就一定会跟党走。"在经历风波后，邬学三校友一生都在不断学习进步，并通过不懈努力在 50 余岁时得以入党。邬学三校友也对电机系的学生有所寄托，希望我们在任何情况下，都要相信组织，相信党，相信群众，老老实实做人，勤勤恳恳做事，为祖国健康工作五十年。

"抱朴守正　笃学敏行"
诠释多彩人生
——言茂松（1954级）

言茂松（1935—2019年），祖籍湖南湘潭。1959年毕业于清华大学电机系，后留校任教。任教期间曾带领电机系学生远赴西藏支援当地林芝水电站及羊八井地热电站的建设。于1985年调职上海大学，在校期间曾任自动化系教授、博士生导师、电控学院常务副院长、系主任等职务。同时兼任国家电力监管委员会专家组成员、中国管理科学研究院特邀研究员等职务。

1935年，言茂松出生于南京。父亲言心哲是上海复旦大学社会学家、华东师范大学教育学家。母亲潘景之是上海第一人民医院护校校长、医护专家。1919年，中华民族处于内忧外患之中，各界有识之士积极探索富国强民、救亡图存的新道路。正是这一历史背景下，言茂松的父亲存救国之心留学法国、美国，向西方学习先进文化。后学成归国积极将先进的思想和理论传回国内，成为中国社会学的开拓者和奠基人。出生于这样一个知识分子家庭的言茂松，从小品学兼优，高中就读于被誉为"中国基础教育发展的缩影"南京师范附中。这所学校历史悠久，是清朝两江总督张之洞奏设三江师范学堂并设附属中学堂。这样的百年名校是大家一起向前追赶的地方。有的努力自招千分考去复旦，有的用功背单词去留学，而"电器拆装小能手"言茂松因"清华电机系难考"，而决心考取之。

1954年，言茂松如愿考入清华大学电机工程学系发94班。20世纪50年代清华的教育模式正处于仿苏时期，教学采用结对的方式。在同1959级结对的1955级学长的带动下，他的学习成绩渐入佳境。当时学习任务很重，课程排得相当满，但大家的学习热情高涨，学习气氛相当浓郁，由于每节课都要换教室，校园又大，各科的教室相距很远，所以，逢到几个班一起上大课时，座位就紧张了。上完前节课，大家就像百米赛跑的运动员，冲刺式地向下一课的教室奔去，因为都想占一个前面的座位，好更清楚地看清黑板上的字和听清老师讲的课。

1959年，言茂松毕业后留清华任教。从学习到工作，从学生到教师，与清华园一结缘便是几十年。年华似水，岁月如歌，言茂松用自己的汗水与智慧书写人生的瑰丽篇章。20世纪60年代初期，是一周六天工作日，星期天休息。在清华大学电机系动态模拟（动模）实验室总能看到言老师忙碌的身影，即便是周日他也去上班。他对于工作和研究一丝不苟、严谨认真，经常加班加到深夜，回北航家的时候常常大门已经锁了（12点门才关），他便从铁丝网钻进去。有一次被保安抓住了，他只好解释说："我们家就住这里，加班到太晚了，门锁了进不去"。

1960年在动态模拟实验室的言茂松老师

虽然工作忙碌，但言茂松也尽力用自己的方式来爱护自己的小家，他的爱是深沉的，也是克制的。在他"上山下乡"和"开门办学"两段艰苦卓绝的劳动改造经历中，言茂松也未曾与家人流露一丝一毫。在他的言语中，这两段过往被他形容成了一段特殊的人生经历。

　　"文革"期间，大规模知识青年上山下乡运动，接受贫下中农的再教育。清华大学在鲤鱼洲场内创办了试验农场，这个地方被称为中国最大的"五七干校"，四千多名两校教职员工，一批当年国内顶尖的知识精英在这块血吸虫肆虐、环境异常艰苦的地方，进行"脱胎换骨"的劳动和思想改造，参加工作不久的言茂松也在此行列中。当时上山下乡的条件非常艰苦，冷天挑大堤。具有一技之长的言茂松被安排到鲤鱼洲电站，即便这样的条件下，他依然坚持从事研究工作，尽力为当地电站的发展提供技术支持。除了工作条件之外，更加苦的就是没有什么吃的，只有饭配上几根萝卜干，一点油水也没有。

　　20世纪70年代，毛主席发表"五·七指示"，要求全面进行教育革命。"开门办学"就是那个时期教育革命的重要形式，要求所有的在校学生，要去工厂、农村参加一系列的生产劳动，在实践中增长才干，学到真本领；同时通过劳动锻炼，向工人、农民学习，热爱劳动、尊重劳动，永葆本色。当时的电机系主任周双喜找到言茂松，希望他可以带领学生去西藏的羊八井电站支持当地建设，他没有犹豫就答应了。因为从鲤鱼洲刚回北京不久，又被派去西藏支援建设。1976年唐山大地震时，言茂松正在西藏，而妻子带着两个年幼的孩子在同事帮忙搭建的帐篷里度过了后半个夏天。

　　当时，言茂松坐卡车进藏，青藏公路那时候还不是沥青路面，离开格尔木后，道路便变得坑坑洼洼了。过了昆仑山口，下一站便到五道梁，进入了"生命禁区"。天高地寒，山路艰险，半路上就看到，前面不远处有一个卡车坠毁挂在悬崖边的树上。

　　在羊八井时，艰苦的条件、艰辛的工作、精神生活的匮乏，被他深埋在心里化作对妻子和孩子深深的惦念。"开门办学"期间，红烧肉罐头的津贴他一罐未动，带回北京给妻子和孩子，让他们改善生活，也让他们以为其实西藏的日子还不错。

两段艰难的蹉跎岁月，被言茂松教授当作特殊的磨炼。他以苦为乐，在劳动之余坚持从事研究并撰写科研笔记，46年撰写成果多达60余札。他排除困难，抽空培养实践能力，从鲤鱼洲到羊八井再到后期工作生活，动手实践这件事几乎贯穿了他整个人生。年轻时，自己组装黑白、彩色电子管电视机；壮年时，他言传身教，手把手教孩子们组装二极管、三极管收音机、用铁丝做折叠衣架；老年时，他拆卸刮胡刀研究其中构造。"知青情结"的影响下，让他做事更加的严谨、认真。而艰苦经历的磨炼，使他更加的沉着坚毅、积极乐观，人生更加浓墨重彩，美满灿烂。

1972年，中美在上海共同发表《中美联合公报》，其中包括教育交流的内容。此后，中美民间教育交流正式开始。1977年，清华大学电机系邀请多伦多大学电机学知名教授来清华讲学。课后言茂松拿着自己刚刚出版的第一本书《最佳控制与观测》，希望这位教授能够指点一二。拿到书后这位教授问道，是否认识言顶松，正是这样一句闲话和一字之差的名字，言茂松与多年失去联系、远在美国硅谷从事电力研究的堂兄弟"相认"了，在他的引荐下与UC Berkeley教授相识，并于1982年被清华大学推荐去UC Berkeley做访问学者，师从电力专家吴复立（Felix.Wu）教授。在美国做访问学者时，每月只有400美元津贴的言茂松总是想尽量省下一些钱，为家里添置些什么，为远在北京的夫人和孩子买些什么。购买书籍对他来说太过昂贵，他就跑到图书馆借书，然后拿到拷贝中心去拷贝。两年下来回国时，他竟然攒了一大箱子宝贝，这些拷贝的书籍上都是他的批注、翻译和心得。

1985年，在清华大学工作时，处于事业上升期的言茂松，为照顾上海年迈的父亲调职上海大学。在校期间曾任自动化系教授、博士生导师、电控学院常务副院长、系主任等职务。同时兼任国家电力监管委员会专家组成员、中国管理科学研究院特邀研究员等职务。

言茂松教授一生致力于教书育人和科学研究事业，秉承了清华"行胜于言"的校风和电机系刻苦钻研的优良传统，扎身三尺讲台，用为师者的气度、学者的风度对学生进行言传身教。在动模试验室，手把手教授学生测试发电机各种参数；开门办学时，与学生在电厂同吃同睡同"战斗"，数十年培养数百名拔尖创新人才。

用勤学多思书写清华传承与创新，在传授已知的同时，更新旧知、开掘新知、探索未知，持续创造新思想、新理论、新成果。20 世纪 80 年代后，他率先引进最优控制与观测的理论与技术，首创"现代电力市场及其当量电价"的理论与方法。共发表学术论文百余篇；出版专著 7 部；培养硕士、博士 30 余人；获得各项荣誉 20 余项，其中作为第一完成人荣获各类科技奖励 5 项。

国家哪里需要就去哪里，是老一辈学长们人生经历中共同的烙印。他们曾经风华正茂，他们曾经豪情万丈，他们曾经无私奉献。2005 年退休之时，言茂松教授已是古稀之年，但是报效国家、从事科研的热心与热情仍然不减，继续心系国家电力市场的发展。

2019 年 12 月言茂松教授因病去世，享年 84 岁。言茂松教授高风亮节的一生，言行之中的无私与奉献，对后辈实乃一种精神鼓励。

言茂松教授去世后，其夫人陈星煌及儿子言志行、女儿言志梅将他生前的 60 余册工作札记、若干手稿、专著、奖章、证书等珍贵资料捐赠给清华大学。

这，就是言茂松教授献身国家、献身科学研究的一生写照！

行胜于言的教育一线
实践者
——童钟良（1954级）

童钟良，1954年考入清华大学电机工程系，1959年分配到广西大学电机教研组主授电机学，1978年调职华东纺织工学院化学纤维研究所担任院长的电气助手，1984年转入上海交通大学机电分校先后担任电机实验室主任和电机教研室主任。退休后，如今年过八旬的童老发挥余热，依然从事专业领域的相关研究。

初入学校，童钟良被分配到电机与电器专业，20世纪50年代清华的教育模式正处于仿苏时期，在同1959级结对的1955级学长的带动下，树立起勤奋学习的理念和苏联式的学习方法。当时学习任务很重，课程排得相当满，但大家的学习热情高涨，学习气氛相当浓郁，上课抢前排座位，这样能够听得仔细一点。做实验的时候，都提前做好准备，抢着动手。

"我们的高等数学主讲老师是赵访熊先生，他是全国数学界十大著名教授之一。还记得，他讲微积分时举了一个例子'我们看到操场的跑道是弯的，那蚂蚁看到的是弯的还是直的？'这就是说，如果增量很小，再怎么变化看起来都是直线。赵访熊先生讲课的风格非常生动，像讲故事一样。"童钟良老师回忆道。

大学时期，清华的教育理念是"德智体全面发展"和"为祖国健康工作五十年"。那时的学生，每天不仅刻苦学习，还积极参加各种文体活动，尤其重视体育锻炼。童钟良本人就是一位体育积极分子，他在课余时间，自发组织电机系的同学开展体操锻炼，同时邀请校体操队的同学前来指点不足之处。在分配到广西大学后参加了南宁市第一届体操锦标赛，获得男子体操 6 项全能第四名、吊环单项冠军的好成绩。清华母校为学生营造了很多学习的机会、锻炼的机会和全面发展的机会。

步入工作岗位后的童钟良，经过清华的培养，秉承了清华"行胜于言"的校风和电机系刻苦钻研的优良传统。数十年埋身教育事业，作为导师，他潜心学术研究、钻研教学模式。作为教研室主任，他身体力行干工作、脚踏实地抓教研。他在平凡的岗位上，做出了不平凡的贡献，数十年如一日伫立在教学一线，培养出数百位精湛电机知识的学子。

"在讲授电机学课程的时候，我认为首先要重视新形势和新发展；还要在讲课过程中不断启发学生。电机学是比较成熟的学科，变动比较小。即使是这样，我还是很关注新的理论体系和技术研发成果。同时，也一直在思考和探索教学方式，并尽量在讲课过程中体现出来，而不是照本宣科。我认为，电机学这门课的教学体系或讲授顺序应该是变压器、感应电机、同步电机，把直流电机当成一种特殊的交流电机，放在最后讲授。"

作为 50 年代的老校友，童钟良建议在电机学的教学上能够正确认识与讲解直流电机的作用原理，从而能基于自控变频的思路发展（广义的）学习直流电机调控技术及相关问题。希望在校学生能够发挥创新意识，秉承校训专心学习和研究。

如今，已经为教育事业贡献半生的童钟良老师依然在相关领域不断研究和探索，最近，他就提出"直流电机应该是一个自控变频电机"的理念。我们衷心地祝愿他和他这一代清华人欢度晚年，健康长寿！

立足三尺讲台，心系
一生繁花
——高玉明（1954级）

高玉明，1954年考入清华大学电机系，1959年毕业分配至中国科学技术大学，1971年调回清华大学电机系，1995年退休。

共和国的发展，哪里不需要电呀？

1954年高考前夕，怀揣着投身共和国伟大建设的目标，在天津读高中的高玉明郑重地选择了报考清华大学电机系。

"那个时期国家的各个方面都在建设中。填报志愿时，考虑到国家的建设，无论哪个方面都需要电。因此报考的电机系。"高玉明老师回忆道。

秋季，与天津一百余名学子一道，高玉明乘火车来到了北京，来到了清华园。学子们分散到各个院系，开始了全新的求学生涯。

当时，国家正处于发展的起步阶段，条件虽然艰苦，但是学校还是创造各种条件，给予学子们温暖。专门设置有助学金，以帮助家庭困难的学生得以正常的生活和学习。在一年级的时候，还享受了一年食宿全免的待遇。

从天津到北京，虽然距离不远，但是在生活和学习上还是要克服一些困难的。比如，天津属于海洋性气候，北京的冬天天气干冷、风沙很大。再比如，南方籍的年长老师讲课时口音很重，听不懂，就只好课后自己学习。

此外，学校除了抓学习工作，也在各个层面丰富着广大学子的生活。

"那时候，马约翰先生还健在，个子不高，经常穿一条灯笼裤，在学生们体育活动的时候，出现在西大操场，指导学生们活动"。高玉明老师愉快地回忆到。"每天下午四点钟，大喇叭一响，学生们全体出动，冲向体育馆、大操场，锻炼身体，为祖国健康工作五十年而努力。""无体育，不清华"，在那个时候就开始形成了一种氛围。

文艺方面也是这样。每个星期规定一个下午，专门进行各种文娱活动，有参加学校或系里的文娱社团，也有的在班里自由组织活动。在这些活动中，极大地增进了同学们之间的友谊。

在这种"家"的氛围里，高玉明老师汲取着知识的养料。1957年春夏之交，四个发9班的同学收到通知，他们可以自愿报名，选择高压方向继续深造。高老师说："为什么选择高压？当时已经知道一点专业知识了，感觉高压有很多事情可以做。"没有过多纠结，高玉明老师成为高9班的一员。

西主楼建成后，高9班集体清扫主楼合影

课堂怎样讲得让人喜欢听，能够吸引人，这是一门艺术。

1959年，高玉明老师服从组织分配，成为中国科学技术大学的一名老师。

那时，中国科学技术大学刚刚成立，建设中科大，成为高玉明老师在内的全体师生的责任。1969年，中国科学技术大学迁往安徽；1971年，高玉明老师调离中国科学技术大学，回到清华大学电机系，从事教学科研工作。近四十年的科研教学生涯，使得高老师有了更深刻的体悟。

当问及工作上的挑战，高老师提及了两方面内容。

"当老师这件事情，实际上是边学边干。"高老师说，"在学校里，我学的是基础的知识。做老师了，不仅要自己学好，还要懂得怎样教好，怎样表达，怎样组织，这不是说拿几本书照着告诉学生就能够解决的。课堂怎样讲得让人喜欢听，能够吸引人，这是一门艺术。"

"科学在发展，技术日新月异，这对每个人都是很大的挑战。高压技术方面，为了满足经济发展的需求，电力系统电压等级不断提高，电压等级由110kV发展到220kV、500kV、750kV。这里就有很多技术问题需要我们去解决，这对我们每个教师、每个科技工作者都是一个挑战。只有不断的努力学习，才能跟上形势发展的需要，才能培养国家需要的人才。"

三十七年的教学生涯，高老师践行着教学相长，一边教学，一边根据时代的发展和学生的反馈，改进教学方式和内容。一代又一代的电机学子，在老师们言传身教中成长，成为祖国的栋梁之材，为祖国的繁荣富强做出贡献。

我算天津人还是北京人呢？

高老师一生与清华结缘。高老师表示，清华带给她生活目标，也带给她压力，更带给她无尽的温暖。高老师说，"这一生，有领导的关怀鼓励，有同事们的关心帮助，也在自己的努力下，工作兢兢业业，虽然没有做到优秀，但是总算是一个合格的人民教师吧！回顾一生，还算没有虚度吧。"

尽管已经86岁，离开了工作岗位，但是高老师对系里的工作发展还是很关心的。"虽然因为身体的原因不能到高压馆去看看，但是每次乘校园车经过高压馆的时候，都在回顾以前工作的情景，也在想象着现在的老师们在做什么。"

"有时候也在想，我是天津人还是北京人呢？18岁，我到了清华，就没有离开过。"

用一生诠释清华人的风骨
——黄维枢、王如璋（1956级）

黄维枢，1935年出生于江苏南通，毕业于江苏省南通中学，1956年考入清华大学工业热工专业，后因苏联专家变故，于1957年新学期开始时转入电机系高电压技术专业和王如璋学长同班。1962年毕业后被分配到沈阳电业局试验所工作。

王如璋，1938年出生于陕西西安，抗战胜利后随父母到北京读书，毕业于北京师范大学附属女子中学，1956年考入清华大学电机系高电压技术专业。1962年毕业分配至东北电管局生技处，后主动申请到基层，被分派到沈阳电业局试验所与黄维枢学长一起工作。1978年二人一起调职中国电力科学院任工程师，后升为教授级高级工程师，从事高电压技术研究和新型高压电器的研制工作。

今年是黄维枢学长和王如璋学长毕业60周年，弹指一挥间，他们从意气风发的少年，变成了两鬓斑白的耄耋老人，他们从同窗伴读变成了相守夫妻，他们曾一起在血与火的年代中洗礼，也曾在火红的社会主义建设中奉献，半个多世纪的携手，每一缕白发都诉说着一个故事，每一道皱纹都能看见对方的影子……

王如璋出身于书香门第，父亲是我国纺织方面的资深专家。她从小就受到父辈以及同学父亲余谦六（清华电机系教授）的影响，对清华电机系"并不陌生"。后来高考她就毅然决然选择了清华电机系，圆了清华梦。

黄维枢坦言他最初的志愿并不是清华，而是当飞行员，但因体检鼻腔不直未能如愿。情况变化使得他猝不及防，在有限的时间里，他只得更加努力复习备考。好在他的文化课底子厚，被清华录取。

入学第一年，黄维枢被分到了动力系工业热工专业，本应全程苏联专家授课，后因中苏关系恶化，他转而被分配到了电机系高电压专业与王如璋同班。这一年王如璋因学习刻苦、待人热情被选为班长，第一年两学期她都考出全5分（5分制）的成绩。

原本是两个互不相识的年轻人，却因入学第二年开始的"反右派斗争"而命运相交。

1957年，在整风"反右"运动中，王如璋被认为犯了错误。在等待组织处分的过程中，很多同学和朋友就与她"划清界限"，不敢和她接触，王如璋就这样被"孤立"了。

对于这样一段经历，王如璋学长仍然记忆犹新："那时候，时间流淌得特别慢，日子很难熬。我非常孤独、敏感，经常莫名其妙地流泪，我不知道右派有什么'条件'？我害怕自己被划成右派，变成了'敌人'，还能不能留在团内？还能不能继续上学？我害怕爸爸妈妈知道了会多么伤心，我是他们最喜爱的，最寄予厚望的女儿……"

"最后还好，没有将我打成右派，给予'撤销团内领导职务'的处分。我是一个坚强的女孩儿，没有消沉，一切又重新开始。其实，年轻的时候遇到一些挫折也不是坏事，经一事长一智。""我记住了遇事要稳重，说话要谨慎小心，更不可轻举妄动。因此，在'文革'中我一直仔细旁观，并努力参加与东电技改局合作的技术革新，没有说违心的话，更没有做违心的事，表现出一个正直的知识分子应有的品格。"

那时，刚转专业到班上的黄维枢注意到了当时备受冷遇但仍然热情帮助他人的王如璋，并给予了她莫大的支持和温暖，两个年轻人从此走到了一起，相互倾慕，惺惺相惜。

清华教育始终坚持"又红又专"，德智体美全面发展。在教学方面也特别严谨，强调基础理论教育，又注重实践培养。因为"高电压技术"是电机系在 20 世纪 50 年代末开设的新专业，青年教师为课堂注入了新鲜的血液。课堂上，王先冲、薛家琪、邵方殷、朱德恒、戚庆成等老师讲得有声有色，传授科学知识，教授正确的思维方法。课堂外，王昌长、陈昌渔、杨吟梅等老师陪着同学去十三陵水库劳动、参与组建北京电容器厂，带领学生实习，指导学生做毕业设计，老师和同学们建立了很深厚的感情。在五年半的历练中，清华带给他们的不仅仅是雄厚的理论基础知识，更重要的是在学习和实践过程中烙印下的"自强不息、厚德载物"的精神。"技术革命的时候，我们一至五年级的同学跟着老师一起建设户外式 4000kV 冲击电压发生器。当时困难重重，我们需要的材料什么都没有，只能到处求援，看人家有没有富裕的能给我们一点。有一次，跟工厂的师傅要来一些沙子和水泥，我们高压基地'器材组'的几个同学冒着大雨往学校拉。汽车坏在半路，一直到半夜才回到学校。为了完成任务，再大的困难，咬着牙也要把事情办成，不达目的绝不休止，这就是清华自强不息的精神。"王如璋学长回忆到。

　　老校长蒋南翔身体力行推动清华体育，于 1957 年提出"至少为祖国健康工作五十年"的口号，成为清华人持之以恒的动力与追求。

　　当时清华体育锻炼气氛非常浓厚。每天下午四点以后，大家都会不约而同地到大操场或体育馆锻炼身体。虽然他们两人并不是体育达人，但都特别热爱于体育锻炼。王如璋学长是电机系体操队和舞蹈队的成员，黄维枢学长则在竞走和篮球方面兴趣浓厚，还是班里的体育干事。在当时清华浓厚的强身健体氛围中，两人养成了每天锻炼的好习惯。直至今日，体育锻炼仍然是两人每天生活的必需，早上坚持爬山走路，下午在院子里打乒乓球，风雨无阻。

　　1962 年毕业前夕两人在二校门校卫队开了证明，到海淀区民政局领取了结婚证，结发为夫妻，恩爱两不疑。

　　毕业后，王如璋被分配到东北电管局生技处，是东北电力系统的管理机关，在那困难时期相对"油水很足"，但王如璋学长觉得自己刚刚毕业，应该到基层锻炼，三个月后，在她的申请下，从生技处调到了黄维枢所在的沈阳电业局试验所。1962—1978 年的十七年，两人扎根沈阳电业局一线踏踏实实努力工作。不论是停电检修、变电站试验，还是做设备创新，他们率先垂范，吃苦耐劳，勇挑重担，在平凡的岗位上，以强烈的事业心和责任感，做出了不平凡的业绩。生动诠释了清华人"自强不息，厚德载物"的深刻内涵。

20世纪60年代末期，中苏关系恶化，毛泽东主席提出"深挖洞、广积粮"的口号。在修建红山变电站时，要求所有设备全部入洞。这个艰巨的战备任务首先要面对的难题就是变压器套管和洞顶距离太近，引起频繁放电，无法送电。当时的套管都是油纸绝缘的瓷套管，4~5米的外绝缘间隙仍不能解决问题。在工程面临难推进的困境时，黄维枢学长挺身而出，经过几天夜以继日的研究，将原有的油纸绝缘的瓷套管设计成可弯曲的塑料套管，1.6米的外绝缘间隙解决了难题，拿下了这块最难啃的"硬骨头"，同时，带领工人自制了塑料电缆和带均压屏的电缆头。

王如璋则巾帼不让须眉，在沈阳电业局试验所的革新组，发明和创新了一些小型试验设备，例如，试制了几台高压电感线圈，与被试品电容并联使用，大大减小了试验电源的容量；与被试品电容串联使用，大大提高了试验电压，还装入了试验车，解决了现场试验的困难。在1964年西安召开的全国第一次高压年会上发表了论文，受到许多供电局的欢迎。此外还试制了钩棒灭弧器、气吹隔离刀闸等带电作业的简易电器及其他一些试验设备。

1973—1977年，沈阳44~66kV的三个电网都经常发生分频谐振，严重到十几个变电站一起谐振，一次谐振损坏多个变电所的十几台电压互感器并造成多个变电所全停电。为解决这一老大难问题，在各级领导的支持及工人的帮助下，王如璋做了大量的电网试验，摸清了沈阳局每条线路的电容电流和每台电压互感器的电感，找出了分频谐振的规律，并试制成功分频继电器装于沈阳电业局十几个变电站，收到了良好的效果，彻底解决了沈阳电网系统谐振问题，此后再也没有发生过电网分频谐振事故。这一研究成果得到了1978年辽宁省科技大会的奖励。

1978年，全国科学大会召开，对"十年动乱"中遭到严重破坏的科技工作进行全面拨乱反正，也为科技工作的开放和改革打开了大门。

与此同时，水电部从全国电力系统抽调技术骨干以重建中国电力科学研究院。从东北抽调的八员大将中就有黄维枢、王如璋夫妇。"当时抽调的都是东北电力系统各个专业的大腕，我俩算是'小字辈'吧。我想所以选中我们可能是因为我们40岁左右，比较年轻，也有一定的经验，还能甩开膀子干点事吧。"王如璋学长回忆说。调动过程中也遇到了一些困难，那就是沈阳电业局不放他们，说要提拔他们。后来电科院与电业局努力沟通，再加水电部和东北电管局的积极态度，1978年8月，他俩被调往中国电力科学院高压研究所，来到北京后跟清华和电机系的联系更加密切了。除了经常在一起开会外，工作方面有了问题他们也常常回校请教老师。

在电科院，黄维枢学长任组合电器研究室主任，研制出电容分段调节式谐振试验装置，并到国内各地进行试验，还制定了一些有关组合电器的验收标准和条件。王如璋学长参与研究第二代500kV输电线路的塔头设计，大大减小了塔头间隙，降低了成本，减小了占用的耕地。1980—1983年，通过大量试验提出了带电水冲洗的安全措施及定量控制水冲洗条件的"临界盐密法"，1984年编制了部标准《电气设备带电水冲洗导则（试行）》及国家标准《电力设备带电水冲洗规程》，大大提高了带电水冲洗作业的安全性，减少了电网的污闪事故率。1989年带领年轻同事在黄维枢学长研制的沈阳红山变套管及电缆头的基础上研制新型高压穿墙套管和电缆终端头，并于1990年运行于大连老虎滩变电站，这是我国第一台干式穿墙套管，无油、无瓷，不漏油、不爆炸，是中国独创的干式系列产品，树立于世界各国电器之林，受到了各国电力用户的极大欢迎。

丹心未泯创新愿，退休开始新长征

1995年，黄维枢退休的这一年，他的内弟在北京怀柔创建了北京瑞恒电气有限公司，邀请他做公司的技术指导。黄维枢算算自己只工作了三十三年，没有完成蒋南翔校长"为祖国健康工作五十年"的任务，很不甘心。他想做个实验看看自己的体力是否能够继续从事研究和工作。所以，一大早六点给家里留了张纸条便从清河一路步行120里前往怀柔，途中两次拒绝了公司派来接他的汽车。晚上五点走到怀柔石场环岛碰到了骑自行车来接他的王如璋学长时，他的脚已经磨起了好几个大泡，只能在路边的草地上走才能略微缓解疼痛。通过这次考验后，黄维枢学长信心满满，开始了他人生的另一段旅程。

三年后，王如璋学长也退休了，两个人便一同搞起了干式高压电器的研发，开始了新的长征。

过去不管是电流互感器、穿墙套管，还是电压互感器都是充油绝缘，一旦渗漏会引发着火、爆炸等风险。为了解决这一问题，黄维枢夫妇利用聚四氟乙烯这类薄膜作内绝缘，采用硅橡胶做外绝缘并尽可能设计电场分布均匀的新型干式高压电器。经过多年潜心研究，自主研发出国内第一台有机复合绝缘干式穿墙套管、第一台有机复合绝缘干式电流互感器和干式电缆终端头。并于1989年挂网至今，二十年来，三万余台系列产品在国网、南网、石化、高铁等众多领域安全运行，受到了广大用户的欢迎。近年来，还承担了国家重点项目1000kV输电线路晋东南站、上海沪西站的设备供给。

干式电流互感器于2001年通过了国家级技术鉴定，2004年通过了国家级产品鉴定，结论为："在国内外电流互感器产品中，具有独创性，性能优良，安全可靠，达到国际先进水平"。

此干式高压电器系列产品的电压等级覆盖35kV到220kV，330kV、500kV，最近还制造了600kV的电流互感器，已经在加拿大两个变电站运行。"我不喜欢炫耀、张扬，但当我看到这两张屹立于加拿大众多高压电器中的干式电流互感器的照片时，确实感到很激动、很自豪。"王如璋学长深情地说。

产品的类型也从单一的35kV的干式电流互感器逐步向大电流、小电流、串级式、电子式、可监控式发展成为具有独创性、世界领先的系列型产品。

2006年开始，这种干式系列产品外销国际市场，到目前为止已有1000余台在东西欧、南北美洲、澳洲、亚洲等二十几个发达国家和地区运行。

"两个人搞同一个专业有很大的好处，有什么想法一起讨论，有不同的看法也可以互相争辩，吵吵闹闹也不要紧，彼此之间可以拓展思维。最早，220kV电流互感器个子较高，有些桥梁涵洞过不去，运输、安装也比较困难。有一次我在深圳海边树下坐着琢磨这个问题，突然想到可以把两个设备摞（串联）起来，用螺栓链接，这样运输也可以拆卸。我拿起手机来就跟我爱人说我的想法。她听过之后就说'行！好主意！'然后就开始计算、画图。这个设备从开始设计、制造、型式试验到通过鉴定，只用了不到一年的时间。"黄维枢学长在提到研发串级式电流互感器时说。

"80 后"学长依然在路上

从 1962 年到 2020 年，已经超额完成"为祖国健康工作五十年"的目标。如今年过八旬的黄维枢夫妇仍然在研发一线，每周还要去怀柔区的工厂，与技术人员一起研究最新的干式电容式电压互感器，目前该产品已经进入了型式试验阶段。王如璋学长坦言："清华自强不息的精神是一种贯穿生命的力量，这种力量一直支持着我们。我想只要脑子不糊涂，就一直干下去，为国家做一点小事。现在我们做的电压互感器还在试验阶段，以后我们还想将它做成系列产品。"

校友伉俪，携手风雨数十载

从青春年少的相识相知相伴，到如今两鬓斑白的相互扶持。他们不仅在工作中做出了成绩，还创建了一个幸福的家庭，他们有两个对父母关怀备至的博士女儿和四个活泼健康的孙儿。

他们就是一对普通的清华人，他们用青春与热血演绎了清华人自强不息的风骨。他们用踏实和勤奋的做事态度书写了清华人厚德载物的精神。

对于他们，人生是一曲奋斗者谱写的歌，是一幅实干家描绘的壮丽图画，是献给祖国人民的满意答卷。"自强不息，厚德载物"，清华精神哺育了他们，他们也诠释着清华人的精神！

祝愿黄维枢、王如璋校友夫妇身体健康，生活幸福！

电机系的音乐才女
——陈陈（1956级）

陈陈，曾就读于上海中西第二小学、中西女中、第三女中；于1956—1962年就读于清华大学电机系发电专业五年半制本科，毕业并获优秀毕业生；1962—1966年电机系攻读电力系统研究生并毕业；1959—1962年中央音乐学院业余部学习钢琴二年半并结业；1967—1985年任一机部东方电机厂设计科控制组工程师。1980—1984年期间，由一机部选派至美国Purdue大学访问学者及研究生，获MSEE及PhD博士学位。1985—2007年，任上海交通大学自动控制系电气工程系教授、博士生导师、学科负责人、博士后流动站负责人。陈陈任中国电机工程学会大电机专委会励磁系统分委会主任委员，多种电力期刊编委，美国IEEE Senior Member，中国电机工程学会会士，大电机专委会荣誉会员，上海电机工程学会荣誉会员。2020年获中国电机工程学会CSEE及美国IEEE联合顾毓琇电气工程奖。

清华大学电机工程系在我国工业化的过程中培养了很多人才，成为电力各行各业中的技术骨干或管理骨干。其中有一位是上海交通大学电气工程系教授，博士生导师陈陈。

1956 年国家号召向科学进军。那年的高考作文题是"你为什么选择这个志愿？"。"想参加长江三峡电站建设，为人民带来光明"，陈陈就这样表达了投身电力事业的初衷。她以数理化三门 100 分的高考成绩进了清华大学，名列华东六省一市榜首。在校期间她抓紧学习，立志成为一个有用的人。学校重视理论基础："高等数学及其习题课""电工理论"及"电机学"等课程都为学生打下坚实的基础。《电机学》教材主编章名涛先生在西南联大时期就是学科的代表人物。"大跃进"时期要求学生理论联系实际，由教师带领建设动态模拟实验室，并请老师傅传授电机下线技术。小组同学昼夜连轴干，却在某一槽内少下了十匝，事后茅于杭老师花了一个月才找出到问题所在。这使陈陈深刻领会到工程实践中光有热情是不够的，必须科学严谨。

1958 年清华成立学生文工团。陈陈调任钢琴队长，课余忙于节目伴奏并组织活动。后由学校选送中央音乐学院业余部学钢琴，每周骑车进城上课，听招翠馨老师讲授对乐曲的理解，结业时以"青年钢琴协奏曲"作汇报演出。

本科时期学习和文艺双肩挑，她挤掉了休息时间，放弃其他爱好以保证课程学习，终于取得"全五分"的好成绩。1962 年春天本科毕业时获清华大学优秀毕业生奖章。业余活动中她享受音乐的美好，也培养了高尚情操和合作精神。

研究生导师张宝霖先生科学严谨。张先生带的毕业设计论文题目是"援助也门的小型发电机励磁调节器"，张先生理论和实践均指导，陈陈协助辅导毕业设计组从设计、半成品，到北京低压电器厂制造、成品试验，参与了整个项目，为此后投身发电机制造业打下了基础。

1966 年陈陈研究生毕业，服从国家需要到一机部东方电机厂工作，电机厂地处四川德阳，是三线建设的重点单位。进厂后她劳动锻炼操控机床；通过大型试验站工作熟悉了发电机结构并掌握试验技术；最后定岗于设计科控制组研发发电机励磁系统，主持厂内系统试验，并赴发电厂投运励磁装置。当我国酝酿引进 Westinghouse 公司 30 万千瓦和 60 万千瓦汽轮发电机时，就由陈陈所在的研发小组负责调研各国励磁系统并提出技术条件。

20 世纪 70 年代末，国家实行改革开放，选派出国留学人员。通过一机部统考，陈陈被选派为访问学者赴美国 Purdue 大学电气工程学院。当时美国计算机和现代控制理论先行，推进了复杂电力系统大规模计算，符合我国电力工程发展需要，于是她决定再次攻读研究生。选择我国电力工业发展需要研究的方向：硕士学位论文题目有关风能发电模拟，博士学位论文是用多变量频域法分析电力系统次同步谐振及其抑制。经过三年三个月的日夜奋战，于 1984 年底获博士学位。翌年初和 Lafayette 市交响乐团合作演出《青年钢琴协奏曲》，介绍反映新中国青年精神面貌的乐曲，这在美国尚属首次。20 分钟弹奏后，全场观众鼓掌达 10 分钟之久。

　　1985 年初回国，陈陈赴上海交通大学任教。先在自控系建设系统工程学科，编写了《优化方法和最优控制》的教材（机械工业出版社）。辅导的第一名博士生，论文题目"多目标优化"，获 1988 年全国青年优秀科技奖（共 72 名）。1987 年上海交通大学成立电力学院，陈陈即转电气工程系，后任教授，担任学科负责人。先后建立电力系统及其自动化博士点、电气工程一级学科博士点；建成全国优秀博士后流动站，受到李政道和温家宝总理接见。由于了解我国电力工业需要，追求技术先进，陈陈多年从事电力系统稳定及电力电子技术在电力系统中的应用（灵活交流输电 FACTS 和 直流输电等）研究。历年发表国际、国内学术论文一百余篇；培养研究生一百多名，很多都活跃在电力系统规划、调度和设计战线上，分布全国各地。正如 1964 届校友、原华东电网总工所说："原来我们调度处理故障是用命扑上去的，现在你们都用计算机分析了"，准确道出了陈陈所做研究工作的意义。1998 年陈陈作为三峡水电站发电机励磁系统国际招标顾问，几年来往于上海和宜昌之间，为世界级大水电站长期安全发电尽力，也圆了入学清华电机工程系时的梦想。

　　2020 年由于电力系统分析和发电机励磁系统等科技方面的贡献，陈陈获中国电机工程学会及美国 IEEE 联合授予的顾毓琇电气工程奖，成为中国第一位获此殊荣的女科技工作者。清华大学 110 年校庆时回到电机工程系，陈陈看到了顾毓琇先生的塑像，深感为实现先辈工业强国的梦想，作为清华大学电机工程系的校友责无旁贷。

用选择书写答卷
——王心丰（1959级）

王心丰，1959年进入清华大学。1981—1986年，王心丰留任清华研究生院的培养科担任教师。1986年12月，回到电机系做研究，2003年3月12日退休。退休后，响应国家政策中关于将科研成果转化为科技生产力的倡导，创办了一家公司，将仿真软件进一步推广。

一个人的一生应当追求些什么？

王心丰老先生用他的选择向我们书写了一张答卷。

早期生活

王心丰于1943年3月12日在江苏省无锡市出生，父亲王人路在他年纪尚幼时便病逝，母亲吴启瑞在无锡师范附属小学做老师的同时，肩负着将8个儿女抚养长大的重担。

1950年，在8个儿女吃穿没有着落的情况下，吴启瑞向毛主席寄出了一封求助信。求助信寄出后，王心丰与他的兄弟姐妹王心月、王心支一同，在毛主席的亲自过问下免费加入了锡师附小学习。

其中缘由，需要溯至王心丰的爷爷——湖南教育界的知名人士王立庵。王立庵先生曾担任过毛主席的数学老师，对于年轻时重文轻理、数学成绩并不好的毛主席时时予以帮助与鼓励。此后，又在毛主席因反对省教育当局增收学杂费被学校张出告示声明开除时，与杨昌济、黎锦熙等老师一同鼎力帮助他保住了学籍。在湘乡会馆被军队占用之时，向毛主席伸出援助之手，邀请他到自家吃住；并在毛主席领导新民学会筹办文化书社时，为他筹集启动资金。毛主席对王立庵先生很是尊敬，还清清楚楚地记得王立庵先生的生辰和忌日。

或许是传承，身在这样一个书香世家，王心丰的兄弟姐妹中除了大姐王心元过早辍学之外，其他全都接受了高等教育，成为社会精英人士。

初邂清华

1959 年，16 岁的王心丰进入清华大学求学，成为电机系"发电厂电力网及电力系统"专业的一名本科生，由此开启了与清华的不解之缘。

1965 年，本科毕业后的王心丰决定继续攻读研究生。然而，1965 年正式的研究生教育工作尚未来得及开始，历史的车轮便滚滚而来。在历史裹挟之下，1968 年研究生毕业的王心丰去到了西安供电局（当时名为"关中供电局"）工作。

工作 10 年后，35 岁的王心丰于 1978 年再次回到电机系重读硕士。

王心丰的研究生，读了两个 3 年。

博士生培养工作的指路人

1965 年入学的清华发电专业的研究生只有三人，王心丰则是其中最活跃的一个。在研究生阶段，他帮学校做了很多工作，包括成立研究生会。当时研究生院的老师们对王心丰印象很好，希望他毕业后能留在学校工作。于是，在 1981 年毕业之后，王心丰留在了清华研究生院的培养科当老师，直到 1986 年。

王心丰在研究生院期间的工作是清华大学如何培养出我国第一批博士生。这项博士生培养方案的研究与制定工作在当时是开创性的。当时，国内研究生教育停滞了十年之久，全国范围内能培养研究生的学校也没有几所，研究生培养体系亟须回归正轨。

关于研究生的培养工作有很多问题需要解决，例如，博士生导师要不要副导师，如果要建立新的硕士或博士培养点应该怎么做……这些问题不是拍脑袋想出来的，而是需要总结博士生导师在带学生的过程中发现的问题，整理有成效的培养工作，并在此基础上想出应对方案，以期以清华作为试点持续推进博士生培养工作的质量与进度，为全国研究生的教育建设划定轨道。此处，还建立了表格、报表及建档规章制度，为清华博士生培养提出规划方案。

为此，王心丰担任了清华当时四年制研究生（即博士生）班的班主任，与各位研究生指导老师一起，齐心协力地编写出了《清华大学博士生和硕士生学位工作条例》。经高教司推广，全国各地的学校皆采用了该套培养体系，沿用至今。在校研究生院领导的大力支持下，王心丰等人的工作为中国的高等人才培养指明了方向，对于提高我国的科研实力做出了重大的贡献。

1982年，在上海锦江饭店召开了关于设立全国学位委员会的大会，王心丰先生作为秘书列席。对此，他感到非常荣幸——这正是是他的母亲吴启瑞和毛主席曾经合照的地方。

追逐科研之梦

虽然在研究生院的工作充实而圆满，但王心丰有搞技术工作的天性，总希望能够回归科研中。于是在1986年12月，王心丰回到了电机系做研究，继续实现他的科研梦想。

当时系里的每个科研岗位都有任务、有团队，但身为一个特立独行的人，王心丰接受了一个没有明确课题任务的研究组。当时组里正在准备开展电网仿真系统的研究工作，王心丰便自然而然地投身到这项工作中，从此成了组里的杠把子。

喜欢与人打交道的他，为了做宣传与调研，去到东北电管局调度通信局待了五个多月，签下了"东北电网仿真系统"合同。在研究生院培养科的经历，让王心丰深刻理解到如何开展大规模科研工作，科研工作进展十分顺利。功夫不负有心人，他与课题组成功研制出了"东北电网仿真系统"，借此成为清华电机系全系第一批得国家科学进步二等奖的人，并因此获得了时任国家部长史大桢的来访与验收。随后十二年内合同不断。

2003年3月12日，王心丰收到了学校的退休通知书与任职感谢信，他将其放到办公桌上，功成身退。

"遇到一个课题，要是不了解该怎么做，就去调查研究。如果遇到一个课题做不动，就把它变成很多小课题。小课题要能交接、具有可测试的关键点。"这是王心丰在后续很多科研工作中总结出的宝贵经验。

科技成果转化

王心丰的雄心不止于此。在课题结束之后，王心丰响应国家政策中关于将科研成果转化为科技生产力的倡导，创办了一家公司，将仿真软件进一步推广。来自国调、网调、省调、地调的用户需求不断增加，公司焕发出强大的生命力，维护仿真系统的工作需要继续下去。王心丰指导的学生纷纷加入他的公司中。为了让大家更加投入工作，他为大家排除万难，将户口、房子等全部安顿好。在王心丰的带领下，公司越做越大，目前已经有上亿的营收了。

说到研制仿真系统的初衷，王心丰希望以身作则，激励同学们开发出我国自主研制的计算机软件，摆脱对国外垄断的依赖。他对课题组的要求是：应当要求用户正确认识到国内计算机软件的价格。他力争提高国内软件的价格，使之与美国软件的价格比不低于1∶10，以期给中国的软件开发工作留下生存空间。

教书育人，笃行致远
——周双喜（1960级）

周双喜，1941年生，江苏武进人，博士生导师。1966年本科和1982年硕士研究生毕业于清华大学电机工程系，一直在清华大学从事教学、科研和党政管理等工作。曾任清华大学电机系党委书记和电力系统研究所所长等职务。教学方面讲授过"发电厂工程""现代电厂工程""电力系统稳定和发电机励磁控制""电力企业管理""电力系统不确定性分析""电工技术与电力系统新进展"等课程。著有《同步发电机微机励磁电压调节器》《电力系统电压稳定性及其控制》《风力发电与电力系统》《Integration of Large Scale Wind Energy with Electrical Power Systems in China》，译著《静止无功补偿器用于电力系统无功控制》和多门课程的教材（讲义）。参编过《电气工程师手册》《电气工程大典——电力系统工程卷》《中国电力百科全书——电力系统卷》等。主要研究方向包括电力系统小干扰稳定和发电机励磁控制、电力系统电压稳定和电压无功优化控制、分布式发电（风电）及其并网运行、电力系统不确定性分析等。完成了二十多项研究项目，在国内外核心刊物上发表学术论文100多篇。

教书育人，笃行致远——周双喜（1960 级）

实践为先，埋头苦干

周双喜老师于 1960 年考入清华大学电机系，1966 年毕业。当时我国教育方针强调"教育必须为无产阶级政治服务，必须同生产劳动相结合"，因此在清华学习的六年时光里，周老师先后经历了劳动教育、专业知识教育、实践教育多个过程。周老师回忆到，1960 年入学的第一个学期，还是一枚新生的他国庆节就作为先遣人员前往徐水清华农场，电 6 年级全体同学参加了包括摘棉花、挖白薯、掰玉米、种麦子等秋收秋种劳动。回到学校后，同学们也并未立即进入课堂开展理论知识学习，而是前往系里电工厂，在工人师傅指导下造电机、造变压器等。"大学 6 年中安排了多种实践环节，这种重视实践的教育模式很大程度上提升了那一代工科学子的动手实践能力。"

谈到学生生涯中印象最深刻的经历，周老师分享了他认识实习的故事。大三时周老师曾在王世缨等老师的带领下前往天津热电厂开展为期 6 周的认识实习，当时的实习活动并不像如今许多社会实践活动一样只是走马观花的参观，老师对全体实习同学的要求是默写出整个发电厂燃烧系统、汽水系统、冷却系统、热力系统、电力系统的结构图并知道锅炉、汽机、发电机、各开关、阀门等设备在什么位置，而清华同学们也都十分刻苦好学，经常主动向工厂师傅们请教各类问题。周老师还给我们分享了向实践学习的方法："不管到哪实践都要问清楚'这是什么？''是做什么用的？''依照什么原理发挥作用的？'三个问题。"

教书育人，厚德载物

1970 年周老师回到电机系从事教学、科研和党政管理等工作。他的第一项教师工作是担任当时系里第一批工农兵大学生"发 0 班"的辅导员。任职期间，周老师十分关心同学们的成长，经常与同学们促膝谈心，业务、政治两手抓，真正做到了忠诚党的教育事业。1971 年，"发 0 班"一位女同学在冬季体育课学滑冰时不慎摔倒，造成小腿骨折，为了方便该同学生活和学习，电力系领导特意腾出一套一层房间作为临时宿舍，辅导员周老师也把自己的饭锅和煤油炉搬进该房间，方便给受伤同学煮鸡蛋、热饭菜、增加营养、促进康复。休养 100 天后，这位女同学已经可以独立行走，周老师又将自己的自行车借给她骑，帮助她增强腿部肌肉锻炼，加快康复。"发0班"曾被作为"又红又专"先进集体在全校范围宣传推广，原国家广播电视部部长、清华大学原党委副书记艾知生也曾多次来到班级调研。周老师告诉我们，电力系统所（原发电教研组）的老师在十分艰难的条件下，忠诚教育事业，热爱和关心学生，编写适合工农兵学员的教材，辅导个别基础差的学生，帮助有困难的学生，不让一个同学掉队，使他们获得很大进步。当时"发0班"的毕业设计有两个小组参加湖北电网失稳问题研究，他们和教师一起到湖北省电力系统的电源、负荷用户走访调查，搜集详细的数据资料，完成精细的计算，最后到动态模拟试验室做试验。经过一丝不苟的反复试验，对该电力系统稳定的薄弱环节、存在的故障隐患，提出了可行有效的改善措施，湖北省电力领导曾多次到我校、系表示感谢，他们说，实施了我们提供的措施，解决了多年来他们解决不了的大难题，改变了他们长期以来为系统的不稳定而提心吊胆过日子的局面。同学们的毕业设计课题圆满完成，并获得了优秀成果，真正做到了"真刀真枪做毕设"。

多年任教生涯中，周老师曾先后讲授过"发电厂工程""现代电厂工程""电力系统稳定和发电机励磁控制""电力企业管理"等课程。其中"电力企业管理"课程面向全国电力设计院院长、总工程师开设，当时我国刚进行改革开放，企业管理的概念还少有人提及，周老师通过查阅资料、自学备课，从系统工程和管理两个角度入手很好地完成了讲课任务，课程上提到的"企业管理过程中生产资料所有者和经营者可以分离"的概念也让当时的学员们颇有感悟。周老师告诉我们："教学过程实际上也是老师自我学习和提高的过程。"

在指导学生做科研上，周老师给我们介绍了一个平时学习成绩靠后的本科生做毕业设计和一个班上学习最好而面试较差的研究生做论文的故事。周老师认为学生的成绩有差别，存在这样那样的问题是正常的，而老师的责任就在于帮助同学解决问题取得大的进步，这两名同学毕业论文都取得了优秀。一些学习成绩"一般"的学子，经过周老师的悉心培养和自身的努力，均出色地完成了研究任务。无论是作为辅导员、导师，还是在讲台上传授知识，周老师关爱学生，永远从同学们的实际需求出发，选好课题，让同学积极思考探索，不断用包容的心态引领学生进步。

薪火相传，笃行致远

科研方面，1970 年回校任职后，周老师承担的第一项科研任务即是直流电源项目——晶闸管整流器的研制，通过与其他老师的合作，制造出了一台完整的直流电源装置，后被用于天津某军用机场。几十年科研生涯中，周老师先后从事了电力系统小干扰稳定和发电机励磁控制、电力系统电压稳定、风力发电等多个方向的研究。周老师提到："做科研要始终保持对电力系统新发展方向的关注"。

谈及电机系发展历程上的重大事件，周老师表示最令其印象深刻的是电力系统动态模拟试验室的建成。动模试验室由原清华大学校长高景德先生从苏联留学归来后提出筹建，于 1958 年建成，为全国第一个动态模拟试验室。试验室的建成标志着我国有了新的电力系统研究工具，代表了当时全国高校的最高学术水平。动模试验室在电机系科学研究、教师成长、同学培养过程中发挥了重要作用。在完成许多重大科研课题的同时，成长了很多杰出人才，电机系许多老师、校友，如卢强老师、韩英铎老师、言茂松老师、刘取老师等都是在动模试验室"摸爬滚打"出来的。周老师强调："做实验其实非常讲究技术和方法，任何理论研究成果只有经过模拟试验充分论证才能在实际系统中真正发挥出他的作用"。

周老师也对学科未来发展方向表达了自己的看法。周老师表示，从历史长河的角度来看，能源与强国之间始终保持着密不可分的联系。不论是在柴薪时代的中国、泥炭时代的荷兰，还是在煤炭时代的英国、石油天然气时代的美国，无数历史故事都证明了只有处理好能源问题才能实现国家强盛民族兴旺。当前，新能源、分布式发电等发展迅速，能源互联网概念的提出给了我们一个很好的机会跳出电力视角，而从更为广阔的能源视角出发审视一切问题。清华电机系在我国电力学科科学研究工作中一直扮演着引领潮流的角色，期待电机系青年才俊能产出更多有前瞻性的科研成果。

不忘初心，历久弥新

作为一名入党 61 年的老党员，周老师说自己是在党的教育培养下成长的，70 多年同党和国家同呼吸共命运。周老师做过很多基层党建工作：在学生时代做过电 6 年级党支部书记，留校工作时当过教研组支部书记和电机系党委书记，退休后当过电机系第一退休支部书记。他认为基层党建工作是十分重要的，这关系到全体支部党员和所在单位群众。周老师从自己的工作经验向我们分享了几点体会：做好基层党建工作，一是要抓党员的学习教育，对于党的路线、方针、政策要有正确的认识；二是围绕党和学校的中心工作带头发挥积极作用，高标准完成各项任务；三是要管理好党员，对党员的表现要定期做些分析，按党章要求做得好的要表扬和支持，对做得不好的要给予教育帮助，做到及时发现、准确分析、正解解决；四是积极培养积极分子，及时吸纳优秀青年入党，增加党的新鲜血液，壮大党的事业接班人队伍；最后一项是做好群众工作，密切联系群众，倾听他们的呼声，关心他们的工作和生活，团结群众完成各项工作任务。

周老师还向我们分享了自己对党的感悟。周老师自己通过学习毛主席著作，学习党的方针政策，聆听党和国家领导人的教诲和参与党的活动、完成党的工作实践中，不断提高自己，明确了对一个党员的要求，加深了对党的认识。"我深深体会到，中国共产党有为中华民族求解放谋幸福而奋斗的宗旨；各个时期有明确的路线和政策；有严格的组织纪律性，全党都要遵守；有健全的组织生活，认真开展批评与自我批评，不断吐故纳新；中国共产党是一个有战斗力的党，大批优秀的党员和干部，具有不怕牺牲、排除万难，夺取胜利的奋斗精神；中国共产党也犯过几次错误，但党总是靠自己的健康力量纠正错误，吐故纳新，清除叛徒特务、腐败分子和丧失信仰者，使党组织越战越坚强。这次抗击新冠疫情的斗争，充分证明了中国共产党确实是国内和世界上最伟大、光荣、正确的政党。自己能作为中国共产党的一员，能为党做一些工作感到光荣和自豪。"

对青年党员的寄语

清华的党组织历来非常重视在学生中发展党员，清华大学的地位要求培养一批能承担国家建设和发展大业的党的干部，这是清华义不容辞的责任。希望青年党员同志珍惜中国共产党党员的称号，积极参加党的活动，努力学习党的方针政策，按照共产党员标准严于律己。遇到矛盾时要拷问一下自己是为什么加入党组织的，是准备"全心全意"为人民服务了吗？还是有"三心二意""假心假意"？

作为还在大学学习的青年党员同志，要完成为人与为学两方面的任务，电机系把"为学在严，为人要正"确立为系训，这是 1992 年 4 月 1 日，时任国务院副总理朱镕基系友发来贺信"为学与为人——祝贺清华电机系建系六十周年"中提出来的。朱总理诠释的为学与为人的精要及其重要意义，给为人、为教、为学指明了方向。"为学在严，为人要正"的系训也应成为青年党员努力的方向，使自己在校几年在为人（做人）、为学（做事）上奠定良好的根基，有大的进步和成长。

从工程实践到话剧演出，清华给我无限可能

——江芸（1963级）

江芸，1963年由北京女四中（现陈经纶中学）考入清华大学电机系，1968年底毕业分配到西北第二合成药厂工作，1978年调回北京从事建筑电气相关工作，一级注册电气工程师，曾任太平洋建筑设计工程公司副总经理、电气总工程师；退休后曾在北京建筑设计研究院施工图审查中心负责施工图电气设计文件强制性审查工作，入选北京市"做出突出贡献的施工图审查专家"。

江芸一再强调，她是众多普通的平凡的清华人中的一员，扪心自问仅仅做到努力自强，不负韶华，不辜负国家和母校的培养。

从学生到工人——服从分配，艰苦奋斗

身处特殊的年代，学习工企专业的江芸毕业以后被分配到化工部的一家新建三线药厂——西北二合成药厂，参与到三线建设中。

因为专业原因，江芸在分配工作时就被安排了与电相关的内容。她从基础的电工开始干起，在陕西待了九年后，又回到北京通县参与氮肥厂建厂工作，负责包括一座35kV电站的电气施工安装，全通县的电工都来参加会战，江芸领导

从工程实践到话剧演出，清华给我无限可能——江芸（1963级）

着一批在原厂牛气冲天的电工和一批基本电气知识为零的学徒工，凭此前九年的工作实践和不断地学习，树立了专业上的威信，硬是把任务圆满完成。虽然工作和学习不大一样，但清华培养的学习和动手能力让学生在今后工作中受益匪浅。她在淮南出差，遇到过一个考回学校研究生的数理力系校友，这位校友毕业后被分到某县建筑队当小工给瓦工和泥。不过他也很努力，遇见他时他已经是淮南矿业学院的老师了。毕业时号召大家要三个面向，要到基层中去，那一代的学生分配在全国各地，不管到哪个边远小地方都可能遇到清华的校友。江芸觉得那几届的学生们，在各自所处的艰苦条件下，依然尽自己的努力做到最好。

西北二合成药厂修建 35kV 变电站（第二排左二为江芸）

转行设计，夯实专业——为祖国健康工作五十年

　　江芸回北京以后，转行到设计行业。那时民用建筑电气设计领域很少有清华电机系的毕业生，虽然她进入了一个相对陌生的领域，但她始终坚持提高自己的专业技能。她一开始进入的设计院是中外合资甲级设计院，规模虽较小，参照国外设计事务所设置，而后工作的也是小规模的甲级建筑设计院，但接触了很多工程。比如烟台机场航站楼、青岛博物馆、南昌凯莱饭店、水利部防汛办公楼、民委办公大楼、北京一些住宅小区。此外还有和香港的合作，比如在亦庄建设诺基亚手机工厂。后来担任设计院领导以后，也没有放弃提升自己的专业技能。从设计院退休以后，她开始到北京建筑设计院参加施工图的强制性审查工作，当时北京建筑设计院是北京仅有的三家具有审图资质的单位。凭借着踏实的工作态度，

工作没几年她成了审图中心的电气室主任、电气总工，并进入北京审图协会专家组。后来审图参与的工程包括广州小蛮腰、同仁医院新院区、北京饭店二期、国博扩建、2008年奥运工程等。

江芸一直工作到七十多岁，确确实实践行了为祖国健康工作五十年。她谈到，一直以来，在每一个岗位上她都是尽心尽力的。谈到转行设计领域的体会，江芸觉得大学时期尽管专业学习的一些时间被耽误了，但是清华培养了学生的学习能力，教会了大家在工作中和实践中做好每一件事，不断地去学习。回忆起以前的课程，江芸觉得学过的拖动是最实用的课程。比如有一次专题课讲了电梯，后来她在通县当车间主任时，厂长找她说："服装厂买了一台电梯，但没有人会装，我给你应了。"江芸也就是用学校学的讲义——那几页纸，给装上了。

从 12V 到 35kV——投身于改革开放的时代浪潮中

就像工企被人们称为万金油专业一样，江芸在工厂是沾电的工作都干过。后转行到综合民用设计院，民用建筑电气领域涉及的非常广，因此她强电弱电都得做。强电方面，从西北二合成到通县建厂都涉及建设 35kV 电站，弱电方面，比如楼宇中涉及的建筑电气设计。在江芸参与到的消防和安防自控、酒店自控、烟台航站楼弱电设计、青岛博物馆弱电设计、楼宇自控等工作中，她都积极学习、拓宽自己的知识面并勇于实践。

江芸说："我们这一代还是比较幸运的，能跟着改革开放的步伐，在逐渐引进国外技术的过程中跟着学习。"比如在中仪大厦的设计中，要引进 AT&T 综合布线。当时北京很少使用这个技术，江芸觉得有这个机会学习，本身就是很宝贵的，也是很幸运的。虽然一开始因为分配原因，十年的时间在做工人，并且领了五年实习工资以后才转正；但是自己通过坚持学习，在实践中凭借自己的努力增长了知识，知识面也不断拓宽，工作涉及 12V~35kV 这个广阔的领域。在化工局做过管理工作，做过设计，也搞过设计院经营管理，江芸用实际行动成长为"多面手"。

从文工团话剧队到校友剧艺社——艺术人生，育己育人

江芸一入学就加入清华大学文工团话剧队，在大一下学期，也就是1964年，

参加演出了话剧《千万不要忘记》，这是一部以阶级斗争教育、不要忘本为主题的话剧，当时要求每个学生看一遍。后来又用话剧队队长创作的剧本《我们是劳动人民的儿子》排新的剧目，原剧本来是反映建筑工人的，等到水利系水6从三门峡水库毕业设计实习回来，又补充了一些实习的体验，就把场景改到水利工地，并把毕业实习的内容揉进去再创作。当时学校宣传部负责同志看完这个剧以后，组织话剧队队员集中排演，于是话剧队同学的组织关系就转到了文工团，江芸在文工团一直待到1966年，直到后来上课才回到系里。编完这个戏之后，还排了一个话剧《槐树庄》到各个学校演出。这段学生时期的话剧排演经历为江芸退休后的演出活动埋下了伏笔。

退休以后，尽管审图工作繁忙，但江芸还是加入了清华校友剧艺社发光发热。江芸的先生也是话剧队同学，他们一起朗诵解聘如的作品《人与人生》，这是一部富有哲理的人生问答录。江芸夫妇用这个本子演出朗诵，反响特别好。夫妇二人从2004年到2018年一直持续到各地、各大中院校等演出，作者解先生感动于他们的坚持，就在家乡兴化组织了第一百场的演出。还有一次在清华大礼堂的入学联欢上表演《人与人生》，同学们反响热烈，刷爆了现场弹幕。

后来江芸夫妇两人又朗诵了《青春中国》，并作为新生入学教育演出的节目，激发了青年学生们共鸣。之后，大家认为剧艺社本来是搞话剧的，不能老做朗诵，于是下了决心排话剧《雷雨》，江芸演鲁妈，她先生当导演。当时有个校友是清华图书馆原馆长，他和图书馆同事们商量，就在老图书馆曹禺先生曾经写剧本的长桌附近演出。那会正好赶上校庆，演了一幕和二幕，还邀请了他的二女儿万昭来看演出。因为反响很好，到2015年演出了《雷雨》全剧，地点也从图书馆老馆变到了蒙民伟音乐厅，这是清华大学第二次演出《雷雨》全剧。2016年校庆演出了《日出》，后来又排了《北京人》，排得差不多以后，疫情来了，所有的这些活动都停顿了。

在采访的最后，江芸也送上了对电机系九十周年系庆的祝福，祝愿母系发展越来越好。江芸学长始终践行着清华人行胜于言的作风，既响应了为祖国健康工作五十年的号召，也为校友文艺工作做出了重要贡献，我们也十分期待能在疫情平复后，再在校园里欣赏到江芸学长参与的话剧演出。

半个世纪清华情
——关志成（1964级）

关志成，1944年出生于吉林图们。1964年从哈尔滨考入清华大学电机工程系，从此与清华结下了不解之缘。1970年留校工作，在校办工厂、教学、实验室、科研、管理等多个岗位工作过，期间曾任高电压实验室主任、高电压教研室主任、电机系党委副书记、党委书记、清华大学校长助理兼人事处长、清华大学副校长，后调任清华大学深圳研究生院担任院长。2016年后不再返聘，开始享受退休生活。关志成在清华学习工作了半个世纪。

当青葱岁月碰上"文化大革命"

初入校园，他勤奋学习，手不释书。20世纪五六十年代清华重视学生培养，授课教师或严谨、或生动的教学风格为他留下了深刻印象，也为后续的学习生活打下了坚实的理论知识基础。60年代后期，"文化大革命"爆发，清华正常的教学科研工作被打乱，进而成为"文革"的"重灾区"。师生被迫停课接受工人、贫下中农再教育，仅在学校学习了一年零八个月的关志成和同学们一起经常到农村、工厂劳动锻炼，特别是到东郊热电厂和石景山发电厂劳动很长时间，直至1970年毕业，短暂的本科学习生涯也成了一种遗憾。

工作八年，重返校园学习

1977年，中央决定恢复高考，已经在工作岗位奋斗了八个年头的关志成重新考取本系研究生。他的硕士导师张仁豫先生是"文革"前高压教研组唯一的副教授，对关志成的影响很大。他非常注重成果转化，要求学生多阅读国际知名刊物，及时了解国际前沿技术，强调产学研结合。博士导师杨津基是"文革"前高压教研组唯一的教授，直到90岁高龄依然坚持不断追求、不断学习，紧跟技术前沿，每天都去图书馆查阅资料，时常到教研组给年轻老师讲解时下最新的技术、理论动态。"当时，我就下定决心要将杨先生的一身本事学到手。我也是这样要求我的学生的，必须要严谨勤奋、要关注前沿技术"。从此，这样的精神和求学的态度薪火相传，影响了一代又一代人。

1981年读博期间。"因为张仁豫先生当时还不是博士生导师，所以杨津基先生做我的主导师，张仁豫作为副导师指导我的论文。张先生和电力部门的关系密切，所以他选择的研究课题都是行业迫切需要的、关系到国民经济发展的重大问题。"当时，关志成的研究方向是高电压染污绝缘问题，是一块硬骨头，也是多年来始终没有得到解决的大难题。他在研究过程中发现，如果仅在改变绝缘子形状上下功夫，提高污闪电压的效果有限，如果把绝缘子表面做成憎水的，污闪电压可提高一倍以上。沿着这个思路，瞄准方向，关志成和课题组一起夜以继日地努力研究，最终研制出硅橡胶复合绝缘子的系列产品，并实现了产业化，此外研制并推广在电瓷表面涂覆RTV硅橡胶防污闪涂料，彻底解决输电线路和变电站的防污闪问题。研究结果在实际中广泛应用，得到电力部门和产业界的高度认可。

"文革"时期，他回到清华电机系任教，被任命为电机系系党委副书记，分管学生工作。他和同学们坦诚交流，得到大家的信任，电机系很快就恢复了教学秩序，并相继组织了运动会、演出等健康有益的、丰富多彩的课外活动。1987—1989年关志成作为访问学者远赴英国曼彻斯特理工学院进修。1993年2月，关志成被任命为电机系党委书记。同年11月调任校机关，担任校长助理兼人事处处长。1994年被正式任命为清华大学副校长，分管国际合作、继续教育、信息网络建设、企校合作等方面的工作。

20世纪90年代初，国家对高等教育加大投入，学校也提出建设世界一流水平大学的发展目标，当时，作为系党委书记的关志成抓住大家高涨的学科建设积极性，因势利导，提出"以办奥运的精神，以急行军的步伐，搞好学科建设。"各教研组群策群力，抓住机遇，谋划发展。例如电工学教研组在杨福生、钟孔德，周礼杲等几位老先生的带领下，开办生物医学工程专业，经过几代人的努力，从无到有，从弱到强，学科评比多次在全国名列前茅。

"当时，学校对电机系也非常重视，校领导经常来系里考察参观，校领导对电机系严谨、务实、勤奋、团结的精神非常认可。"

搞科学研究，关志成认为，对于工科应强调团队精神，成绩不是靠一个人单打独斗就能做出来的。团队精神的核心是：承上启下、敬老扶幼、淡泊名利、团结向上，提倡将团队的精神传递给下一代人。

办学困难重重，依然砥砺前行

2000 年，深圳市政府为发展深圳当地高等教育，与清华大学合作开办清华大学深圳研究生院，这是清华大学唯一一个异地办学机构。2002 年关志成接受学校委派，前往深圳担任清华大学深圳研究院第二任院长。初到深圳，面对校园尚未建成、没有专职教师、没有实验室、生源少等诸多困难，以及来自外界对于清华异地办学的质疑和舆论压力。他，筚路蓝缕启山林，一步步踏实办学求生存，提出"同一学校、同一品牌、同一进口、同一出口"的办学方针，采取由清华大学统一招生，统一组织答辩的办法，与北京校本部的学生同一平台、同一标准，严抓科研和教学质量，取得了可喜的成绩。深研院他所在的能源电工实验室连续几年30%的优秀毕业论文比例，远高于清华5%~10%的平均水平，这样的好成绩，得到了清华校本部和社会各界的认可。

"深圳研究生院要生存、要发展就要办出特色，深研院不是清华大学量的扩张，也不是一个简单的延伸，而是清华大学的战略组成部分"。在办学初期得到学校认可的关志成院长栉风沐雨砥砺前行，明确提出了深研院的办学思路，提出"根系清华、立足深圳、胸怀祖国、放眼世界"的办学理念、"国际性、创业型、复合式"的人才培养方向，以及"高原效应、尖峰效应、拳头效应"的学科建设思路。大力推进国际性的办学理念力求发展，强调加强国际交流合作。创造条件，让学生"走出去"联合培养、访问交流以及参加国际会议，培养学生国际视野和创新创业的思维模式。牵头主办，将学科领域内国际重要会议"引进来"，仅能源电工学科就前后主办、承办多场大型系列国际会议。例如 ACED、GD、ISH、CEIDP 等。其中，在 2013 年成功将从未在北美之外国家召开的 IEEE Conference on Electrical Insulation and Dielectric Phenomena "带出来"，在深圳成功召开。深研院的科研水平、设备条件、专业布局，以及严谨认真的工作态度，给与会专家留下了深刻的印象。目前，深研院已经成为清华大学推行教育改革、实施全球战略和推动世界一流大学建设的重要内容和组成部分。

作为一位半个世纪投身教育事业、扎根科研一线的清华人，关志成希望电机系能够秉承优良传统、发挥核心优势，不断拓展学科外延。他鼓励电机系的科研工作者坚持创新，找准新方向，一竿子插到底，做出更好的成绩。同时，希望电机系的在校学生，养成严谨、勤奋的学习习惯和态度。要心怀大志、树大目标、登大舞台、有大收获！

艰苦岁月更应砥砺前行
——瞿文龙（1965 级）

瞿文龙，1965 年考入清华大学电机系，1970 年毕业后留校工作，任职清华大学电机系教授、博士生导师，曾担任清华大学电机系副系主任，曾出版《电力电子与电力传动》等专著。在职期间，瞿老师勤勤恳恳做事，踏踏实实教学。

科研道路需砥砺前行

瞿老师作为家里的长子，也是家里唯一一名上到高中的孩子，于 1965 年通过高考考上了清华大学电机系。瞿老师回忆，当初那段时间最为困苦，全家都是农村农民，大学时期全靠十八块五毛的助学金支持。入学一年后，由于"文化大革命"，清华大学成为重灾区，正常的学习科研被迫中止。开始的时候大家都很高兴不用学习和考试了，但时间久了就发现其实是荒废了很多时间。几年之后毕业留校，因为不需要开展教学工作，首先被分配到校办工厂，被称为"新工人"。工农兵大学生进校之后由于师资不足，"新工人"们开始走上教学岗位。但由于之前没有受到完整、系统的教育，又开始恶补高等数学等知识，压力很大。

瞿老师长期在电机教研组工作。1985 年到 1990 年，瞿老师教了五年"电机学"课程，之后又陆续教了电力传动、电力电子等课程。1988 年入党后，瞿老师还担任过电机系党委委员，管理发展学生新党员工作。1998 年，瞿老师升任清华大学电机系教授，之后担任电机系副系主任，主管研究生工作。瞿老师表示，在那个年代学习科研压力是有的，但是需要学会调整自己的心理状态。对于年轻人如今压力过大的问题，瞿老师提出了两点建议：第一是自己要更努力一点，不能把时间给浪费了；第二个就是不要把身体搞坏，要把眼光放的更加长远，因为一百分而去牺牲自己的身体是不合算的事情，要全面发展。在遇到挫折时，瞿老师表示，"年轻人要经得起挫折和失败这个东西，山外有山，太脆弱了是不行的"。"作为一个人才，我觉得应该是全面的，不能光看学习成绩，谁好一点，谁分数高，这个东西不是主要的，第一名不一定是做出成就的人，全面素质的培养更重要。"

党员人生应坚定信念

在谈到党员理论学习时，瞿老师回忆到，那个时候的资讯并没有现在的发达，大家都很重视这种在一起讨论的机会，党员和非党员同志都非常愿意参加理论学习，全教研组的讨论也非常热烈。那个时候规定政治学习党员和非党员都必须参加，讨论的事情不光是政治学习，还有国内外发生的大事，教研组的事情，同志们也特别喜欢听。大家围绕自己感兴趣的话题和课题讨论，是很好的事情。现在瞿老师的党组织仍会组织一些活动，差不多一季度一次，最近一次是让谢小平老师讲重走长征路的故事。瞿老师认为，"组织生活一定不要搞形式主义，形式主义的东西别人就不感兴趣了。如果是能学到一些新东西，或者是讲一些有深度的东西，对听的人产生一些震撼感，引发别人思考，那么这样的组织生活就是有意义的，大家也会乐意来听。"

在谈到"年轻人如何成为一个合格的共产党员"的问题时，瞿老师表示要想成为合格的共产党员，最重要的是要树立坚定的理想和信念。瞿老师表示"国家的发展永远离不开百姓，中国共产党给我们老百姓的生活带来了很大的改善。咱们现在一步一个脚印，自己慢慢建设，帮助最穷困的那些人从贫困线脱贫。共产党救了中国人民，中国人民要没有共产党了，现在咱们普通老百姓的生活该是什么样子？""作为一个党员，最关键的，要相信自己的信念和理想。共产党是我国最核心的力量，我们需要由这个力量带动全国人民慢慢地，不急不躁地沿着坚定的目标和方向前进，走自己的路。关键就是教育我们的下一代要能沿着这个正确的方向前进，我觉得这是我们当前尤其是党组织的一个很艰巨的任务。我们需要宣传教育，让年轻人去沿着我们的这条路和方向走下去。"

最后，在电机系建系 90 周年之际，瞿老师表达了自己的祝福。瞿老师认为电机系这几年在教学科研、人才培养各方面发展得很不错，年轻的一代在各方面的能力也都不错，希望电机系在往后的日子里发展得越来越好，这也是他们每一个退休电机人的愿望。

争取健康为祖国工作五十年

——苏鹏声（1965级）

苏鹏声，1970年毕业于清华大学电机系，1982年获电机系工学硕士学位。2003年晋升为清华大学研究员。曾从事过风力发电、电力电子、电机及电力设备故障诊断和状态监测等方向的研究工作，发表过有关论文10余篇。曾从事过"电机学""电力电子技术"和"自动控制原理"等课程的教学工作。主编了《自动控制原理》教材。

从学生到教师，时代浪潮中的清华记忆

苏鹏声老师于1965年进入清华大学电机系就读，本科毕业后留校，改革开放后在清华大学电机系攻读硕士研究生，1982年硕士毕业才终于走上讲台。苏老师提到，1965年入学时，电机系有"发电专业""高压专业""工企专业"和"电机和电器专业"等几个专业，其中"电机和电器专业"还分为"电机专门化"和"电气专门化"两个专业。这是1952年经过院系调整后，电机系效仿当时苏联相应的院校设置的专业。

在谈到从学生到教师生涯中印象最深刻的经历，苏老师分享了他从学生向教师身份的转变历程。在毕业选择留校后苏老师又对电机学专业课进行了更深入的系统学习，比如电机学、电子学、电机设计等，改革开放以后，继续参加辅导

"电机学"课程多年，丰富了自己的教学经历，并在电机学领域建立了牢固且全面的知识体系，然后就开始站上讲台讲授电机学。从苏老师短短的描述我们能体会到苏老师作为老师，身上那种敬业勤劳的优秀品质、老一辈电机系人身上的艰苦奋斗精神，以及孜孜不倦的学习精神。也正是在这种艰辛求学、师生共进的环境下，电机系才逐渐成长和发展起来。

坚持体育锻炼，提高身体素质

身体是学习的本钱，苏老师常说："清华对于体育的提倡很不错，我自己也很重视。我觉得还是要好好地坚持锻炼身体，身体素质是很重要的。"苏老师早些年的主要运动方式就是跑步，在读书时以及毕业、工作以后，基本上都坚持跑步锻炼，现在平时也会跑。这个坚持是很不容易的一件事，也因此身体情况保持得很好。在1978年改革开放后，苏老师需要补课、考研，学习压力比较大，那段时间比较忽视体育锻炼。后来在45岁到50岁时，明显感觉到身体素质下降。然后就又马上捡起了跑步的习惯。从1993年左右开始，每天坚持跑步，每天5点多起床跑5公里，跑完后不影响上班。个别时候甚至会跑10公里，从育新小区跑到沙河。那段时间的锻炼效果很好，身体也慢慢感觉正常了。这种跑步习惯坚持了十多年。另外，苏老师也十分喜欢爬山，比如说爬香山，这种坚持锻炼的习惯坚持了20多年。正是这种坚持不懈的精神，以及健康的身体素质，才能更好地支撑科研、学习和生活，"坚持锻炼，争取健康为祖国工作五十年"是苏老师对我们新生代电机系学子的期望。

搞科研要学会动脑筋

在科研方面，苏老师给予我们厚望，并且提出了给广大学子的建议：研究就是要结合工业实际，要动脑筋，作为工科，尤其不能脱离工业实际，这是我一个重要的体会。

在搞科研方面，苏老师建议我们一方面要继承老教师们严谨的学术作风，另一方面需要自己勤于思考，在选课题的问题上，我们要吸收教师们的丰富经验，要结合行业前景和未来发展方向，结合自己的兴趣选择合适的方向。

苏老师以自己在自控的教学当中从来都是开卷考试为例，不要求学生死记硬背，而是要求他们要理解、要自己思考。不但在教学当中这样，科研当中也这样。苏老师另一个印象深刻的例子是在 2001 年左右的时候，有一次在工业调试现场遇到个科研问题，关于一台直线电动机控制的驱动，当时调试一直出问题，在现场也没有发现什么问题，然后就动脑筋思考，想平时所学的知识是如何应用在这项工程中的，仔细分析发现原因可能就是开关的关断过程中出现了脉冲产生干扰，后来在传输线上加了滤波，设备马上就正常了。这就表现出很多知识不在课本，而在工程、实践中，这就要求我们要把所学结合到所用上，不能一味地扎进课本，做科研需要动脑筋。

结语

苏老师作为清华优秀校友，从学生走向讲台成为一名教师，是一位坚持不懈的求学者，二十年坚持不懈地锻炼身体，这种"自强不息，厚德载物"的精神值得我们后辈们学习。希望这种"自强不息，厚德载物"的精神能够推动电机系，推动清华大学，推动整个国家不断向前。

为人师表，诲人不倦
——陆文娟（1970 年教）

陆文娟，1946 年出生在上海，1970 年清华大学自动控制系毕业留校，1972 年为加强基础课，被抽调到电机系基本电工教研组。陆老师长期主讲"电路原理"课程，是"电路原理"国家精品课、北京市精品课课程负责人。曾获第四届北京市高等学校教学名师奖、宝钢优秀教师奖、北京市优秀教师称号、清华大学教书育人奖和研究生"良师益友"称号等。曾任国家教委第三届本科电工课程教学指导委员会电路、信号系统和电磁场课程教学指导小组委员、全国高校电路和信号系统教学与教材研究会常务理事。

铭记基本电工教研组的"传帮带"

陆老师回顾了自己从青年时期开始的从教经历，从刚开始做助教，到走上讲台，最后扎根在"电路原理"讲台。陆老师分享了她与基本电工教研组老前辈们共事的点滴事迹，提到了唐统一、肖达川、蔡宣三、江缉光和陈允康等老先生，她特别讲述了与肖达川先生一起写书的难忘经历。当时陆老师还是位青年教师，肖先生邀请她共同编撰《线性时变电路》一书。陆老师非常忐忑，怕不能胜任。肖先生帮助她寻找资料，并指导她如何进行编撰，并把相关章节完全交给陆老师独立完成。陆老师说她完成初稿后，肖先生非常耐心地对书稿中的每一句话都进行了极为细致的修改，力求准确、简明。这次编写工作除了业务水平有明显提高外，陆老师感受更深的是老先生们严谨治学的态度和对晚辈的无私的提携之功。陆老师受老一辈教授们的影响，不仅把自己养成的严谨、细致、认真的习惯影响和传递给新一代教师，并且也甘为人梯，努力为青年教师的成长铺路架桥，自觉地把老一辈的"传帮带"传统继承和发扬光大。

甘当"勤勤恳恳的'教书匠'"

评价自己的教学生涯，陆老师谦虚地说，自己只是"勤勤恳恳地做好'教书匠'"。在座的汪芙平老师听过陆老师的课，他对陆老师"电路原理"课堂的最大的感受是：干净、清澈。实际上，陆老师在教学上有很高的追求，她努力把课讲到极致，讲出了艺术性：思路清晰，语言简洁，说理透彻，给学生以很大启发。陆老师说自己其实并不擅长表达，但为了能够讲好电路课，就只能逼自己努力，事先下功夫。首先，要去听不同的老教师讲课，认真记笔记，作为自己备课的素材；其次，要用心备课，不仅要想好每个知识点如何讲述才能让学生更好地领会，还要仔细地琢磨不同知识点之间如何衔接才能使课堂节奏更紧凑、顺畅；最后，陆老师还从蔡宣三老师那里学到了一个法宝，就是每天早起后把当天课上要讲的内容像放电影似得在自己的脑子里过一遍，以保证授课思路的自然流畅。陆老师的这份辛苦付出得到了同学们的一致认可，所授课程曾十多次进入学生评教前 5%，在 2000—2006 年的毕业生调查中，陆老师连续 7 年都被同学们选为心目中最好的老师。

欣慰成为"充满爱心的陆奶奶"

除了向同学们讲好电路课的知识外，陆老师还非常关注各位同学们的学习状态，尤其关注帮扶那些因各种原因学习成绩有困难的同学。陆老师强调要帮在前边，比如她曾要求一位无法按时完成作业的同学，在答疑时间去找她写作业。在经过了半个学期的这种监督后，这位同学的成绩有了明显的提升，养成了良好的学习习惯，对顺利完成之后的学业起到了很大作用。此外，陆老师针对一些比较内向的同学，考虑到太过频繁的交流会造成他（她）们的紧张心理，所以就通过在批改学生作业时写下鼓励的话语，达到提高其自信心的目的。陆老师和同学们的大量交流甚至让答疑时间都变成了"交心时间"，同学们不仅从陆老师这里学习了知识，也收获了良好的心态。后来同学们都亲切地称呼陆老师为陆奶奶，陆老师对这一称呼倍感欣慰。

当问到对大家有什么期望或者建议时，陆老师高度赞扬了电机系师生员工目前的工作和取得的各项成绩，并祝愿系里的各项工作能够始终走在前列，起到很好的引领作用。

艰苦攻关，引领中国大型调速电机产业崛起
——李崇坚（1972级）

李崇坚，1952年生于广西平桂。中共党员，教授级高级工程师，工学博士。毕业于清华大学电机专业，曾任国家冶金自动化研究设计院总工程师，教授级高级工程师，清华大学博士生副导师、中国电工技术学会常务理事、北京电力电子学会理事长。长期从事大功率电力电子与电机控制技术的研究和国产化装备的研制，特别对大功率同步电机控制理论有较深的造诣，主持并完成多项国家重大科技攻关项目，推动国产大型电气传动装备步入国际先进行列。曾获得国家科技进步奖多项。获得"国家杰出青年科学基金""光华工程科技奖"等，对我国电力电子技术和产业的发展做出了突出贡献。

1972年李崇坚怀揣着对大学殿堂的憧憬和报效社会的理想走进了清华园，成为电机专业的学子。他回忆那段特殊时期的求学过程，通宵达旦地刻苦学习，"同吃同住同劳动"的师生关系，亲近且充满温情，清华大学严谨的科学学风，注重分析问题和解决问题能力的培养，为他日后科研工程能力的提升和取得的成

果奠定了坚实基础。

李崇坚从清华大学毕业，投身到我国钢铁行业的建设中，先在武汉钢铁公司工作，后辗转到冶金自动化研究设计院，从事大型电机调速控制的研究。20世纪80年代正值交流电机变频调速技术刚刚兴起，大功率变频调速在我国还是空白，同时宝钢、武钢引进的变频电机多次发生阻尼绕组烧毁的重大事故。带着这些问题，李崇坚重返清华大学，师从高景德先生攻读大型同步电机调速控制方向的博士研究生，在高景德先生的悉心指导下，将大型同步发电机的理论和分析方法拓展到变频同步电机，深入研究了变频电机的阻尼绕组理论，指出国外进口电机绕组设计存在的缺陷。首次提出同步电机阻尼磁链定向控制原理，发展并完善了交流电机控制理论，指导哈电、上电、东电研制成功了国产变频电机，已有上千台变频轧钢电机成功投入运行。

李崇坚拿出高景德先生在他博士论文初稿上密密的亲笔批语，回想起先生对他的悉心指导和谆谆教诲，仍然抑制不住激动的心情，表露出对电机大师的精湛学术和严谨学风的深深崇敬。他的论文在高先生和李发海老师的指导下，经过反复修改完成后，被学校评为优秀博士论文。其理论创新荣获了国家教委科技一等奖。在此基础上，研制成功中国第一套大功率轧机交流调速传动，荣获国家科技进步二等奖。李崇坚获得1995年国家自然科学基金杰出青年基金，成为我国电工学科的首位杰青。

李崇坚感恩清华大学对自己的培育，在电机系辅助培养博士生，并担任国家重点实验室学术委员会委员，他领导的科研团队始终与清华大学保持着合作，共同承担国家重大科技攻关项目：研制成功国产第一套大型热连轧机交流调速传动、第一套矿井提升机交流调速和第一套IGCT交直交变频系统，5次荣获了国家科技进步奖，其研发的大功率交流调速电机实现了钢铁行业75%的国产化；全面扭转了大功率电力电子变频装备长期依赖进口的局面，引领了中国大型电机变频调速产业的崛起，真正实现了从理论创新到工程实践，继而完成产业化的跨越。

回顾科研攻关的艰苦历程，他说："作为一个科研人员，一定要坚持自己的研究方向，要耐得住寂寞，要抗得住压力，不言放弃。"最令他难忘的是国内第一台大型轧机传动同步电机调试的日日夜夜，由于个别部件故障导致电机不能按期转车，眼看着生产线设备中修结束的时间临近，面对指挥部要放弃国产设备的巨大压力，他带领科研团队克服困难，打破常规，在最后时刻将国产电机投运成功。回忆起当时的危急时刻，李崇坚却说："我从没有想过会失败，那时候哪怕有一丝一毫的犹豫和退却，这个项目就不能成功了。"

李崇坚回顾从1972年走进清华大学到今天整整50年的成长历程，感慨地说，这是一个不断求索、不言放弃、不懈努力、努力创新的艰苦过程，他取得的成绩离不开清华大学电机系老师对他的悉心培养，离不开同清华大学产学研科研团队的精诚合作，也离不开许许多多关心这一事业的领导、学者、企业家和工程技术人员的大力支持。

寄语：科学研究从不是一帆风顺，清华电机学子们要做有理想、耐得住寂寞、有献身精神、敢于向真问题攻坚的青年。同时，应谨记没有人能够凭一己之力完成工作，工作中不要纠结于个人得失，要有团结协作的精神。

回顾一生，不负清华

——陈鹰（1973级）

　　陈鹰，1953年出生于云南昆明，1973年作为工农兵学员被推荐入读清华大学电机系电机专业电31班。毕业后分配回昆明电机厂；1984年，被破格提拔为党委书记。1988年，高票当选厂长；2003年出任昆明市副市长。2006年自请辞去副市长职务，回到已改制的云南变压器电气股份公司任董事长。任职期间，曾获国务院特殊津贴、全国机械工业劳动模范、（部、省、市）科学技术突出贡献专家、七项省级科技进步奖、三项市级科技进步奖等殊荣。

　　1953年，陈鹰出生于云南一个知识分子家庭，父亲曾就读于南京金陵大学（现南京大学），母亲是中专毕业。年幼的陈鹰总是听母亲在耳边念叨舅舅在清华的故事。他从小便耳濡目染，立志要好好读书，上清华。

　　1966年"文化大革命"爆发这一年，陈鹰刚好小学毕业。当时，"读书无用论"泛滥，知识权威扫地，反智主义盛行。云南省教育事业受到冲击，陷于瘫痪，教学工作被迫中断。无休止的社会动乱致使年仅12岁的陈鹰无学可上，无奈辍学在家。直到1969年各级革委会成立后，开始对本地区毕业生统一分配工作，年满16周岁的陈鹰被分配到昆明电机厂，当起了学徒工。

生活上要自立、语言上要交流、劳动上要吃苦。以陈鹰那时的年纪，实属不易。三年的学徒生涯，工作非常繁重艰苦，食物供应也十分匮乏。每月只有2公两5钱菜油、2公两5钱猪肉，十六七岁的男孩正是长身体的时候，经常肚子填不饱还要抡动24磅的大锤。

身体和精神的磨砺，使得陈鹰褪去青涩，在艰苦工作之余承担起了社会职务，17岁组织成立了青年突击队，并担任队长；18岁担任工厂团委常委；19岁因工作表现突出被选培入党。在全厂党员大会上，党委书记讲话时说："陈鹰是们工厂最年轻的党员"。那年是1972年，他还是一名学徒工。

山重水复疑无路，柳暗花明又一村

1972年，大部分高等学校陆续恢复"推荐与选拔相结合"的招生，这次招生对象限于"知青""青年农民""解放军"等在"三大革命运动"中有两年以上实践经验的"工农兵"。这样的消息对于陈鹰来说，简直就是突如其来的天大喜讯，他终于可以上大学了！随即他开始发奋读书，利用一切时间自学初中教材。一年时间，他就把"文革"前初中数理化课程学习了一遍。

1973年，清华大学电力工程系电机专业到昆明电机厂招收一名工农兵学员。陈鹰申请报考时，被工厂拦下。理由是年纪尚小还有机会，让接近年龄限制（年龄限制25岁以内）的老知青先去。满怀希望又落空，他失望、沮丧之情难以言表。但转机再次出现在半个月后，厂里参加考试的四个老知青无一接到入学通知。一天，陈鹰接到厂组织通知，叫他去云南饭店参加北京招生组的面试。面试一周后，他收到了清华大学电机系的录取通知书。

1973年秋，他只身北上圆梦清华电机系！年仅20岁的陈鹰的人生故事，将被昆明到北京这段2500公里的"北上之旅"改写。

学在清华

刚进校三天，辅导员就找到陈鹰，要他做团支部书记，他内心是拒绝的。"我来学校之前就打定主意一定不做社会工作影响学习，我要好好读书。但因为我是党员，在入校前就定好要做班干部，所以我只能硬着头皮干"。大学期间，他做过班级党支部青年委员兼团支部书记；做过宣传委员，动员大家写大字报，完成班级分配的任务；当过学习委员，四处跟着老师跑开门办学地点，联系社会工厂，解决食宿问题。

入学初期，学员文化水平严重参差不齐，学制缩短、教材改革，工农兵学员学习水平距离清华的正常要求差距甚远。作为班上唯一一个没有踏进初中门槛的学员，陈鹰明白只有付出百倍努力，才能赶上大家的脚步。在完成社会工作之余，他焚膏油以继晷。除每天临睡前及周六洗衣服之外，他整天脑子里充斥的都是那些难解的定理公式、英语语法和单词。在他的努力下，两年时间他就逐步跟上了一些读过初中甚至高中同学的学习进度。

自 20 世纪 60 年代起，蒋南翔校长就提倡理论与实践相结合。到 70 年代学校更加重视教育、科研、生产三结合，提高学生分析问题、解决问题的能力，培养学生独立创造性工作的能力。"我们那时候，除了学习专业课程之外，每年都要参加学校组织的实习。一年级校办工厂实习；二年级在北京微电机厂搞电机设计；三年级在卢沟桥冶金机械厂学习数控设计。毕业设计那年赶上唐山地震，跟我的导师姜建国在卢沟桥一待就是好几个月"。

壮岁旌旗拥万夫，锦襜突骑渡江初

1977 年清华毕业后，陈鹰被分配回原单位工作。经过数十年的不断耕耘，他成为云南变压器厂最具符号性的人物之一，身上有很多标签：他是云南变压器厂创业年代的建设者，是改革年代的亲历者；他是国家第一代铁路牵引变压器研发的参与者与推动者，也是计算机信息系统的开创者和管理者；他曾经两次婉拒调职省政府工作机会，曾经力挽狂澜应对 90 年代末因水灾给企业带来的灭顶危机，也曾竭力推荐三个现代化战略推动企业大跨越的发展。这些故事还要从 36 年前开始讲起……

20 世纪 70 年代末，陈鹰刚回到厂里没两年。原来的变压器车间按专业化分工，从昆明电机厂分出，成立云南变压器厂。陈鹰在新成立的变压器厂从产品工艺部门调到设计部门，从事变压器产品设计工作。由见习设计到独立担负项目，很快熟悉工作后，两次参加全国行业统一设计，获得了不俗的成绩。

1988 年，云南变压器厂试行民主推荐、民主选举制度。陈鹰以高票数获选厂长，这一干就是 20 多年。

刚接手企业时，任职头三年实行承包制，对陈鹰的要求是当年利润增加 30%，并逐年递增。面对企业产品大路货、厂房和工艺设备老化、员工习惯于国有企业的大锅饭、平均主义严重、生产效率不高、产品质量低下等问题，陈鹰栉风沐雨砥砺前行。他首先打破传统工资管理方式，推行计件制，鼓励多劳多得。上任第一年就实现利润同比增长近 300%；他极力主张已有产品设计更新换代，力求更好地适应市场需求；他大力推动技术、产品创新，填补国内铁路线路变压器空白；他适时提出"产品现代化、工艺现代化、管理现代化"的治厂方针，引进先进工艺设备、技术，提高产品工艺质量和生产效率；他率先应用先进的计算机管理系统，提高管理工作效率。在他的带领下，云南变压器厂由一个资产不足 1000 万的国营老旧企业，逐步转化成为资产破亿、拥有自主知识产权及技术、能够快速响应市场变化，并连续十年保持利润超千万元的地方优秀企业。

惟其艰难，方显勇毅

20 多年厂长生涯，有荣誉也有困境。1997 年的一场洪水，几乎毁掉了整个厂区。这场灭顶之灾冲垮了厂子的围墙、毁掉了生产线，也淹掉了几乎所有产品。面对险峻的形势，陈鹰非常明白自己所肩负的责任。他迅速组织队伍，一方面抢险救灾，另一方面组织快速恢复生产，赶工期。但屋漏偏逢连夜雨，由于管理水平和工人技术水平不足。出厂产品不但贻误了工期，部分产品由于赶工忽视质量，在现场出现严重漏油问题。省电力局给予工厂连续几年不给 220kV 高压变压器订单的制裁。

出现问题后，他顶着巨大的压力带领团队，废寝忘食，把单位当家。用在清华、在国外学习到的专业知识从焊接工艺、产品结构、职工技能等全方位进行改造和精进。同时，他以长远的眼光看到，云南山高路远，就地解决大型变压器制造和维修具有重大的现实意义。随即组织技术人员学习国外先进经验和技术、研究工艺和结构细节，一点一点攻克难关。终于在 2000 年，他们产出的大型变压器已经可以媲美日本三菱的产品。省电力局验收时，给予了很高的评价。至此在陈鹰的推动下，云南变压器厂才重新得到了订单、重新恢复信心、度过了这场危机。

2003 年，市委任命陈鹰为主管工业的副市长时，他也是一再推脱，在此之前他已婉拒了两次省调的机会，最后这次实在推辞不掉，才答应只干满这一届。

走马上任的时候，见到机械厅的老厅长，他调侃道："90 年代初，提调你到省机械厅做副厅长你不来，你要搞技术，现在 50 岁了你来了。"

副市长任职期间，他分管工业经济、生产安全、社保医保、国有企业改革。主要工作是改制大量的中小国有企业，实行企业国有产权出让、职工国有身份变更。让中小企业更好地融入市场经济，使大量的国有企业员工变成社会人。这项工作，涉及对企业资产的度量裁定，关系到员工身份转换涉及的切身利益。是一项政策性强、风险度较高的工作。短短两年半，他圆满完成了全市 465 户企业的国有改制，得到省政府赞赏。这期间，拒绝过资产认定当中的非法诱惑，避免过国有资产的流失，解决过企业员工的上访及更激烈的行为。最终，完成了在政府的使命。

陈鹰"不贪恋名位"，淡泊名利，不干则已，干则必成，任则必勤，2006 年功成身退。经个人申请，省委组织部批准，辞去公务员身份，不再享受干部待遇。

同年三月，回到已经完成国有改制的云南变压器电气股份公司，继续担任董事长。那时，正值胡锦涛、温家宝时期，国家高速发展，大搞基本建设，修建公路、铁路，大力发展铁路电气化。在陈鹰的带领下，企业飞速发展，其核心产品——铁路牵引变压器市场占有率一度达到了近 50%，位列全国第一。实现利润逐年翻番：2006 年 5000 万元；2009 年达到 1.6 亿元；2011 年累计达到 4 亿多元。

专注科研

20 世纪 80 年代初，我国铁路电气化建设刚开始，首次建成的宝成线试验线段使用的是普通 110kV 级电力变压器向铁路牵引馈线供电。由于铁路牵引负荷变化激烈、频繁短路及负荷非三相对称的特殊性，变压器事故率非常高。在沿线每 50km 设立的牵引供电所里，承担铁路牵引馈线主要供电任务的变压器一旦发生故障，该 50km 内的电气化机车将停止运行，从而导致铁路运行中断。牵引供电所主变压器的高故障率严重制约了国家电气化铁路的发展。

1983 年，陈鹰参与研发国内第一台铁路供电专用牵引变压器，产品经试运行并通过铁道部鉴定后，1984 年在贵昆线电气化改造项目中得到批量采用。自此，我国才有了专用的铁路电气化供电牵引变压器。

第一代牵引变压器解决了供电变压器在铁路牵引负荷下容易损坏的产品结构问题。但仍属原副边三相对称变压器，对于铁路二相或单相负荷，变压器容量利用率仅有 75.6%。这样导致一次投资大，基本电费高。

为优化一代产品的缺陷，1991 年，陈鹰组织、参与开发了国际首创的"阻抗匹配平衡牵引变压器"，这一产品最大程度减小了铁路电气化牵引负荷因三相不对称给电网带来的负序分量问题。1994 年，陈鹰独立设计用于铁路电气化三相不对称负荷的"三相不等容量变压器"，这项技术申报获得了国家专利，并得到国家专利局和世界知识产权组织颁发的"专利银奖"。

除"阻抗匹配平衡牵引变压器""三相不等容量变压器"之外，陈鹰还主导研制了"220kV 单相牵引变压器"，这三项产品都是专门应用于单相或者二相铁路电气化供电系统，变压器容量利用率由原先的 75% 提高到 93% 以上。产品成功研制后在我国铁路电气化中得到广泛使用，并一直沿用至今。

此后，企业被国家列为牵引变压器开发、生产基地。研制开发了十多个品种系列的铁路牵引变压器，包括用于高铁的产品。其中列为国家级新产品或国家重点新产品三项，国家火炬计划项目两项，产品系列获得部、省级科技进步二等奖七项。同时，陈鹰也因在相关技术方面的特殊贡献，在 1993 年获得了国务院特殊津贴，两年后被评为全国机械工业劳动模范。此后又分别评为部、省、市科学技术突出贡献专家。从事技术工作几十年，累计获得国家专利八项，个人获得部、省级科技进步奖七项，市级科技进步三项。

20 世纪 70 年代，从清华园里走出很多毕业生，他们响应党的号召，到祖国最需要的地方去，扎根岗位，一干就是一辈子，逐渐成长为兴业英才。"自强不息，厚德载物"的清华校训，"行胜于言"的清华精神，被他们诠释得淋漓尽致。

如今已是古稀之年的陈鹰，不仅担任清华大学云南校友会会长，还时常操作计算机为单位做设计。作为前辈他希望清华学子毕业回到社会，能够放下清华的架子，虚心融入社会，放平心态，比别人更加努力，并争取形成自己的核心竞争力。

"我们这一代，见识了建国艰难发展时期、走过了'文化大革命'十年动乱、亲历了改革开放、赶上了中国大发展。回顾一生，不负清华，我很欣慰。"

67年的人生阅历，顺境中发奋图强且宠辱不惊，逆境中不懈努力逢柳暗花明，他如同一本厚厚的书，让人心悦诚服又意犹未尽……

向陈鹰学长致敬，向老一辈电机系人致敬，向老一辈清华人致敬！

锤炼自我，把握机遇

——魏昭峰（1978 级）

　　魏昭峰，电机系 1978 级校友。曾历任河南省电力公司总经济师，国家电力公司计划与投融资部副主任，国家电网公司计划投融资部、营销部主任，吉林省电力公司总经理，东北电网公司总经理，中国电力企业联合会五届、六届专职副理事长；现任中国电力企业联合会专家委员会副主任、中国水利电力质量管理协会会长。

结缘电机，打好专业基础

　　魏昭峰 1974 年 5 月上山下乡，有幸在 1977 年恢复高考之后赶上了这班车。在乡下，他自学参考书、向老师请教，当年以全县第一的成绩考上了清华大学。在不了解专业的情况下，因为看到亲戚在电厂工作而与当时的电力系结缘。在魏昭峰看来，他结缘电力是个人积极探索和国家创造机遇共同作用的结果。时至今日，他还特别感谢改革开放总设计师邓小平同志恢复高考制度的英明决策，为自己以及更多人的人生带来了转折。

　　入校之后，见到的第一位老师就是自己的班主任卢强老师。在魏昭峰的记忆里，当年的卢强老师英俊潇洒、循循善诱。见证"电力系统最优控制"这门课从刻印的纸质讲义到成书、再到卢强老师评上院士，魏昭峰流露着对卢强老师的景仰。

魏昭峰的专业选择并非出于充分的了解和浓厚的兴趣，但他却从此专注于自己的电力系统专业选择并取得了一些成就。因为高考成绩不错，他被班主任老师指派为学习委员，并一直担任了五年。魏昭峰也因此在专业学习上对自己提出了严格的要求，为以后的职业生涯打下了坚实的专业基础。

为祖国健康工作五十年

魏昭峰热爱运动，是班级篮球、排球、田径运动中的活跃分子，参加工作之后又爱上了乒乓球。

除了重视自身的体育锻炼外，魏昭峰还响应清华大学"为祖国健康工作五十年"的号召，协助学校体育部成立了清华大学校友会乒乓球协会并担任第一任会长。

以过硬的实力迎接发展的浪潮

魏昭峰毕业于1983年，当时社会上各行各业人才紧缺。毕业后，他分配到了河南郑州，进入了河南省电力局（公司）调度所；先做调度员，后来，到运行方式科做电力系统稳定计算与运行计划。几年后，通过竞聘上岗任教育培训处副处长，后转任规划计划处副处长、处长；1997年选拔担任河南省电力公司总经济师，成为副局级干部，进入领导班子；1999年国家电力体制改革，有幸被选拔到原国家电力公司本部，任计划与投融资部副主任；2002年底，国家电力公司拆分，留在国家电网公司任计划与投资部主任、营销部主任等职务；2005年5月调到吉林省电力公司任总经理，2007年12月调到东北电网公司任总经理；2009年底，中国电力企业联合会五届理事会换届选举任专职副理事长，六届理事会换届继续留任至2021年。提到职业生涯中最有成就感的一件事，魏昭峰深情回忆起在三峡电站送出工程设计建设、电量消纳方案，以及第一台机组并网运行，工作繁重，意义重大，作为国家电网公司计划部门主管电网业务的领导发挥了积极作用。

魏昭峰的职业生涯中，工作岗位换了很多，工作变动幅度很大。关于自己丰富的职业经历，他认为人生总是在赶机会，但是机会又是不能强求的。虽说机会等人，但是人自身的历练需要相当到位。清华人专业基础好、爱学习、爱钻研、爱思考，干一行爱一行专一行，日积月累必然得到同事和领导的赏识。由于基本功扎实，政治素质和专业能力都过硬，他在每个岗位上都能出色地完成工作任务，因此才能在中国电力行业发展的浪潮中顺势而上。

情系母校，寄语莘莘学子

魏昭峰十分谦虚，认为自己的职业生涯很平淡，"也没有什么成功的"，在没有职业规划的情况下顺其自然地走到了现在。因此，他建议新一辈的年轻人要重视职业规划，首先给自己设定一个方向和目标，认真思考自己的人生应当怎样度过。

在电力行业工作，除了要学懂学校里的基础学科之外，自身的钻研能力和学习能力也很重要。在学校里学到的东西很少能够直接用上，在不同工作岗位上会面临各种各样全新的问题，但在认真思考过后会发现有些原理是相通的、普适的。在不同的岗位上需要根据岗位职责重新学习、钻研、请教，脚踏实地。在职业岗位上不能只是自己说自己好，需要通过自己的实际行动，赢得同事、同行、领导的认可。

魏昭峰对电力行业的未来充满着信心，电力行业的工作环境和工资待遇很有竞争力，作为国民经济的命脉，当前电力行业仍然大有可为，他希望更多的电机系学弟学妹们将来投身于伟大的电力行业中去。

最后，魏昭峰表达了对母校的美好祝愿：希望母校越办越好，为国家培养越来越多的栋梁人才。

随其自然，坚持自我
——张廷克（1978级）

张廷克，1956年生，1978年考入清华大学电机系。现任中国核能行业协会副理事长兼秘书长、法定代表人。历任河南省电业局计划处副处长、禹州电厂筹建办公室主任，河南省电业局（河南省电力公司）副局长（副总经理）、党组成员，后调任华能集团公司副总经理、党组成员，兼华能山东石岛湾核电有限公司董事长，在不同行业为中国电力行业的发展做出了突出的贡献。

清华记忆，结缘电机

张廷克出生在河南南阳的农村，求学期间经历"文革"，当过生产队队长、民办教员、也打过零工。1977年恢复高考的时候，他抓住这次机会，努力复习，考上了清华。高中期间，由于当时取消了考试制度，大家学习激情普遍不高，他的电磁学学得也比较差。后来为了参加高考，专门抽出两三个月的时间复习电磁学，在之后的高考中，电磁学这部分内容考得最好，因而在他后续的专业选择中也就顺理成章地选择了电机系。张廷克认为自己的选择得益于学科特长与电机系专业的关联，并且电气工程专业是既传统又比较前沿的专业，这样的选择大有可为。

回忆当年在清华园的记忆，他充满了成就感。农村出身的他，在清华入学考试的时候就取得了优异的成绩，在后续的课程学习中也因此充满了信心。而且当时也积极响应清华对学生"又红又专"的培养标准，在学习之余也担任了班级的生活委员。

春风化雨，行健不息

在清华的五年时间里，张廷克回想到母校老师们的教诲时充满了感恩之情，尤其是对当时的班主任卢强老师印象深刻。"很睿智，思路很敏捷，和同学们关系又很融洽"。卢强老师在电力系统优化方面的研究，让张廷克有了比较系统化的思维。对于电力系统这样一个动态的、可优化的系统，它的研究方法可以扩展到别的领域。

此外，在清华学习期间，张廷克养成了良好的生活习惯，积极参加体育锻炼。"我们当时也不戴眼镜，退休了才戴老花镜，在清华体育锻炼养成的习惯起了很大的作用，一般来说，下午四五点操场跑步，也会从西北生活区，跑到圆明园"。回忆起清华的时光时，他记忆犹新，点点滴滴仿佛都在眼前。在清华的五年的时光里，他养成了良好的生活习惯和思维方式，这也为以后"为祖国健康工作五十年"打下了坚实的基础。

兢兢业业，励精图治

毕业后，张廷克第一时间考虑选择回到老家河南工作。当时分配到了河南电力实验研究所，从事电网相关的研究。毕业后的前五年，他主要做电网计算分析以及电力系统分析软件开发，做一些实验研究和模拟分析。在这段时间里，他还参与到了很多别的方面的工作：电厂电网、变压器、数值模拟、负荷参数调整等，一方面跟着老同志学习新的内容，另一方面把自己的事情做好。期间，让他比较有成就感的事情是深度参与到了河南电网的系统分析中。这件事对张廷克影响较大，他也因此调入到电力公司计划处，做战略规划研究及项目前期开发工作。张廷克在这个岗位上，踏踏实实做了一些前期的项目工作，业绩优秀，处里好多重要工作也是由他来负责。

自强不息，追求卓越，尽力把自己的事情做得完美，做得别人满意认可。这既是张廷克校友，也是每一位清华人的行事准则。由于他的出色工作能力，在

1991 年被提拔为处里的主任工程师，一年后担任副处长，负责电力规划。从此也开启了他从事能源管理职业生涯的新征程。

1996 年起，张廷克开始担任华能集团副总经理，先后负责电力、火电、水电、核电项目的推进与发展，兢兢业业。从 2004 年起，张廷克负责的华能核电项目，开始与母校清华开展合作，项目全面负责建设世界上首座商用高温气冷堆核电站示范工程，张廷克为现场总指挥。华能的核电项目，对中国的核电创新发展起到了重大的推动作用，也是张廷克职业生涯中，与母校联系最密切的一段时光。

随其自然，坚持自我

退休之后，张廷克担任了中国核能协会执行副理事长兼秘书长。即便是在退休之后，他依然以一种追求卓越、自强不息的精神，促进我国核能及协会的发展。"协会干得不错，是全国 5A 级协会年度第一名，不给清华丢脸，要建设世界一流协会，这是一种使命和追求"。在谈及协会发展时，他说道。

张廷克以"随其自然，坚持自我"的人生态度总结自己的工作，即顺遂自己职业发展的道路，努力做好自己的本职工作，自强不息的奋斗姿态永远是清华人的底色。无论在哪工作，都不能浮躁，俯下身子，踏实做事，自强方能成就卓越，脚踏实地地把工作做到位、做出色。"这才是清华人应该做的事情。"

扎根西部38年的清华人
——杨宝林（1979级）

杨宝林，1979年考入清华电机系，1984年毕业后，被分配到中国西电电气股份有限公司。历任西安变压器厂设计处处长，西安西电变压器有限责任公司副总经理、总经理，中国西电公司党委常委、副总经理。

1979年，著名作家蒋子龙描写天津电机厂的一篇小说《乔厂长上任记》，将一股企业改革的春风，吹遍了祖国大江南北，也唤醒了无数有志青年的国企梦。从小在黑龙江长大的杨宝林，正是在这个时候，面临着人生的重大选择——报考大学。父母对他说："报考清华大学电机系吧，如果将来发展得好可以当厂长。"20年后，父母的愿望变成了现实。如今，杨宝林已是中国西电电气股份有限公司党委常委、副总经理。

一机缘，二填报，终如愿

1979年7月9日，走出高考考场的杨宝林，刚为结束紧张的考试松了一口气，又为填报志愿发起了愁。想到全国七百万考生只有3%的录取率，想到同学们众口一词的"题太难"，再想到对学校信息一无所知的"没有底"，报考清华成为奢望。没想到的是，成绩出来之后，国家给予部分分数较高考生二次填报的机会。正是这样的机缘，让成绩优异的杨宝林如愿清华 79 级电九班。

青葱岁月，那时清华

初入校园的杨宝林，就被师兄师姐那股子"把失去的青春抢回来"的努力学习的劲头所影响，他励志努力学习，成为一个为国所用之人。20 世纪 70 年代末，清华园开放、自由、包容的学术氛围滋养着一个又一个求知若渴的青春。当时，除了国内知名专家教授授课、实行"双师"制度、严抓学习生活两道关之外，还着重培养学生的动手能力。"改革开放后，学校组织我们在校园里的实习工厂学习，车钳铣刨我都实践过。这一段经历，为后续做毕业设计奠定了一定基础。80年代初，学校就非常重视理论与实际相结合，当时我们做毕业设计跟工厂结合特别紧密。毕业前夕，我不停地到洛阳和太仓两个电机企业与技术人员研究和探讨工艺设计。"

除了注重专业技能掌握和专业课程的学习之外，清华还开设丰富多样的选修课程，不仅包含与工科技术相关的课程，还有很多历史、人文、文学、音乐甚至包括名著欣赏的课程，力求发展学生的兴趣和特长，拓展学生知识与技能。"我们那个年代选修课不计学时，我特别喜欢音乐和文学，所以选择了中国音乐史、古代文学欣赏、世界音乐史及欣赏等几门选修课程。印象特别深刻的是，当时学校特别邀请新中国成立后第一位女指挥家郑晓英、国家交响乐团指挥李德伦来清华为我们做过讲座。五年丰富多彩的学习生活，也为我们今后的工作和生活奠定了很好的基础"。

"双肩挑"，哪里需要哪里挑

20 世纪 50 年代，蒋南翔校长明确提倡"双肩挑"，既要功课优良，又要政治出色。杨宝林响应学校号召，担任宣传委员，负责团支部宣传工作。后来成了一个哪里需要就顶上去的团支部骨干，分别就任系学生会文艺委员、团支部书记、生活委员等职务。这一段经历，也极大地培养了杨宝林的领导能力、大局观念、牺牲精神，以及处理事情的机变力。同时他也结识了很多人，这些人脉关系、挚友情感，也成了另外一种财富。

一腔热血难自控，豪气云天少年郎

1984 年毕业后，意气风发的杨宝林被分配到中国西电电气股份有限公司，一路过关斩将，一干就是 38 个年头。

在大学毕业后的最初十年里，杨宝林从设计员做起，在老一辈专家和前辈指导下，先后参与主持设计了近百台各种规格的变压器。由于他基础理论扎实、实际设计能力强，20 世纪 80 年代后期，厂里确定他负责"七五"攻关项目《三相组合式变压器的研究》，"八五"期间通过国务院重大办的鉴定验收。这一课题解决了偏远山区、运输不便地区及特大型变压器的运输困难。自 1991 年来，杨宝林参加并完成了广西岩滩水电站用变压器 SFP-360000kV·A/500kV、云南草铺变压器 ODSFPS-250000kV·A/500kV 等数十个国家重点项目的电气设计及结构设计，突破传统框架、克服重重困难，推动了我国变压器产品的技术性能的极大进步。

1996 年，杨宝林担任西安变压器厂设计处处长，开始在管理岗位崭露头角。他主张产品设计更新换代，力求更好地适应市场需求；他大力推广变压器 CAD 技术发展、量化设计，缩短变压器设计周期；他不畏俗尘，打破传统工资管理方式，实行按岗定薪，多劳多得。在他的带领下，全处在人员减少 20% 的情况下完成全新设计图纸 47 套，比上年增长 27%，为西变厂 1998 年生产上台阶立下汗马功劳。同时，他自己也获得了"西安市有突出贡献的青年专家""西安市跨世纪科技带头人"等荣誉称号，2000 年破格晋升为教授级高级工程师。

2001 年，西安变压器厂改制为西安西电变压器有限责任公司，杨宝林担任公司副总经理，主管供应和基建。他首先提出"物资招标比价采购"的新方案。西变公司每年用于国内购买原材料的费用达两亿元。如果每年节约 10%，一年就节约两千万。为此，他还制定了一套严格的管理和执行办法，这项办法至今已为公司节约资金数千万元。

2002 年，因业绩突出，杨宝林荣升为公司总经理。但对于他这样一位年轻、有干劲、业务能力扎实、实践经验丰富的复合型人才，道路也并非一帆风顺。在给兰州东到官亭的国家第一条 750kV 线路供应变压器时就遇到了让他终生难忘的困境。当时，正值 8 月，为了向国庆献礼，三台千伏变压器投运在即。就在这时，有一台设备现场局放验收不合格。当时杨宝林顶着巨大的压力，在现场与技术团队研究超标原因、讨论解决方案，一待就是半个月，甚至连送儿子上大学这样的承诺也没有兑现。在经过多番研究和探讨后，他提出两个方案，一是试运行超标设备，并加装监控设备；二是免费提供一台备用设备。他在技术方面说服了客户，并得到了对方的高度认可。10月1日现场投运仪式上，设备顺利挂网投运。他感慨道："忽闻兰州捷报喜，泪飞化作倾盆雨。"

老夫喜作黄昏颂，满目青山夕照明

在任职西电党委常委、副总经理期间，他主管科技方向，立志于实现产学研结合到达实用性、到达产品端、到达工程口，攻克200kA发电机保护断流器等国家相关领域重大项目技术难关。

如今已经在西电坚守了38个年头的杨宝林已离任退休，被反聘为资深专家，继续坚守西电，发挥余热。身为校友，他希望电机系能够秉承优良传统，在教书育人、支持国家建设等方面能够再上一个台阶。同时，希望在校学生能够像电机系的前辈一样，拥有远大的抱负和情怀，把自己的聪明才智应用到国家的发展上，把毕生所学奉献给国家。

做科研奉献者，担改革排头兵，当人民好教师
——唐庆玉（1980 级硕）

唐庆玉，1965 年考入清华大学工程化学系，1970 年本科毕业于清华大学工程化学系，1983 年获清华大学电机系生物医学工程专业硕士学位。1970—1978 年在清华大学核研院工作，1978—2012 年在清华大学电机系工作，1983—2010年任电机系电工学教研室（含生物医学工程专业）副主任、主任、党支部书记等职，1989 年在佐治亚理工学院做访问学者，1999—2010 年任电工学课程负责人。曾获北京市科研成果二等奖一项，获解放军科研成果二等奖一项，发表学术论文 76篇，出版教材 6 本，国家专利 2 项。主讲"电工技术与电子技术""医学图像处理""生物医学工程概论""微机原理""医学电子仪器"等课程。"电工技术与电子技术"课程于 2002年入选清华大学精品课程建设项目，2003 年被评为北京市精品课程，2006 年被授予清华大学精品课称号，2008 年被评为国家级精品课程。于 2004 年获清华大学教学成果二等奖，2005 年获北京市教学成果二等奖，2009 年获北京市教学名师奖。

八载光阴，"核"你相伴（1970—1978）

1970 年，唐老师大学毕业，分配到清华大学试验化工厂，被任命为一个科研组的副组长，负责核反应堆所用材料的研究。这一干，就是八年时间。对于这段经历，唐老师如是说："我是学化工的，毕业就改行搞材料研究，而且是核反应堆用的特殊材料。什么也不懂，难死了！怎么办？学！自学！自学材料系的四门专业课程。自学有难度，好多不明白。就请教老教师，老教师非常热情和耐心给讲解，后来请求老教师给我们上课，每周两次下班前两小时讲课。一年的时间，我就掌握了材料专业基本专业知识和实验技能。"凭借着刻苦勤奋的作风和持之以恒的精神，唐老师出色地完成了研究任务，彰显了清华人自强不息的精神。

由于当时唐老师的研究任务属于高度机密，尽管进行了大量设备设计和实验，但既无法发表论文，也不能申请专利。谈起那段岁月，唐老师不仅没有后悔，还为自己曾经做过"无名"的科研工作者而感到由衷的自豪，他说道："为了保密需要，当时在核研院工作的老师不能公开自己的单位和工作内容。我给家里写信都写'清华大学试验化工厂'这个地址。老家人问你是做什么的？我就说是生产化肥的，老家人问怎么你们清华还生产化肥？我就回答，我们是研究新型化肥的。"从唐老师身上，我们感受到了一颗拳拳报国之心，深深地被以唐老师为代表的老一代清华人"功成不必在我，功成必定有我"的无私奉献精神所感动。

站在改革潮头，见证生医崛起（1978—2001）

1978 年电机系设立生物医学工程专业，1979 年开始招收硕士生。1982 年从发电专业拨 10 名学生作为生物医学专业第一届本科生，也就是生医 2 班（82 级），由唐老师担任班主任。1983 年起，唐老师开始担任教研组副主任，主管生物医学工程专业的教学工作，主持制定了生物医学工程的五年教学计划、专业课设置、实践课设置、毕业设计等培养环节。同时，唐老师亲自编写教材并主讲课程"生物医学工程概论""医学电子仪器""医学图像处理"课程。一直到 2001 年生物医学工程专业被合并到医学院，唐老师迎来送往了 19 届学生，培养了一代又一代生医人才。在专注教学的同时，唐老师在科研上同样硕果累累，共参加和主持了 10 项科研项目，作为导师指导硕士研究生 16 人，作为副导师指导博士生 2 人，在学术刊物上发表学术论文 76 篇，获得北京市科研二等奖 1 项，获得解放军总后勤部科研二等奖 1 项，并担任中国电子学会生物医学电子学分会副秘书长、中国仪器仪表学会医疗仪器分会顾问、中国医疗装备协会理事、北京市生物医学工程学会理事。

潜心钻研十四年，锻造国家级精品课程（1999—2012）

对于清华大学大部分非电类工科生而言，"电工技术与电子技术"并不陌生。这是一门同微积分、大学物理一样无法绕开的基础课程。1999 年，唐老师被任命为该课程的负责人。1999 年之前，教研组有 22 位教师从事"电工技术与电子技术"课程的教学工作，随着老教师们相继退休，预计到 2007 年只剩 3 名教师。所以唐老师接手之后，当务之急就是培养新教师。从动员青年教师加入教学团队，到跟踪听课，现场指导，1999—2009 年，唐老师共培养了近 20 名青年教师讲"电工技术与电子技术"课。不仅如此，唐老师还以身作则，亲自上阵，每学期讲课 5~6 个班，最多一学期 10 个班。此外，唐老师主持编写出版电工学教材 2 本、电工学习题解答 2 本、电工学实验指导书 1 本。功夫不负有心人，"电工技术与电子技术"的教学团队获得清华大学优秀集体奖。2003 年，该课被评为清华大学精品课和北京市精品课。2008 年，该课被评为国家级精品课。2009 年，唐老师被评为北京市级教学名师。

通过十余载的潜心锻造，"电工技术与电子技术"成为广受学生好评和主管部门肯定的精品课程。在与我们访谈的过程中，唐老师谦虚地表示"清华的发展和荣誉靠的是教师和实验室教工的团队合作能力，而这些有效合作都是在党支部的领导下和党员的模范作用下赢得的"。2009 年至今，唐老师被聘为电机系教学督导。2012 年至今，被聘为清华大学教学督导。每学期，唐老师都会旁听电机系及其他系的课，特别是年轻教师的课。听完后，还会与讲课教师进行讨论，提出优缺点及改进意见，为培养年轻教师做贡献。

后记

从 1970 年参加工作到 2010 年退休，唐老师兢兢业业地工作了四十年，既承担着重要的科研任务，又培养了一批又一批清华学子和青年教师，为电机系的发展做出了巨大贡献。2010 年至今，唐老师继续在招生、教学督导、党支部书记等岗位上发挥余热。唐老师身体力行地向我们青年一代诠释着清华"为祖国健康工作五十年"的口号，从唐老师身上，我们不仅学到了"功成不必在我，功成必定有我"的默默奉献精神，也被老师刻苦勤奋、认真负责的工作态度深深感染。在此，感谢唐老师在百忙之中抽出时间接受我们的采访，衷心祝愿唐老师身体健康，万事顺意。

体制内的"创业者"

——修军（1981 级）

修军，籍贯辽宁。1964 年出生，1984 年加入中国共产党。1989 年毕业于清华大学，取得电气工程学士及管理硕士学位。1997 年赴美国杜兰大学取得工商管理硕士、美国杜兰大学及清华大学联合培养金融专业博士学位。现任国家开发银行正局级资深专家、国开金融有限责任公司投委会、风控委副主任，清华校友投资协会副会长。

任何一段历史都有不可替代的独特性，改革开放三十年的中国更是这样。2008 年，在美国《时代周刊》专文撰写中国改革开放对于中国经济与世界发展的意义时，总编辑艾略特曾说道："这是我们这个时代的伟大故事。它是我们的故事，是全人类的故事。"确实，在中国长达近四十年僵化的计划经济体制日渐瓦解后，一个个打着时代烙印、个性鲜明的人物脱颖而出，他们负芒披苇，引领中国逐步向市场经济、向全球经济接轨，奇迹在其中不断闪现。

他是我国首个国家投资银行的筹备者，他是首批支援重庆直辖市的金融专家，他是我国首家突破宽带技术的重庆网通信息港宽带网络有限公司的掌门人，他也是我国当时规模最大的微电子产业园区的建设者，他的工作历程几乎算是国家经济改革趋势的折射。三十一年青春，他屡次在无人开垦过的新天地里，战胜孤独和困难，走出一条路来……

今天，就让我们走进修军学长那些筚路蓝缕的艰辛，深切地体会他在体制内的"创业"路上"从无到有，从小到大，从弱到强"这12个字的分量。

画凌烟，上甘泉，自古功名属少年

修军1964年出生于辽宁沈阳的一个干部家庭，受到"有福方能坐读书，成才未可忘忧国"家风的熏陶，除了掌握课堂知识之外，自小就开始接触国家经济、文化和政治等方面的书籍和知识，立志要就读工科来"科技报国"。修军是大人眼中"别人家的孩子"，从小就读重点学校的他成绩一直名列年级前茅，不夸张地说，还没高考他就已经拿到了名牌大学的入场券。但他没有止步于此，反而日日挑灯夜读，因为他心中的目标是有"最难考"之称的清华大学电机系。

1981年，修军如愿考取清华电机系。17岁的他乘坐绿皮火车从熟悉的家乡来到了陌生的北京站。当问及最初对于清华园的印象时，他说道："清华派来接站的车走的是当时还在修缮的三环，一路尘土飞扬。心里嘀咕着清华好偏僻，但当我看到学校大门的那一刻，终于到了心之所向的学校，感觉很神秘也很神圣。"

书山有路勤为径，学海无涯苦作舟

20世纪80年代初期，清华学生层次丰富，年龄从十八九岁到三十多岁，经历阅历也各不相同。有上山下乡的"老三届"、经受过十年浩劫的"新三届"，也有像修军这样高中毕业后直接考入的。多元组成，相互交融，清华也因此真正形成了百花齐放、兼容并蓄的包容文化。那时的清华，看不到一个个打闹、熙攘的学生，他们走路就像一阵风，他们有着自己的目标，并且时刻在向着这个方向不停地前进。

在这样环境的催化下，修军的清华岁月成了密集攫取知识的时代。清华学习的第一年，他几乎没有出过校门。一周六天半，除了上课之外，其他的时间都泡在自习教室学习。早上六点半就小跑奔向自习室，一直到十点熄灯前才回到寝室休息。"那时在清华，自习教室可以说'一座难求'。占位置很难，稍微晚一点就没地方了。所以我们经常会同学之间互相帮忙占座，即便是这样，也经常有占的座位被别人座了的情况。其实，我们班的学风都很好，大家都很用功，所以我们班期末考试的平均成绩能比别的班高出十多分。"

学校历来重视的"双肩挑"和"为祖国健康工作五十年"两大传统已蔚然成风贯穿清华百年历史。

在繁重的学业之余，修军挤出时间积极参与学生工作、从事体育锻炼。电机系就读的五年中，他担任过班长、团支书，以及学生会副主席等职务。从事学生工作这一段经历，对于修军来说是磨炼心性、培养协调和管理能力的一种锻炼。

说到体育修军坦言并不擅长，但是"无体育不清华"精神深入骨髓。为了保持学习和工作状态，他每天下午 4 : 30 就去锻炼。夏天体育馆游泳，冬天在荒岛滑冰，甚至还跑去尝试冬泳。

在注重学生多方位发展的同时，工科院系更加重视培养学子的实践能力。"刚入校时的精工实习期是六周，比其他学校都长。车、铣、刨、磨、铸、造六个专业的全套精工我都实践过。大四的后半学期的社会实践是在西电集团，下到变压器厂、开关厂、互感器厂等电力系统相关环节都走了一遍，对产品、生产运营、工程运作等情况有了一定的熟悉和了解，对行业也有了更深刻的认识。"

时光荏苒，岁月如梭。修军在清华度过了五年的光阴，图书馆、教学楼、西主楼、运动场上都留下了他朝气蓬勃、挥洒青春的身影。转眼来到 1985 年秋天，修军被跨专业保送到清华经管学院，在此之前还有一段曲折的经历。临近毕业前夕，电机系主任吴维韩老师给本系保送的几个学生座谈时，修军向吴老师提出是否能去经管学院的请求。"吴老师当时跟我说的话让我映像很深刻，他说'这个请求让我很伤心，你是咱们系的重点培养对象，系里已经决定让你做辅导员和毕业生党支部书记了。但是，既然这是你的意愿，我就去试试看。'吴老师在这件事上给予了我很大的帮助，也让我见识到了清华的大师风范。"

研究生期间，修军参加了多项国家体改委、国家计委等国家投融资体制设计和规划工作。1989 年毕业后，获清华经济管理硕士学位。1996 年，又赴美国留学深造。先后获得杜兰大学工商管理硕士学位、清华大学 - 杜兰大学联合培养金融专业博士学位。

一腔热血难自控，豪气云天少年郎

20 世纪 80 年代末，恰逢中国投融资体制的改革和发展时期，国务院批准成立六家由国务院直属的国家专业投资公司，国家能源投资公司是其中一家。毕业于清华电机系、又有金融背景的修军毛遂自荐，顺利进入国家能源投资公司工作。对于初入职场的修军来说首当其冲需要面对的就是"政企分开"体制改革所带来的后遗症，很多工作受到掣肘难以推进。他并没有抱怨，也没有退缩，而是拔丁抽楔、百折不挠地一点一点将具体工作落到实处。在国家能源投资公司的五年时间，他跑遍了全国各地，协同国家电力建设部门、电力部、国家电力规划设计总院等多家单位，对全国的电力项目从项目立项、初步设计到施工预算的过程进行严格审查。1994 年，国务院将六家国家专业投资公司并入国家开发银行，修军继续承担电力项目的信贷管理工作，从开发性金融的角度全方位支持能源行业的发展。1998 年从美国学习归来，修军成为国家投资银行筹备小组主要成员，参与三峡工程、广东核电站及重庆、沈阳市基础设施等重要项目的战略策划及融资安排，成为我国首个国家级投资银行的实践者和开拓者。

20 世纪 90 年代末，重庆直辖市后急需人才，向修军发出了邀请，尽管夫人及孩子仍在国外，他还是抱着支援西部发展的想法来到重庆。从主抓高科技投融资的科委主任助理、重庆风险投资公司副董事长，到重庆网通信息港宽带网络有限公司董事长总经理、重庆西永微电子产业园区建设管理委员会副主任及开发有限公司常务副总，再到重庆进出口担保公司董事长，这一干就是十三年。

2000 年，修军组织筹备并担任重庆网通信息港宽带网络有限公司董事长党委书记。在公司初创时期，他注重公司体制和技术的创新，力求更好适应市场发展。率先利用先进的宽带技术和市场机制，并积极开拓语音等新兴市场。突破了传统的电信体制，三年就实现了一般电信企业五年都难以实现的盈亏平衡目标。公司步入正轨后，他强调服务创新，要求业务和市场部门深挖客户需求，提倡为客户提供多样化、定制式服务，使得先进的宽带技术以此为突破口迅速占领并扩大市场份额。与此同时，他不畏俗尘，打破陈旧管理模式，将企业愿景与员工绩效相挂钩，挖掘员工创造力和积极性，倡导员工敬业务实、追求卓越。在他的带领下，公司仅创建三年就实现了跨越式的发展。职工从几十人壮大到几百人，业务收入从创办初期的 20 多万元发展到上亿元，实现利润 500% 的几何式增长。

在任期间，修军主抓重庆网通建设，打造了西部第一信息港、创建了全国第一个利用体制创新和技术创新的信息港运营主体、搭建了西部第一个利用世界最先进的 IP over WDM 技术建设的宽带城域网、实现了西部第一的宽带覆盖用户数和接入用户数，更是让老百姓获得实惠，能够以低价、高速、宽带宽的方式与世界互联互通。因此，他被业内称作"宽带英雄"，获得了"重庆十大青年""杰出青年企业家""十大优秀归国人才"等个人荣誉称号。

2001 年，他在"863"成就展的重庆网通展位上为国家主席江泽民介绍了网通公司发展现状及相关技术突破成果。江主席通过最新技术与重庆市市长视频连接时问道："你们在哪里啊？"，当听到"我们在 1600 公里以外的重庆"的回复时，江总书记感慨道："我感觉你们就在身边啊，很近啊！"当提及此事的感受时，他说道："科技改变世界，我们所做的事情可以将世界任何一个地方的人联系在一起。我觉得这件事情非常有价值和意义，所有的付出和辛苦都是值得的。"

2006 年，为转变经济结构，优化产业配置，加强对外开放，引进高新科技企业及高素质人才落户，重庆市政府批准建立西永微电子园区。同年，42 岁的修军再次被委以重任，成为园区建设管理委员会副主任及开发有限公司常务副总。他为企业争取优惠政策、完善配套设施、亲力亲为邀请高科技公司及其生产配套企业落户。六年间，惠普、广达、富士康、IBM 相继落户西永，微电园逐步形成了以集成电路、电子产品、软件研发及服务外包为主的三大信息产业集群。与此同时，园区的电子信息产业也孵化成为巨大的就业磁场，用工量高达近十万人。园区并被先后授予"国家电子信息产业基地""国家服务外包基地城市示范区"等称号。

2012 年，在升调重庆进出口担保公司党委书记、董事长的三年后，调任陕西国家投资公司担任董事、总裁职务。离开重庆这个"舒适圈"，远赴陕西的"新战场"，刚刚上任的修军便马上大刀阔斧地着手开辟省外业务，扩大公司市场范围。在他的带领下，先后开发了上海、北京、重庆等地区市场，使得公司净利润达到 1.86 亿，同比增长超过 80%。2013 年，国家开发银行深化改革，开始了多元化的集团发展道路，投资业务急需人才。修军又响应召唤回到了国开行，任国开金融有限责任公司正局级资深专家，投委会、风控委副主任，全方位地从事国家级的投资业务。

投我以木桃，报之以琼瑶

在复杂多变的金融市场沉浸多年，修军始终不忘清华人的身份。自毕业后，修军始终保持着和母校的密切联系。一方面配合学校教学的工作，投资协会开辟了投资实务课堂；另一方面也作为学校思源导师和行业导师，带领同学们开展对投资行业的理论与实践的专项研究。

作为清华校友导师，也作为清华电机系 81 级校友，他给在校同学的建议是，"希望大家能够根据所在领域的国际发展变化，培养自己、塑造自己，找到自己的发展定位和空间。"同时，他对电机系近年来在新技术拓展和学科交叉方面所作工作表示赞赏，并希望电机系未来能够在行业引领方面走在世界前列。

过去，三十一载筚路蓝缕，风雨历程，硕果累累。

未来，不畏阻力，不惧碰撞，不停挑战……

攀科研高峰，育大国英才
——张伯明（1982级博）

张伯明，1978年2月考入西南交通大学，1979年9月考取了哈尔滨工业大学电机系硕士研究生，1982年考取清华大学电机系博士研究生，1985年6月获得博士学位，并留在清华大学电机系发电教研组任教。张伯明教授带领科研团队打破国际垄断，从无到有地研发了国产能量管理系统（EMS）高级应用软件，并带领团队研发了自动电压控制（AVC）系统，多次获得国家科学技术奖励。

艰难求学，"拼命三郎"投身电力事业

1966年6月，由于受到"文化大革命"的冲击，学校停课，正在上高中二年级的张老师也被迫中断学业。1968年10月，张老师响应党的"上山下乡"号召，来到辽宁海城析木公社插队。插队生活是艰苦的。那时日常吃的蔬菜，都需要自己下地栽种。三年的插队生活锻炼了张老师吃苦耐劳的精神。在三年的插队生活期间，张老师并没有放弃学习。张老师在上中学期间就喜欢自己鼓捣，组装晶体管收音机等。在插队生活期间，张老师利用自己在电子技术方面的特长帮助当地的老乡解决问题。为了表示感谢，老乡会在过年杀猪时请他吃猪肉，"那一年老乡家里杀猪，请我去吃猪肉，那是我一生中吃的最香的一次。"回忆起那段经历，张老师的脸上不由得露出自豪的笑容。

1971 年 10 月，张老师结束三年上山下乡生活回到了城市，在鞍钢发电厂成了一名工人。在此期间，张老师自学电方面的专业知识，还完成了业余大学的学习。张老师将学到的知识运用到生产中，在发电厂完成了大量的小发明和技术革新，提高了工厂的运行效率。在鞍钢发电厂七年多的工作经历使得张老师对电气工程产生了浓厚的兴趣，同时也产生了面向工程、解决工程实际问题的思想。这一思想对后来张老师的科研经历有重要的影响。

1977 年高考恢复，张老师参加了高考，并在志愿中填报了服从分配。结果被西南交通大学筑路机械和养路机械专业录取，成了我国恢复高考后的第一批大学生。张老师一直对电比较感兴趣，同时又在鞍钢发电厂工作了七年，考虑到之前的专业基础，张老师向学校提出申请，希望能够转到电力相关专业，以便于今后更好地为国家建设贡献力量。当时国家刚刚拨乱反正，极左思想还很强，转专业极难。但是最后经领导研究批准，张老师于 1978 年 6 月转到西南交大电机系电力机车专业学习。

从 1978 年 2 月到 1979 年 9 月的一年半的时间里，张老师用一种"拼命三郎"的精神投入到学习中。在当时大多数人对研究生还没有什么概念的时候，张老师就已经投入到了研究生的备考中。其间，张老师把大量时间用来自学研究生考试的课程。当时，西南交大还在峨眉山校区，因此张老师时常会去学校附近的报国寺自学功课。彼时的报国寺还没有成为旅游景点，环境清幽而又艰苦。张老师会花上 5 分钱买一碗茶，然后在深山里学习一整天。皇天不负苦心人，终于在 1979 年 9 月，张老师考取了哈尔滨工业大学电机系的硕士研究生。为了把失去的时间补回来，张老师在哈工大 3 年里选修了大量的数学和自动化方面的课程，每天三点一线，继续发挥"拼命三郎"的精神投入到学习中。1982 年硕士毕业后，张老师考取清华大学博士研究生，师从孙绍先老师，同时接受相年德和王世缨两位副导师在科研方面的指导。

从无到有，研发国内第一套 EMS 高级应用软件

1985 年 6 月博士生毕业后，张老师留在清华大学电机系发电教研组任教。那时，他担任发 3 两个班的班主任。1987 年 9 月至 1988 年 12 月，受英国 Royal

Society 资助，张老师前赴英国 Strathclyde 大学做访问学者，研究电力系统状态估计。1988 年 12 月结束访问回国。

从 1985 年开始，国家花费 2000 万美元为我国四大电网从美国引进基础的调度自动化系统 SCADA。那时中国的外汇储备才 20 多亿美元。花费如此大的一笔金额引进 SCADA 说明我国对电力系统自动化有迫切的需求。但是由于当时经费有限，没有引进 EMS 高级应用软件。于是在 1989 年初，张老师在导师王世缨的努力协调下，参与了电机系和东北电网合作的调度自动化系统项目，在其中担任研究和开发 EMS 高级应用软件的任务。当时他住在机房编程序，历经千辛万苦，终于完成了我国第一套 EMS 高级应用软件，解决了我国 EMS 高级应用软件从无到有的问题，于 1990 年投入在线运行。1992 年该项目获国家科技进步二等奖，这也是四大电网引进 SCADA 系统工程后国产的 EMS 第一次获得国家奖。之后，张老师研发的 EMS 在河南、天津、河北、广西、广东深圳等地推广应用。1990 年末，我国 EMS 系统基本实现了国产化。

2003 年发生了美国、加拿大 814 大停电，震惊了世界，也暴露出大电网协调运行的重要性。针对这个问题，张老师带领课题组着力解决大电网运行在时间、空间、目标三个维度的协调问题，开发了实用的系统，并于 2008 年获国家技术发明二等奖，使得我国控制中心调度自动化系统在协调大电网运行能力方面走在国际前列。

1995 年他承担了国家八五科技攻关项目，指导博士生研发 AVC 系统，经过 20 多年的努力，AVC 系统已在国内大部分电网投入在线运行，对提高我国电网安全经济运行水平发挥了重要作用。该成果获得了 2018 年国家科技进步一等奖。

张老师在科研方面一直重视理论联系实际。从 1990 年初开始，张老师担任起电机系发电教研组主任。一次在学校的科研讨论会上，张老师做了"面向国民经济建设主战场，开创科研工作新局面"的大会发言。1990 年初，科研面向工程实际的观点并不被学校主流所接受，也不是电机系的主流，张老师压力很大。张老师用自己几十年的实践，证实了作为工科院校专业，科研面向主战场，面向国家重大需求的重要性。

在几十年的科研生涯中，张老师体会到科研事业要想持续发展，队伍建设至关重要。张老师坚信，长江后浪推前浪，一代更比一代强。张老师注重培养年轻人，甘为人梯，甘做伯乐，充分考虑年轻人的利益，给年轻人搭建充分展现才华的舞台。张老师把年轻人推到第一线，让他们担重任，负重责，并获得相应的名利。张老师团队的成员个个表现突出，现已有 3 位 IEEE Fellow，在国内外有很大的影响力。该团队 2019 年被评为学校先进团体。

谈到我国电力系统，张老师认为目前我国在电网控制中心的大电网协调调度控制、安全稳定控制、继电保护、PMU 应用等方面，处于国际领先的地位。电网是一个整体，调度控制需要系统级的协调。我国近 20 多年没有发生过系统级的停电事故，很重要的一个原因就是我国电网独特的协调和调控能力。张老师曾主持 973 项目"源 - 网 - 荷协同的智能电网能量管理和运行控制基础研究"。对于我国电网的未来发展，张老师持有两个观点，一是大电网调度控制的模式是"分布自治 - 集中协调"，只有通过自治实现自律才能实现电网控制的快速和可靠，只有通过协调实现协同才能实现电网运行的安全和优化；二是融入互联网理念，实现不同能源系统之间的协调，将纯电力能源管理向协调综合能源管理方向发展。

桃李天下，教书育人为国储英才

对于电机系的研究生来说，对张伯明老师最熟悉的一点就是他编写的《高等电力网络分析》。谈到编写这本书的契机，张老师说这是一个神奇的过程。在清华做博士论文期间，张老师对电网分析的基础理论产生了浓厚的兴趣。20 世纪 80 年代初，我国刚刚恢复学位制度，没人知道一篇博士论文需要达到什么样的高度和深度才能通过。当时的舆论是，博士需要在某个领域做出基础性、系统性、开创性贡献。当时，学校要求博士生在答辩前提交 1 万字的博士论文详细摘要，送给国内将近 100 位专家评审。怎么做到基础性、系统性、开创性？当时张老师的选题压力极大。为了满足基础性要求，和电网的节点分析对偶，张老师系统地研究了电网的回路分析，给出一套完整的理论、算法和应用方法。在推导这一套理论方法的过程中，需要不断地推导大量的公式，推算用的草稿纸就有一尺多高。这一过程，使得张老师对电力网络分析的理论、方法、技能做到了烂熟于心。在博士毕业后的几年里，张老师整理总结了博士期间的工作，编写了研究生教材《高等电力网络分析》一书。张老师说这本书有创新性、有深度、有难度，对提升研究生电力网络分析能力有很大帮助。该书获2012年清华大学优秀教材特等奖。他为研究生开设的"高等电力网络分析"课也是学校最早一批精品课。

在清华大学的执教生涯中，张老师印象最深刻的就是年轻学生的潜能无限。他在和研究生教学互动过程中，发现有时年轻学生爆发出的思想火花，令人吃惊。同时在科研中，张老师认为最重要的是持之以恒。只要认准自己的方向，坚持下去，最终总能得到回报。张老师说，自己现在取得的成功，开始的时候并不被主流看好，大家并不理解。你坚持了，就有可能成功；你不坚持，肯定一事无成。

张老师也对年轻的研究生有所寄托：工科院系和理科院系不同，尤其是清华大学毕业的研究生，希望他们能面向国民经济建设的主战场、面向国家的重大需求选题。简单的功能实现肯定不够，要从实际问题中找基础性、共性的、有指导意义的问题。要喜欢并善于归纳，从个性中找共性，找工程问题背后的科学问题，提升自己看问题的高度和深度。年轻人不要低估自己的潜能，要发挥"拼命三郎"的精神投入到学习和科研中。等自己老了的时候，回忆起自己年轻拼命时的傻样子，会有一种别样的感觉。

做有担当、有所为的 清华电机人
——钱苏晋（1982级）

钱苏晋，1965年出生于山西太原。1982年考入清华大学电机系高电压专业高2班。1987年，就读于北京协和医学院生物医学工程专业。1990年硕士毕业后，曾任山西省供销社信息中心工程师、深圳市赛诺康电子信息开发有限公司经理。2000年，成立北京恒泰实达科技发展有限公司，2016年创业板上市，改名为恒泰实达科技股份有限公司，并任公司董事长、总经理，旗下有子公司辽宁邮电规划设计院有限公司、北京前景无忧电子科技有限公司、北京恒泰能联科技发展有限公司。

情怀始于外博之期

1982年的夏天，对于正在填报高考志愿的钱苏晋来说，格外与众不同。这是因为他从小学便立志上清华的梦想马上就可以实现了，而对于上清华这件事他始终信心满满，从未怀疑过自己决心和能力。

"80年代，跟现在的报考制度截然不同，当时是先报志愿后出分数。父母对于我只填报第一志愿——清华大学还是颇有微词的，认为我的做法过于冒险，但出于对我的信任，他们表示尊重我的选择。因为当时我对电力和电子方向的兴趣，填报了清华大学的电机系。"

谈及少年时的选择，钱苏晋从未有过后悔。他一直对自己在电机系学习的经历感到自豪。他提到，电机系的课程及老师的引导，让他养成了思维缜密的良好习惯，即使没有从事学科方面的研究，这些思维方式和良好的习惯也对他后期的事业和生活有很大的影响。

弱冠之年的清华印记

初入清华园，钱苏晋学长就见识到了来自浙江的"高人"王黎明，他前能解析全本令人望而生畏的浙江大学出版的《难题解析》，后能在高数课上自己推演初始定理和公式。大家在中学里都是数一数二的尖子生，一到清华发现一山更比一山高。清华这样的"打压"方式，使他们对于低调和谦虚的理解更为深刻。

"'自强不息，厚德载物'就是每一个清华学生一直秉承的优良传统，使得清华人在各行各业中埋头苦干。这一点我深有体会，2000年，我创业办公司做变电站信息系统时，我们是唯一一个下站驻守的公司。在八里庄变电站一待就是三十天，与变电站值班人员吃住在一起"。这一段艰苦奋斗的经历，对于钱苏晋来说，不管是从技术层面、实践层面，还是到管理思路层面都很受益。他身体力行，从无到有开发完成了公司的第一个电力行业应用"220kV及以上变电站管理系统"；2003年非典后，建立全国第一例电力应急指挥系统。他诸多的成绩展示给世人的是清华人的执着、坚毅和脚踏实地。钱苏晋的这支队伍也被同行们戏称为"别动队"，传言"什么项目做不下来，找老钱来做"。

大学生活的主要精力被钱苏晋学长分成了两个部分，一是学生工作，二是学业。两手抓，两手都强硬。

他刚入学就积极响应学校"双肩挑"的号召参加学生工作，五年的大学生活中，他担任过组织委员、体育部副部长、支部书记、系学生会副主席等职务。哪里需要他，他就去哪里；哪个职务辛苦没人去，他就在哪里顶上。"做学生工作最大的收获就是结识了很多人，在清华园结下的这些友谊，是我人生中弥足珍贵的财富。在社会上，不同的人打起交道来，一说是清华的，就总会有一种非常信任的感觉。"直至今日，他还经常与昔日清华好友打球、喝茶，追忆过往。

20世纪80年代初期清华在注重学生多方位发展的同时，也重视培养学子的实践能力。"刚入校时的精工实习期是六周，比其他学校都长。车、铣、刨、磨、铸、造六个专业的全套精工我都实践过。大四的后半学期的社会实践是在西电集团，从变压器厂、开关厂、互感器厂等电力系统相关环节都走了一遍，才发现电网的变压器和我们想象中的完全不一样。开关、互感器是差距最大的一个部分，因为带了绝缘辫子，跟我们想象中的刀闸不一样。"

"学校历来都非常重视体育锻炼，80年代的清华，早晚锻炼是非常常见的。我每天早上五点半起床，去圆明园跑步，跑回来上自习。每天下午四点半，广播里都会响起'同学们，运动的时间到了……'的口令。这时大家就纷纷走出教室进行各式各样的身体锻炼。我的强项是排球，是我们班排球队的接应二传手。另外，我是学校为数不多的持证裁判之一，也曾以主委会主席的身份，主持过两届全校的排球联赛。"

行者长至，为者常成

1987年，钱苏晋被免试保送到协和医学院生物医学专业就读研究生。1990年研究生毕业后，被分配到了山西省供销社工作。1993年，针对当时的保健品市场，钱苏晋以"盐是百味之首，每日皆需摄取"的理念，着手在中国的产盐基地——河北黄花岗的一个港资盐场研究如何在食盐中加入钙、锌、氟等微量元素，以通过饮食补充身体所需元素，改善健康状态。在很短的时间中，就成功研制出中国第一代能够满足人体每日所需微量元素的营养盐。

1996年7月份，到北京调研的钱苏晋碰上清华同学，在聊天过程中，这位同学说电力系统的信息化是未来趋势，推荐他走这条路子。就是这样的一次聊天，改变了钱苏晋的事业轨迹。1997年，他借助"电力系统达标、上星、上一流"的政策（上一流的基本条件是变电站的计算机信息化、系统化），为变电站的信息化建立相应管理系统。1997年，成立北京泰实达科贸有限责任公司，在他的带领下，公司在2016年挂牌上市，从几个人的"小作坊"，一跃成为市值数十亿、

做有担当、有所为的清华电机人 —— 钱苏晋（1982级）

拥有近千员工的高新技术企业。在他"做深、做大信息化业务"要求的基础上，从最初的单一业务模式，逐步涉及电网公司全专业领域，随后利用在相关业务领域的技术积累，全面投身物联网应用的建设与运营，涉猎智慧能源、智慧城市、智慧交通、智慧农业等领域。上市同年，开始启动收购辽宁邮电，至 2018 年收购完成，从而实现了公司对于电力、通信两大基础行业的技术互补、资源共享和业务复制，形成协同效应。同时新增电力通信网勘察规划设计、5G 网络规划设计等业务。

2019 年，在钱苏晋的率领下，恒泰实达进一步聚焦通信、电力两大双基主业，确立"梯次布局、交替发展"的整体战略，实现通信设计和物联应用业务的梯次布局。同时他审时度势，抓住 5G 建设的全球性机遇，在运营商、能源、交通等领域进行全国性市场的布局及拓展，面向未来培育创新。

投之以桃，报之以李

"杨津基先生是我很尊敬的教授，他是我国高电压领域的元老，也是资深教授。但他却没有一点架子，工作勤勤恳恳，从来不事张扬，只愿踏实做事。我在七放做实验的时候，杨教授已经 70 多岁了，他早上 7 点就到实验室带着我的指导老师王佳博士，用软件写程序一直工作到晚上 9 点。杨教授工作的低调和谦和的性格对我未来发展有很大的影响"。

每个清华电机人都有一种难舍的情结，钱苏晋也不例外。虽然事务繁忙，但他也不忘关注母校发展。在事业上他屡有建树，同时不忘学校的哺育之恩，捐赠"高景德励学金"，怀揣"用知识回报母校、回报社会、回报国家"的强烈使命感，身体力行地支持国家教育事业的发展，付诸行动地为清华发展做出贡献。

钱苏晋学长，讲述了自踏入清华以来 30 多年的人生经历，从这些故事中我看到了一个敢于不断挑战自我、乐于脚踏实地做事、甘于勤勤恳恳奉献的清华人。他用实际行动向我们诠释了何为"自强不息，厚德载物"，展示了清华人的责任与担当，让我们意识到："身为清华人，何其有幸；行为清华人，我们肩负更多。"

清华力量，相伴一生
——白震（1984级）

白震，1984年从山西浑源中学考入清华大学电机系，就读发41班。1989年本科毕业后，入职首钢从事自动控制技术工作；八年后放弃稳定的国企工作，进入竞争更激烈的外资企业就职；近年来再次走出舒适区，转向应用电子领域的新产业，从事技术推广、产品研制和产业化工作，涉及无线探测、人工智能、光电技术、无人驾驶等领域。

自强不息的职业生涯

1989年，白震从清华电机系发41班毕业，入职首钢，从事自动控制工作。在那个学什么专业就做什么工作的年代，发电专业的他就职自动控制工作算是不对口就业了。这一方面是因为当时自动控制人才缺乏，另一方面则说明了工业企业对清华电机系人才培养的信任，如白震所言，"当时电机系学的是机电一体化，人称'万金油'，就业单位也认为清华学生知识面比较广"。面对不那么熟悉的领域，白震倍感压力，但是"清华人"的身份给了他自信和底气，即使要做的工作很陌生、有难度，也决不推脱，始终以舍我其谁的态度去直面挑战，学习知识、解决问题。

这种舍我其谁的迎难而上的精神来源于清华"自强不息"的校训，也来自于电机系教师的言传身教。回忆起读书时期，让白震印象最深的并不是知识与考试，而是倪以信老师在课堂上分享的亲身经历。倪以信老师从清华本科毕业之后，被分配到东北一处偏僻工地工作，劳动强度很大，但在艰苦条件下仍以惊人毅力自学了很多专业课程，并应用所学解决了当时机组并网前突然出现的三相电压不平衡问题；恢复高考后，尽管已经32岁，她仍下决心在工作之余埋头苦读，最终以优异成绩再次步入清华园读研。

与倪以信老师和很多清华人一样，白震并没有端着国企的"铁饭碗"安于现状，而是不断地尝试新路径、学习新知识。在首钢工作八年之后，他从国企出走，进入竞争更加激烈的外资企业，近年来又走出舒适区，转向应用电子领域的新产业，从技术转向商务，面向市场和客户。"真的还有很多东西要学"，白震如此说道。

厚德载物的处世之道

当被问及为什么选择清华大学电机系就读时，白震提到了家乡，"山西是能源大省，煤矿多，而当时发电主要以煤为原料；想着到电机系读书，以后可以建设家乡嘛。"虽然毕业后因为种种原因没能回到山西工作，但白震始终关心着家乡的发展，在山西浑源老乡群里，聊的话题都关乎乡情，也始终在思考如何把山西籍校友更多地同家乡的建设和发展联系起来。当说到我系孙宏斌教授被引进到山西太原理工大学任副校长一事时，白震表示很为家乡开心，"咱们系的老师到了山西的大学，很可以促进山西教育的发展，同时也可以促进山西的产学研融合，助力经济发展嘛！"

除了反哺家乡之外，白震总是抱着"说不定自己无意间说的一句话就能让年轻人少走弯路，发展得更好"的想法，很乐于同年轻人分享自己的经验和思考。对在读的学弟学妹们，白震有两条建议：第一，珍惜课堂，尽力为学。电机系课程的安排和讲授都是很精炼的，对于专业工作很有意义，而且毕业之后也不会再有这样好的学习机会了。第二，不要只顾苦学，也要参加活动；不要孤芳自赏，要重视社会交往。白震分享了自己在校时为老师撰写宣传材料，因此建立了深厚情谊的故事，建议学弟学妹们通过共同经历和活动同校友、系友、同学建立联系。

受益一生的校友情谊

白震是接受了校友会电机分会的邀请参与到电机系 90 周年系庆的系列访谈中的，在访谈中他提到，校友情谊是十分宝贵的财富，校友会是十分重要的组织。第一，校友会帮助"失散多年"的同学重新建立联系，白震笑谈，自己正是通过校友会才有了一位老同学的联系方式；第二，个人工作上会和校友产生诸多交集，校友合力也能做出更大的事业，白震目前的工作面向应用电子新产业，就和电子系的教授和校友保持着密切的联系；第三，校友会对那些默默奋斗的校友的关注、鼓励和指导，将会给他们以莫大的力量。

从自身经验和企业管理经历出发，白震也对校友会电机分会未来的发展提出了殷切期待。他认为，大学毕业生，虽然业已成年、知识丰富、找到了工作，但是社会经验匮乏，在很多工作事务处理上还是比较稚嫩的，容易犯低级错误、遭受本可避免的挫折、错失进步机会；而刚入职场的大学生很难有合适的求助对象，父母有心无力（能力），领导也有心无力（精力）；如果校友会能够发动校友资源，形成师带徒或者职业导师的机制，由同领域资深的校友对毕业生进行一对一的职业发展指导，就能更具针对性、更有效地助力毕业生成长和成材。

白震的职业生涯是"自强不息"的生动写照，面对工作难关，舍我其谁、直面挑战，用实力维护清华人的形象和骄傲；终身学习，不断接触新领域，坚持学习新知识。他以"厚德载物"为处世准则，密切关注家乡发展；甘为人梯，乐于分享自己的经验和思考，以帮助后辈成长成材。同时，白震提到，校友情谊是十分宝贵的财富，能为职业发展提供不竭动力，也期望校友会能够关注毕业生的职业生涯初期发展，提供支持，助力更多校友在岗位上发挥更大的力量。

从校训到校友，从书本知识到言传身教，清华力量，相伴一生。

多肩挑的互联网投资顶级操盘手
——汤和松（1984 级）

汤和松，1984 年考入清华大学电机系。1989 年被跨系保送经管学院攻读研究生。毕业后，赴美先后获得芝加哥大学 MBA、哈佛大学肯尼迪学院 MPA 学位。1996—2002 年，汤和松曾在美国思科公司 (Cisco Systems)、全球最大的半导体生产制造设备公司——应用材料公司（Applied Materials）、美国通用电气公司（GE Capital）几家知名企业工作。2003 年，受邀进入微软，任大中华区战略投资总监。2009 年，加入百度公司，任企业发展部总经理及公司副总裁，全面负责百度的战略、投资和并购。2016 年，创办襄禾资本。

初闻清华，立自强

1965 年，汤和松出生于江苏宜兴的农村，20 世纪六七十年代的农村消息闭塞，只有通过别人的讲述才能得到一点学校的讯息。小的时候，他曾听父辈讲，村里有一个成绩特别优秀的人想考清华没有考上，这件事耳濡目染。"我想去清华"这个念头在他心中埋下了一颗小小的种子。20 世纪 70 年代初期，就读于江苏宜兴张渚中学的汤和松，偶然间听物理老师讲她高中同学考上清华电机系的故事。当时尚且稚嫩的汤和松就认为清华电机系是最好学校的最好院系，从小心中埋下的那颗种子生根发芽，他开始勤奋读书，励志要上清华电机系！

初来乍到，诚惶诚恐

1984年，汤和松如愿考入清华电机系高电压技术及设备专业。初到清华，他诚惶诚恐，自己来自农村，来自乡镇中学，虽然成绩是好的，但没有跟高手切磋过。总觉得全国各省市高考状元、探花、榜眼，很大一部分都聚集到这里，高手云集，担心自己学业跟不上。经过一年大学生活的锻炼、勤奋的学习，以及老师的帮助，他的学习状态渐入佳境，物理、高等数学等基础课均考出了90分以上的好成绩。当时，梁曦东老师是他入学的班主任，也是入党的介绍人。直到现在汤和松依然记得，梁老师住在宿舍一号楼后面的研究生楼，每当学习遇到困难，就跑去请教他。"他总是像一个宽厚的长者，耐心地给我讲解。清华的老师都是特别朴实和扎实的，也希望这种精神和品质能够传承下去。"

清华园是知识的海洋，也是读书的圣地。在这里，世界上新的重要出版物，差不多都可以找到。除了专业课的学习外，汤和松还特别喜欢读社科类的书籍，只要有时间，他就泡在图书馆里阅读书籍。当时图书馆的借书证，像现在的护照一样，借一本书盖一个章，他的借书证盖满了，还要加页。大量阅读人文社科类的书籍对他的影响很大，使他在理工类学科严谨逻辑思维的基础上，也建立起了概念性、框架性，以及人文社会性的感知力和理解力。

一肩挑学业，一肩挑起学生工作

清华蒋南翔校长曾明确提倡"双肩挑"，既要学好功课，又要会做政治工作。汤和松很快响应号召，加入学生党组织参与学生工作。因为工作出色，后任校学生会副主席。从事学生工作这一段经历，对于从农村出来的汤和松来说是一种极大的锻炼，练练性子，练练处事，练练管理，练练合作。同时也结识了很多人，这些人脉关系、挚友情感，成为他一生的财富。

无体育，不清华

重视体育是清华悠久的传统，体育锻炼蔚成风气贯穿了清华的百年历史。20世纪60年代，清华唱响"为祖国健康地工作五十年"的口号。直到八九十年代，每天下午四点半校园广播里都会响起："同学们，走出宿舍，走出教室，去参加体育锻炼，保持强健的体魄，争取为祖国健康工作五十年！"那时，每当听到广播，他总会跟几个约好的同学一起出去跑步。从一号楼下来，往西边到新斋，再往北到清华附中，进圆明园东门，围着圆明园跑一大圈，再从清华附中对面的小门回来，到西操场练习单双杠。遇到夏天，天气闷热的时候，也总会约着严文交、魏云峰等几位同学到福海去游几个来回，游完泳顺手抓几个蛤蜊回来，用电炉煮煮就吃，没油没盐，也实在畅快。在那个年代，最美好的记忆就是操场上、道路旁，到处都是积极锻炼的熟悉身影，整个校园充满着生命的活力。

开启学霸模式，所向披靡

1989年，汤和松被跨系推荐保送到经管学院攻读研究生。当时，全班30人，其中4人有保送资格，他是其中之一。电机系党委副书记李凤玲老师曾与他两次深谈，表示希望他留在电机系，但因为兴趣所致，他最终还是选择了经管学院。研究生毕业后，他赴美前往芝加哥大学商学院攻读MBA，后进入IT行业工作。2014年，在经过多年工作的打磨和沉淀后，进入哈佛大学攻读MPA。后来，又再次回归学校进行深造，在斯坦福大学东亚系学习。

牛企工作，成牛人

1996—2002年期间，汤和松曾在美国思科公司（Cisco Systems）、全球最大的半导体生产制造设备公司——应用材料公司（Applied Materials）、美国通用电气公司（GE Capital）几家知名企业工作。"在全球顶尖企业这种大的体系下，投资思路、运作模式以及结构框架都是非常先进且独到的。对我来讲，在这样的企业工作是非常深刻的经历，也让我领略了全球顶尖公司的管理模式和工作流程。"

2003年，汤和松受邀进入微软，任大中华区战略投资总监，负责微软在中国区域的战略投资、合资及合作，参与制定微软在中国地区的发展战略和规划。2009年，他加入百度公司，任企业发展部总经理、百度副总裁，具体操盘了一系列中国互联网行业中最具有影响力的战略投资并购项目，其中包括百度3.06亿美元控股投资旅游网站去哪儿并最终在纽约独立上市、数亿美元投资爱奇艺视频网站、3.7亿美元收购网络视频公司PPS，以及中国互联网乃至高科技行业最大的收购项目百度 19 亿美元收购 91 无线，被外界誉为"互联网顶级战略操盘手"。他在近 20 年的战略投资工作中，积累了丰富的战略投资并购方面的实战经验，获得了众多企业的好评，在业内具有极高的影响力和知名度。

创业 + 奋斗，一路披荆斩棘

2016 年，汤和松创办襄禾资本，在过去两年中因捕获字节跳动、运满满、货拉拉、作业帮、神册数据等明星项目而名声大噪。但人前显贵的汤和松，怀揣创造"业绩优秀、受人尊敬、持续长青"的投资基金的理想方向，从零开始是何等艰辛。首先，创业型公司面临的最大难题就是——找钱，当然这也是让职场大牛汤和松最为头疼的一件事。"2015 年年底，在开始酝酿成立公司的初期，我就在美国找投资人、找融资。刚开始做投资基金，尤其是美元基金，first time fund 是非常困难的过程。微软、百度的战略投资并购和独立财务投资不一样，独立财务投资人在市场上可以挑选的投资基金种类繁多，这也增加了融资的困难。我的最高飞行纪录是 48 天 24 趟飞机，其中三趟是过太平洋的，创业辛苦。"从 2015 年 12 月开始，曾经的旧部陆续辞职，转战跟随汤和松一同踏上艰辛的创业之路，在七八个月没钱发工资、一年多没有办公室等困难下，他们没有退缩，一路勇敢前行。在清华南门文津国际酒店的大堂里讨论和敲定投资了一系列明星公司。当投资人告诉汤和松，襄禾资本投出的基金项目收益在同期基金中位列第一的时候，他感到很自豪。同时，他感恩旧部和团队，正是他们的信任和不懈努力才成就了今天的襄禾资本。他也感恩母校，正是清华电机的无私哺育，才成就了今天的汤和松。

如今，身为 80 年代清华校友的代表，他希望电机系在电力系统专业领域上不断有新的建树、在学科交叉和融合方面不断有大突破和大进展、在技术科研方面不断走向新的高度。同时，希望在校学生要秉承"为学在严，为人要正"的系训，立志高远。鼓励大家再勤奋一点、再踏实一点，既要有严谨的理工思维，又要有宽广的人文视野，既能逻辑思考、又能模糊决策，做自己感兴趣、有价值、又擅长的事情，持之以恒，成就更好的自己！

自强不息，敢于试新

——袁剑雄（1984级）

袁剑雄，1984年本科入学清华电机系，专业为生医，1989年推研至清华无线电（现电子系），现工作于北京车库咖啡科技有限公司。

肩挑文艺，复建话剧队

"我还是很激动的，因为基本上话剧队的大型活动我都会回去参加的。"

袁剑雄于1985年参加学生文艺社团，即现在的学生艺术团。这一年，恰逢一二·九运动50周年，清华决定进行一系列的纪念活动，其中一项便是创作了号称中国文艺史上的第二部音乐舞蹈史诗《冬天火的回忆》，第一部音乐舞蹈史诗是1965年的《东方红》。当时，清华基本是一所工科学校，理科刚刚在恢复，文科也几乎只有外语系恢复了，创作并不易。袁剑雄参演其中，主要负责舞台表演部分，他回忆道："应该说表现得非常不错。"

1986年，他从系里搬出，搬到学生文艺社团的集中班。兼任当时被称为朗诵队的队长，在他的坚持下，恢复清华的学生话剧队。提到此，袁剑雄表示"所以'文革'以后复建学生话剧队，我担任第一任队长还是挺自豪的，而且当时骨干力量有不少是电机系的。"1987年，他以话剧队里电机系队员为基本阵容，代表电机系参加清华"文革"以后的第一个学生戏剧节，最终摘得桂冠。

随后他在学生文艺社团任职常务副团长，负责主持所有的演出，担任业务主管演出的队长，要知道在当时，一般来说团长应该都从合唱队、军乐队、民乐队这些个传统的强队产生。在 1988 年，袁剑雄还主持了学生文艺社团的建团 30 周年系列团庆演出的准备工作，包括一台综合的汇报演出，以及各队的专场。

后来话剧队创作了从《紫荆花开》到《马兰花开》等一系列具有清华特色的原创大型话剧，袁剑雄表示这在当年复建话剧的时候都不敢想象，今天都成了现实。

体育锻炼，系队主力

无论在哪个时代，为祖国健康工作五十年的口号都深深烙印在清华人心中。于袁剑雄来说，关于在清华体育锻炼的回忆之一是足球。由于在中学的时候所在学校足球队就拿过很好的名次，袁剑雄刚入学时便参加了学校的足球队，即使后来由于学业繁忙退出了足球队，足球这项运动依然是他课下闲暇时不可缺少的一部分，同时在后来成了系队主力。

"1989 年，在我毕业那年，电机系足球队拿了足球比赛全校冠军，虽然那个时候我已经开始往后退了，但依然很兴奋呐！"谈起自己热爱的运动与电机系获得的荣誉，袁剑雄自豪的神情溢于言表。

自强不息，勇于攻坚

袁剑雄自研究生毕业后离开清华从事的第一份工作和本专业并没有太大关系，他既没有去从事与生物医学工程相关的工作，也没有去从事跟图像处理有关的工作，而是参加了数字电话程控交换机的研发工作，刚接触的时候袁剑雄是懵的，因为不知道从何处下手，电话的原理、交换机的原理以及其他与通信有关的知识都没有了解过，研发组的工作人员大多也是北邮毕业。袁剑雄还记得初来乍到的自己问了一个问题："这个是怎么做的？"办公室所有人听到后哈哈大笑，技术科科长半开玩笑地说："你是清华毕业的吧，这个不知道吗？"袁剑雄听到后只有一个想法：我不能给学校丢脸。他决定一个星期不回家，虽然当时骑车 40 分钟就回家了，但他还是觉得要把这个时间省出来，这样才能集中精力去看书，于是跟家里打了招呼，把实验室的电话告诉了家里，同时告诉自己的女朋友：你好好念书，这礼拜咱谁也别见谁了，我就待在实验室了。"她比我低两届，也快毕业了，我当时说你做毕业设计，我这要开题了，我这等于入学教育，你是毕业设计"，袁剑雄笑着说道。这一个礼拜只有袁剑雄自己知道是怎么过来的，对于自己这张于通信领域而言的白纸，袁剑雄知道自己身上的担子一点也不轻，一周内他将通信原理、编程需要使用的计算机语言以及所使用的仿真系统的学习工作齐头并进，同时需要啃六七本书而且不能掉进度，当时给技术科科长吓一跳："这孩子不回家啊，在办公室睡一个礼拜？"

最后，在一个月的原定期限内，袁剑雄第一个做出来了他所承担的小的模块，在调通自己所编程序后，还去帮别的组找出程序里好几个 bug，例如在一般情况下不会触发的死循环，同事们由此对他刮目相看。

后来，有一天科长在食堂吃午饭的时候，专门坐在袁剑雄旁边，说了这么一句话："今天终于知道了，清华的不愧是清华的。"袁剑雄笑着说自己当时听完这句话内心比女朋友答应自己表白的时候还要开心。

跨行金融，自学不辍

"我就坚信一点，其实没有任何的知识是凭空从石头缝里蹦出来的，其实新知识新技术都是在传统的基础上发展出来的。"

在袁剑雄 46 岁这年，被邀请从事金融相关工作，这对没学过金融、没在金融机构从事过的他来说是个不小的挑战，最沾边的可能是 20 世纪 90 年代曾在一家期货公司代管过一年行政工作。然而对方表示，有几个人都推荐你，你最合适。

彼时志忑的他向在五道口金融学院的廖理同学寻求建议，对方表示，"没什么发虚的，咱电机系出来的就该干金融，朱镕基，中国改革开放后金融改革之父，就是咱电机系出来的。"

进入金融机构后，中层干部以上入职要通过银监会的考试，对管理岗而言及格线是 80 分，这又是一个挑战。2012 年 10 月入职，刚入职他便被通知一个月后考试。厚厚的资料一大沓，因为兼顾日常工作，学这些资料只能在晚上下班后挤时间学习。领导了解情况后宽慰他，一次不过没关系，还可以再考。袁剑雄听后，心里踏实了一些，但也更觉得"咱清华出来的人不应该畏惧这种东西，我觉得还是要争取一次就能过"。凭借在清华锻炼出的自学能力，他先把题库盲过了一遍，很快便发现，凭借在从事经济领域积累起的知识，宏观部分迎刃而解。错误的知识分两类，一类是完全不会的，那就找金融学博士集中辅导；另一类是认为没错但错了的，对这一类，他表示一定要搞明白自己到底是哪错了，最终 81 分过线，一些有金融背景出身的人反而没过，同事们也纷纷对清华人顿生敬佩。

不管是刚毕业时候接触到与自己专业不相关的通信工作，又或是踏入金融领域，袁剑雄都表现出了出色的能力。"当我面临一个新的领域、接触新的知识的时候，我就坚信一点，没有任何的知识是凭空从石头缝里蹦出来的，我觉得这归因于清华带给我的良好的学习习惯与无惧困难的勇气。"

"感谢清华对我的栽培，让我保持着对新知识得心应手的学习能力，除此外，勤学和好问，这也都是清华教我的。"

专业立身，致力应用，
聚力服务社会
——张学（1985 级）

张学，1985—1990 年在清华大学电机系本科就读，1992—1994 年在电机系攻读硕士研究生；1990—1992 年，留校担任助教，曾担任电机系 90 级年级主任。后由于家庭原因离开清华，先后曾在航天部五院康拓工业电脑公司、清华同方公司、北京利德华福公司等企业工作，编写了《交流电机及其交流调速变频控制》《当代可编程序控制器》等书籍。现任江苏清之华电力电子科技有限公司董事长、山东双华易驱智能制造研究院执行院长、久久励学项目北京久德公司执行董事。

学生时代：乐于助人，厚积薄发

张学出生于黑龙江省的重工业之城齐齐哈尔市，在当地浓厚的重工业背景影响下，于 1985 年考入清华大学，选择了电机系。本科期间曾获校优秀学生、社会工作优秀奖等奖项。在大学的第一堂团课上，时任清华大学校团委书记的陈希老师给张学留下了深刻的印象，后来，张学才知道陈希老师还曾是短跑冠军。在学校的氛围、老师和优秀同学的影响下，张学积极参加学生工作，锻炼各个方面的能力。

主动要求进步，加上乐于助人的性格，主动帮同学带饭票、修自行车等，张学深受同学们的认可，后来被同学们一路从生活委员、班长选到了系会副主席、第 28 届校学生会体育部长、增补为校学生会副主席。担任体育部长期间，1988 年汉城奥运会竞技体育失利之后，在校团委、学生会安排下，张学组织策划了大规模的首届体育活动月，包含各类体育竞赛十多项，特别包括体育诗歌、绘画、征文，举办高校体育发展研讨会等多种活动，成立了八个学生业余运动相关的协会，搭建起了竞技体育和全民健康之间的桥梁。在这个过程中，张学的系统组织管理能力也有了很大的提升，为以后的工作奠定了坚实的基础。

参加工作：专业立身，致力应用

1990 年 7 月，本科毕业后，张学保送研究生并留校担任助教，成了当时为数不多的本科生年级主任。1992 年，张学在电机系读研，1994 年 8 月由于家庭分工发展的原因，放弃了读博。同年，张学离开学校去企业工作，体察管理，了解市场需求，从而更好地服务社会、服务国家，先后曾在航天部五院、清华同方、利德华福等企业从事控制产品研发与系统应用的工作。

在航天部五院期间，张学秉持"国内短缺，国际对接"的理念积极开展国际合作，逐步发展业务，在这期间，张学先后参与编写了《交流电机及其变频调速控制》《当代可编程序控制器》两本书。凭借着过硬的专业技能，张学很快就成了公司的业务骨干。

1997 年，清华同方上市，同年底，张学回到母校的上市公司清华同方，筹备成立工业自动化部，希望为母校企业的发展出一份力，在清华同方工作期间，张学一直在思考如何用自己的专业技能服务于国家经济建设，参与主导推广、升级开发了分布式控制系统，推进在地铁、热网、污水厂等领域重大项目的自动化系统应用。提起这段经历，张学表示，"没有人能给你一个部门，凡事都要自己一点一滴开始筹建，除了完成公司布置的任务，多思考应该再拓展什么。"后来，为体验民营企业的发展，学习私企的组织管理，张学又去了电机系校友人才多的北京利德华福公司，任高级总监。除了高压电机变频器大容量数字化技术和产品上的支持外，张学在水泥行业、电力行业市场大功率战略营销和渠道建设上，也做出了突破性的贡献。

回馈母校：久久励学，聚爱成河

工作期间，张学时刻心系母校的发展。2009年，适逢清华大学98周年、筹备100周年校庆，张学积极响应校友会郭樑秘书长、陈旭副书记等学长的号召，联系企业，推动成立了"清华之友——五粮液科技·久久励学基金"。每年资助清华大学各院系经济困难、学习勤奋、生活简朴的学生完成学业、成才报国，同时，对学习优秀的同学给予奖励；合计每年18名，目前14次合计252名本科生获奖。

面向未来：替代进口，服务社会

面向各个行业自动化、智能化、产业数字化的未来，近几年，张学一直在思考，除了央企、国企、大学以外，怎么促成进一步替代进口的应用发展？张学表示，我们不反对使用国外的产品，外企做得好的方面我们要借鉴学习，但同时，我们自己也要将关键技术掌握在手里。基于这样的思考，张学组织清华大学电机系校友正在山东省东营市推进一个新型研发机构——清之华科技公司双华智能制造研究院，发挥自己的专业特长，致力于创新电机和精密控制方向的研究与应用，践行科技服务社会。

寄语后辈：健康第一，一专多能

提到对后辈的建议，张学表示，人的一生很长，健康第一，没有健康的身体，一切都是幻影。一是感谢清华的体育传统："无体育，不清华"，8–1大于8！把分散的锻炼和健康的身体结合起来。二是心灵健康，在社会上，面对竞争和压力，保持良好的心态，厚积薄发，是金子总会发光的，把自己变成金子。其次，一专多能，多去实践，在学校里也能学到一些组织管理经验，工作时学会团队合作，所有的大项目都是一群人拧成一股绳才获得成功的，怎么样去团结他人，怎么样组织管理，怎么样嫁接资源，都是需要一点点去学习的，作为党员和领导骨干的奉献和带头精神不可少，也要树立好的金钱观，不能做精致的利己主义者。最后，保持好的精神面貌，精通专业技能的同时，长久保持学习的能力，只有这样，在面对一项新技术、新产品的时候，才能保持竞争力，不至于被时代淘汰。

认认真真做事，实实在在做人

——杜永伟（1986级）

杜永伟，1986年考入清华大学电机系生医专业，1991年本科毕业。北京神州东方意德科技有限公司创办人兼CEO。他从1998年开始在清华大学电机系设立"东方意德奖助学金"，后又在转到医学院的生物医学专业继续设立奖助学金。2000年1月21日，在清华大学捐资设立"清华大学—东方意德实验室"。

校园往事

大学的时光总是让人难以忘怀。杜永伟当时所在生医6班的同学看上去貌不惊人，既没有身高体壮的体育尖子，也没有出类拔萃的文艺特长生。虽然资质平凡，但是全班同学齐心协力，奋勇争先，在电机系的体育比赛中取得了相当优异的成绩。他在二年级时担任班长，组织班里同学共同努力，在有二十多个班级参加的系"白光杯"足球赛和"兰光杯"篮球赛中都获得了并列第三的好成绩，在系里有三十多个队参加的比赛中获得桥牌亚军、象棋亚军和围棋季军。三年级任系学生会体育部长，作为领队见证了电机系足球队首次夺得校足球联赛冠军。四年级任系学生会副主席，组织同学开展有益于成长成材的活动，协助学校解决同学在学习和生活中遇到的实际问题。

生医6班2011年清华园合影

　　1986年是生物医学专业正式招生的第四年，生医6班的入学成绩虽仍然名列前茅，但已经远不如前面三年的班级优异。班里及时组织大家积极研究解决办法，组成了多个学习小组，大家互帮互学，共同提高，学习成绩显著改善。最终在毕业时，生医6班荣获校级甲级团支部、优良学风班、北京市优秀集体三项最高荣誉，成了名副其实的年级第一，为全班同学的大学生活划上了完美的句号。

　　清华园的老师同样令人印象深刻，杨福生教授上课风趣幽默，有一次跟同学们打趣说："现在年纪大了，经常犯糊涂，有时心里想的是一，嘴上说的是二，手上写的是三，而实际情况是四。"在生医6班毕业留言册里，杨教授写道："认认真真做事，实实在在做人。"这后来成了杜永伟的座右铭。毕业后不管是做什么行当，是自己做，还是跟着别人做，做人往往比做事更重要。如果做人不成功，不受欢迎，做事多半也不会成功。

艰辛创业

　　当谈到为何选择创业这条艰辛的道路时，杜永伟讲述了当时的情况。毕业时，他被免试推荐到航天部某研究所读研，但由于家庭经济困难而放弃了。最终选择去中关村的一家公司工作，从事安防系统的开发。几年之后，杜永伟选择和几位好友创办了北京东方意德科技有限公司，主营安防行业。

公司刚刚成立时，因为安防行业在国内刚刚起步，所以业务量很少，公司经营十分困难。直到 1996 年北京发生数起银行抢劫案，公安局强制所有银行网点安装安防系统。这直接导致安防行业的飞速发展。"机遇总是青睐有准备的人"，之前他们"认真做事，实在做人"积累的技术和人脉，使公司在竞争中脱颖而出，公司迅速走出困境，高速发展。

自主创业总是充满了挑战，最初的那几年很忙、很累、很苦，几乎没有休息的时间。他强调拥有一个健康的身体是创业的必要条件之一，没有了健康，所有的一切都无从谈起。在清华养成的运动习惯让杜永伟一直坚持身体锻炼，经常打高尔夫球。百年校庆的时候，参加校庆杯，跟队友合作拿到了双人赛亚军。在学校学到的知识，也大有益处。例如在安防行业中经常使用的超级动态摄像机，他运用大学学习的知识阅读相关的产品说明，掌握了动态非线性放大的机制原理，并且能用通俗易懂的语言给客户讲解明白。

感恩母校

1997 年和 1998 年，我国南方发生特大洪水，许多家庭受灾。虽然公司有了一点发展，但是远没到富裕的程度。尽管如此，杜永伟仍然决定伸出援手，捐资在清华大学电机系设立了"东方意德奖助学金"，帮助那些家庭困难的同学，减少"因灾失学"的现象，用实际行动回馈母校。当被问到设立奖助学金的初衷时，他不禁回忆起了学生时代的往事。

当时他们宿舍有六个人，宿舍里有一位同学家里经济条件比较困难，特别朴素。这位同学每天午餐和晚餐基本上只点一份最便宜的辣白菜，要两个馒头，没什么油水，勉强果腹。半个学期过去了，虽然他成绩十分优异，但是体检查出了乙肝，被迫休学。细细想来，这和长期营养不良有着很大的关系。这件事深深触动了杜永伟，为了学弟学妹们不再因为生活困苦而影响学业，他决定在力所能及的范围内帮助他们。

勉励后辈

谈到对同学们的建议，他谈到"吃亏是福"。就是说多吃点苦，多受点累，多替别人着想，多为别人做点事。就拿他们宿舍当年每天晚上打开水这件小事来说吧。晚自习后的洗漱时间是用开水的高峰，各个宿舍都会约定轮班打水次序，轮到的同学提前回来去水房打开水供大家使用，避免影响休息。如果某天轮班的同学回来晚了，就会引来其他同学的不满，埋下纠纷的种子。但是他们宿舍没有为此产生过任何矛盾，因为无论是谁，只要看到快熄灯了轮班的同学还没回来，都会马上拿起暖瓶下楼去打水。凡事少一些埋怨，为别人多做一点，久而久之宿舍里互相关爱的和谐气氛就形成了。五年大学生活，他们班里没有因为内部矛盾和住阴面阳面等问题调整过宿舍，这种融洽的关系实属难得。

另一方面，一定要学好知识，特别是大学的一些重要科目。有时候真正的理解掌握知识远比考高分重要。大学时期学到的知识工作中不见得都用得上，但是掌握的学习能力却一定能用上。这对适应新的工作环境，快速上手很有帮助。

以新能源为主体的新型电力系统探索先行者

——王小海（1986级）

王小海，1986级校友，1991年毕业于清华大学电机系，2010年4月获"全国劳动模范"荣誉称号，现任内蒙古电力（集团）有限责任公司总工程师。毕业后，他扎根塞外，为祖国北疆电力事业的发展做出了贡献。

文理并重，兼容并包

条理清晰、思维敏锐、引经据典、出口成章，这是王小海给人的印象，谁能想到30多年前，初入清华的王小海还是位性格内敛、不善言辞的同学。清华的培育润物无声，敏感内敛的王小海逐渐变得有原则、有条理、逻辑分明。他读的是理工科，却爱好人文，在清华学习期间，对历史、哲学等人文学科的兴趣和重视，使王小海具备了较好的人文素养。《道德经》《庄子》等蕴含我国传统哲学思想的名著，王小海百读不厌，并从中感悟到了不少对人生、工作都有指导意义的理念。大二时选修的《清史》课程，他至今仍记忆犹新。从清史到明史到通史，王小海对历史的热爱一直持续到现在，"不懂历史的人不懂未来"。王小海从人文学科中汲取的营养，为他工作中把握全局创造了条件。

　　回忆起在清华求学的经历时，王小海学长记忆犹新。报志愿时最初申请的是无线电系和热能系，后来在招办老师综合考虑下调剂到电机系，于是人生道路就此不同，"那一次的调整直接或间接影响了自己未来数十载漫长人生道路"，今天来说他特别坦然。他自幼喜欢绘画和写作，正是清华"人文日新"的精神，使得他对文科的爱好并没有因为专业原因而中断，他在大学期间选修了很多历史、宗教、音乐等方面的课程，这些让喜欢文科的他在清华得到了多元化培养塑造。此外，王小海还曾担任学生会宣传部部长，这也给了他一个发挥自己文科特长的平台。在谈起当时和同学一起准备展板、画海报的经历时，仍然记忆犹新，"那时候为了做好一个展板，经常会熬夜画画和制作，难免会比较辛苦，但是每当看到自己做好的展板被陈列在路边上和教学楼里时，心中总是能够泛起一股欣慰与自豪"，王小海说。年轻人心中有热爱，生活就能有希望，清华五载求学时光，对王小海性格塑造不可谓不大，而很多方面是多年后方才体悟到的，带来的重大改变的是从文科式的比较发散的思维方式转到了非常有条理讲逻辑坚守底线的做事风格，将他从一位文艺少年塑造为讲逻辑有条理的坚毅青年。

义无反顾，扎根北疆

　　1991年从清华大学电机系毕业，王小海选择了回到家乡内蒙古电力系统工作，他也是班上唯一到内蒙古工作的学生。作为一个有乡土情结的人，尽管家乡内蒙古的地理位置并不及北京、上海等一线城市，但他仍义无反顾地选择回到家乡，建设祖国北部边疆。

　　"最初心中也并没有什么波澜，只是希望回到家乡"，工作伊始，王小海被分配到包头供电局的一个离城区30公里远的变电站做值班员，刚开始参加工作，王小海的劲头十分充足，他从抄电表、拉刀闸等最基础的工作做起，还利用休息时间清除变电站院内杂草。在被问及从清华大学到工作岗位之间是否有心理落差时，他说，九层之台始于累土，基层当工人时积累的操作经验，为后面取得的一系列成就奠定了坚实的基础。而进入工作岗位之后需要学习的内容和在校期间学习的内容又有很大的不同，所以更需要这种基层的锻炼，才能做到理论与实践相结合。

在后面 30 年的工作生涯中，他奔波奋战在内蒙古电力行业的各个岗位上，清华学子行胜于言、踏实肯干的作风赢得了领导的赏识和群众的认可，王小海不断被委以重任，几乎两三年一个台阶，先后担任内蒙古包头供电局变电站站长、生产部部长、基建部部长、薛家湾供电局局长、内蒙古电力公司副总工程师兼调控中心主任、总工程师等职。

开创先河，排难除艰

回忆起工作的点点滴滴时，王小海分享了他感触最深的一点。初到内蒙古电力调度中心当主任时，正值内蒙古风电快速发展前夕，由于各项技术卡脖子约束，风电难以全部消纳，弃风现象严重，当时国内外没有多少可借鉴的经验，王小海准确预判到接下来数年风电快速发展这一趋势，在国内率先提出针对集中式风电并网技术的三项原则：可观，可控，可预测。而将这一理论转化为实践的道路上将遇到的诸多未曾见过的工程难题，由于没有任何前人经验可循，需要完全靠组织团队探索，在达成共识或见到长期成效前很容易受到多方质疑甚至明确反对，但他始终坚持信念，带领团队咬牙坚持，认准方向，当确定有必要这么做，就坚持下来不放弃。而后在调度工作十二年间，他带领团队与清华大学电机系合作开展风电功率预测和新能源并网等一系列科技创新项目过程中，解决了电力系统消纳新能源的实际需求，填补了国内在这一领域的空白，为构建未来以新能源为主体的新型电力系统做出了一系列重要的前期工作铺垫。2010 年，王小海在人民大会堂被授予"全国劳动模范"称号，这一荣誉在精神上给了他很大的鼓舞。清华大学百年校庆之前的盛夏六月，王小海受邀在本科生毕业典礼上，为即将迈入人生新阶段的毕业生做专题演讲报告，他将自己的工作经验总结为："文理并重，内心丰满；在合适位置上，耐住寂寞，行胜于言，踏实肯干，最终必有所闪光。"

调控中心是内蒙古电力公司的电网运行核心中枢，同时也直接关系到各个发电厂的经济利益，在这种面临诸多诱惑的关键岗位上，王小海秉承着自己做人做事的底线思维和红线意识。内蒙古清华校友圈内部有个广为流传的故事，是王小海在调控中心当主任时，有曾经的同事兼领导到属地发电集团做一把手，谈到所属电厂发电优先权和利用小时数时，他转头就走。可以说，但凡是牵扯到电网安全和利益的问题一律都本着公开、公平、公正的原则执行，凡是触犯国家法律法规的"人情"活动一律不参加，在任期间，他建立起公正廉洁的良好风气。

当前内蒙古风电装机容量全国第一，王小海团队开创的技术路线为内蒙古电力事业的发展做出了贡献，面对"十四五"期间即将到来的新能源倍增发展趋势，王小海说，认准了一件事就要坚持，很多努力可能要长期才能见效。2021年3月15日，中央财经委员会第九次会议提出，我国力争2030年前实现碳达峰，2060年前实现碳中和，是党中央经过深思熟虑做出的重大战略决策，要构建以新能源为主体的新型电力系统。可以说，如果将当前国家发展背景与未来趋势相结合，回眸他的三十年历史工作生涯，适逢电力快速发展与能源革命初入深水期，在这一过程中，他在祖国北疆，能够有机会为祖国电网友好型新能源场站与新能源友好型电网的发展做出一系列看得见和更多看不见的贡献，恰恰是在当前"生态优先、绿色发展"高质量发展要求下，为未来四十年的新能源倍增趋势下的电力能源可持续发展所做的技术储备、重要铺垫和最佳注脚。多年来，王小海带领团队，一直致力于产学研深度融合，促进清华大学与内蒙古长周期和宽口径的电力能源领域合作，将关键技术理念最终转化为工程实践应用，在2018年度国家科学技术奖励大会上，由清华大学、国家电网和内蒙古电力公司等单位共同开发完成的"复杂电网自律-协同自动电压控制关键技术、系统研制与工程应用"项目，获得国家科技进步一等奖。面对这一重要荣誉，在分享座谈会中，他坦率说："没想到能得大奖"。而这，正是他坚持长期主义，发挥合作攻关精神，充分坚定理想信念，最终取得成果受到认可的人生态度。

不甘雌伏，九转功成
——赵烽（1986 级）

赵烽，出生于北京，无锡爱索思电力科技有限公司创始人，无锡市清华校友会副会长。1986年考入清华大学电机系学习，就读于电机系发61班。1991年毕业后曾任日立、三菱等外企工程师、项目负责人。2010年创立爱索思公司，进军电能计量，公司主营能效管控业务，2021年12月底成立清华大学无锡应用技术研究院新能源电网安全与保护研究中心，任中心副主任。

知识分子结缘电气

赵烽出生于北京的一个知识分子家庭，父母都在科研院所工作，姨妈毕业于清华建筑系。这样的家庭氛围让他从中学期间就对物理电路情有独钟，在高考填报志愿时毅然选择了就读电机系，从此结缘电气长达三十余载。

20世纪80年代的电机系，还是五年制的培养，86级的赵烽更是成为高校军训第一批吃螃蟹的同学。酷暑九月，从西操到张家口，长达八周的军训铸造了电机人顽强不屈的意志，最后他在打靶测试中名列前茅，代表连队参加全团的比赛。他是发61班的一员，系统地学习了电力系统的专业知识，面对复杂的方程组和数学变换，他勤奋刻苦，积极与老师讨论，在模拟电子电路课上，他专注学习，创新思考课程问题，五年清华的学习生涯为之后的工作打下坚实的基础。

除了恪尽职守，努力学习之外，赵烽还积极投身体育锻炼，无论是系里的篮球赛、乒乓球赛还是学校的运动会、长跑活动，运动场上都不缺他矫健的身姿。无体育，不清华，是每一个清华人刻在骨子里的记忆。毕业近二十年后，他重操旧业，恢复长跑，参与了清华跑协的创立，参加了多地的马拉松比赛和庆祝母校校庆108、109、110圈长跑活动。积极参与校友会组织的乒乓球、羽毛球等体育活动，为祖国健康工作五十年，这是他心中坚定不移的信念。

书本知识的学习对于清华同学来说永远只是第一步，那时电机系的同学们每年暑假都有去电厂实习的机会，赵烽便是自那时起，走出校园，接触社会，这或多或少地影响着他毕业后的选择。

电气新星建设祖国

1991年在完成毕业设计走出清华园时，"进外企是当时的一种潮流，我也算随大流顺应潮流，先后在日立、三菱等企业都工作过，从最开始的工程师，到项目负责人参与到秦山核电站的建设中。秦山核电站是中国第一座自主设计建造的核电站，建设过程也是向国外企业学习，并且转化吸收的过程，经历中国电力建设飞跃的时代是我个人的荣幸"。在那个年代，未来选择和职业规划仿佛就是这么平平淡淡，不需要做出惊天动地的大事业，在自己的专业领域发光发热便是极好的。

随着他工作经验的积累和生活阅历的增长，他敏锐地发现了电气领域中的一个热点，那就是电力节能与能效治理。电气领域的企业都是巨头，在绝大多数方向上都处于垄断地位。新型热点产业的机遇的发掘，坚定了他的创业初心。伴随着21世纪新年钟声的敲响，他也逐步开始了他的创业计划。这是一个不断尝试的过程，没有一帆风顺的创业，令人称奇的成就背后是一条充满血汗而一波三折的曲折登顶之路。他在能效监测领域成功开创一片天地之后，进军电能质量治理。经过十余年的自主产品研发，最终打造了爱索思电力科技的品牌，传承清华"自强不息，厚德载物"的校训，弘扬"厚德载物，创新自强"的企业精神，坚持自主创新，持续改进，不断超越自我，为以国家电网为主要客户的客户群体提供优质的产品和服务。

领军人才不忘初心，反哺学校

在无锡市中心的丛立高楼中，有一处民国的院落，那里是电机系第一任系主任顾毓琇的故居，也是赵烽常去的地方。在企业蒸蒸日上的今天，他不忘初心，保持与电机系的联络，并努力为电机系的科研成果转化创造机会。新型智能电网正处于不断创新、不断发展的关键浪口，电机系人才储备深厚，技术成果累累，但是成果转化却一直是相对薄弱的环节。他在多年工作中与学校的老师们合作解决过电网公司的难题，并在此基础上于 2021 年底依托无锡清华应用技术创新研究院成立了新能源电网安全与保护研究中心，将清华的技术引入到长三角做进一步的成果转化。

除了是一位成功的企业家，他还是无锡校友会的副会长。校友会是清华人在走出园子后共同语言最多的地方，作为校友会的副会长，他无时无刻不在为母校贡献自己的力量。作为经济发达地区的江苏，是一批又一批有志青年的创业摇篮，他充分整合校友资源，为毕业生提供各种帮助，无论是国家公职机关还是行业领军企业，只要有清华人在的地方，就有清华校友会的力量。

他嘱咐青年学子要刻苦学习，唯有在大学期间打下扎实的专业基础，才能在日后的工作中先人一步；不忘初心，他鼓励新时代青年人抓住机遇，在大学期间要勇于走出校门，走进工厂厂房，走进田间地头，书本不是唯一；不忘初心，他提醒毕业生们胸怀家国，努力是创业成功的必要因素，选择正确的方向则是成功的前提；不忘初心，他希望电机系能越办越好，规模越办越大，为祖国培养更多的人才。值此系庆九十周年之际，他祝福母系继往开来，大展宏图！

将个人成才融入国家发展
——曲荣海（1988级）

曲荣海，IEEE 会士，1988—1998 年在清华获得学士、硕士学位并工作，2002 年获得美国威斯康星大学博士学位，2010 年回国加入华中科技大学，现为该校教授、校学位委员会委员，电气学院学位委员会主任委员，国家重点实验室副主任，新型电机技术国家地方联合工程研究中心主任，长期从事电机及其控制系统研究工作。近年主持多项基金委重点、国际合作、重大及科技部 863、支撑计划等项目或课题。同时，他也是电工技术学会磁场调制电机专委会发起人，IEEE 工业应用协会武汉分会主席及 2019—2021 年度杰出讲师、国际电机会议（ICEM）董事。曾获湖北省科技进步一等奖、中国电工技术学会技术发明一等奖、日内瓦国际发明展金奖、中国发明创业人物奖，以及日本电机永守赏等奖项。

峥嵘岁月

曲荣海 1988 年进入清华电机系，一晃已经三十多年。但头一次到北京、进入全国最高学府的激动心情还历历在目，"看哪儿都觉得新鲜"。

那时没有互联网，没有移动通信，来回一封信的时间起码得以月为单位，"那种背井离乡的感觉是现在的小孩体会不到的"。去图书馆查资料也不能一键搜索，要一本书一本书地翻找，困难大效率低，和当下相比，生活显得有些"原始"。

但每个人的生活又比任何时候都紧密地融在一起。初入大学，离家甚远的新环境里，日子围绕身边直接接触到的人们展开。曲荣海至今记得本科班主任瞿文龙老师带着他们一帮新生开中秋班会的场景，在 1 号楼四层尽头的平台上，落日余晖未尽，一轮圆月初升，全班 32 个人坐在月亮下面聊天，从陌生走向熟悉。

日复一日的相处让生活轨迹接近的学生逐渐亲密，学生们也在上课过程中得以了解老师、了解教研组、了解电机系和整个学校。

在学习之余，曲荣海爱打篮球，代表班队参加过电机系"蓝光杯"篮球联赛；也担任过清华治安队队长，戴着袖标穿着制服，在公共场所维持秩序。一年暑假，有人溜进了正在重新粉刷的 8 号楼，曲荣海带着两个队员去找。"他正躲在上下铺的床底下，我大喊了一声'出来！'，给他喝了出来；后来发现他兜里揣着很多证件和北京不同高校的饭券，是北京市当时正在通缉的一个流窜犯。"他笑着讲起自己的戏剧性经历，这桩"英雄事迹"后来还得到《新清华》校刊的报道。

他也曾担任电机系 1989 级、1990 级辅导员，和老师、同学们的交流让他对这个集体产生了深厚的感情，也提升了他处理各项事务性问题的能力，让他至今受用。

"清华给你提供了发挥自身特长的足够空间，除了学习，还有社会活动、体育运动，各个方面。'大学'之'大'，在这里得到了充分的体现。"曲荣海说道。

归来不晚

曲荣海总结自己是"相对传统"的性格，清华毕业、出国读博士、进大公司工作、回国任教，从他的角度来讲，只是一条顺其自然的发展轨道。

他填报志愿的 1988 年，国家正提倡"力争在二十世纪末，全面实现农业、工业、国防和科学技术现代化"的战略目标。他依稀觉得，电机系在这"四个现代化"中一定占有相当的份额，便决心"将个人成长融入国家大的发展趋势里去"。

七年本硕弹指而过。1996 年春天，曲荣海硕士毕业，留在电机系教研组从事教学科研工作，同时担任系学生工作组组长，直到 1998 年赴美国威斯康星大学深造。

在美国，为了满足博士毕业条件，他选择数学作为 minor degree（辅修学位）。"我一看他们的数学课，在清华读本科时就学过不少，于是把之前上课的笔记、学习内容和考试题拿给博士课程的老师看。他看后也觉得完全符合要求，就同意我直接把学分对等地转过去。"这让曲荣海意识到清华教学的优势："不论是难度还是广度，清华都给你提供了很高水平的学习条件。"

博士毕业后，曲荣海陷入了短暂的迷茫。"如果让我独立工作，不管是做科研还是做产品，我总觉得自己对专业知识的了解不够多，不清楚自己应该处于什么位置。"于是他选择先去 GE（美国通用电气公司）研发中心任职，"看看自己能干什么"。和国际电机行业的专家一同工作的数年里，曲荣海发现自己"做得还不错"，自信心得到了很大提升。

但问题同样彰显："你做得再好也是为一个国外的公司服务。"而这并不是他决定出国时的想法。最初的梦想一直没有变，"中国电机"四个字贯穿了他的每个选择。

2010年8月，中组部引进风电领域人才计划，向曲荣海抛出橄榄枝。那时中国经济发展水平较十年前已有了质的飞跃，不论是国家还是地方、政府还是高校，都能提供很好的科研条件；但随大流的现象仍然存在，"讲均衡、不出头"的传统思想时常阻碍科学研究的突破。曲荣海义无反顾地跃入这片半是机遇半是挑战的蓝海，全职加入华中科技大学，并成立华科大创新电机技术研究中心。

"锻炼得差不多了，能学到的都学会了，可以回去给国家做些事情了。"纵然出走十载、归途万里，也挡不住心似离弦箭、归期已有期。

行者常至

"如果国内所有的电机技术都能提高一点，哪怕只是1%，对国家来说，也是相当大的整体效益。"

我国电机研发面临的一个重要问题在于如何进行原始创新，让基础设施和尖端技术都不再依赖国外进口，这个问题困扰但同时又激励了曲荣海很多年。2012年接受《科技日报》采访时，他认为最重要的一步是"优化"，先攻克技术细节，再将之产业化。这项浩大的系统工程固然需要时间，但他相信，一步步的量变积累总能实现质变，进一寸有一寸的回报。

荣誉见证了他为中国电机做出的贡献。近十年，曲荣海承担了包括国家科技重大专项、"863"计划、国家自然科学基金等在内的多项国家和省部级重大科研项目，并与多家国有、民营企业开展高性能电机及驱动系统的科研合作。2018年，曲荣海当选 IEEE Fellow（电气电子工程师协会会士），并成为该协会 2019—2020 年度杰出演讲者。

但他并不自傲。"任何运动的东西都会用到电机，这个行业还有很多事情要做。"他立志为将中国建设成电机强国而尽己所能，为了这个自少年时代起便确立的目标，曲荣海一如既往地迎难而上，步履不停。

在华中科技大学授课时，曲荣海发现，学生们总会流露出对清华的敬佩。社会各界谈到清华大学，也总会想到"自强不息，厚德载物"的校训，从而对从园子里走出来的人抱有比对别处的学生更高的期待。"能力越高、担子越重，清华的学生要扛起'清华'的头衔，就要肩负更大的责任，在国家的关键岗位上发挥更大的作用。"

曲荣海也一直关注着清华电机系的发展，近几年哪些项目、哪些老师获得了国家和省部级奖项，电机系取得的每一个成就，他都感到同样欣慰和光荣。他对这个托起自己年少时光的地方怀有深沉的感情，也为其未来发展提出衷心的箴言："电机方向应当是电机系的基础阵地，最初高景德老先生就是这个领域的大师，我自己也是学电机出身。因此，在向前沿发展的过程中，不要忘记加宽、加厚基础，建成全方位、多层次、宽领域的学科院系。"

珍藏青春记忆，永葆党员初心

——曹海翔（1989级）

曹海翔，1989年考入清华大学电机系，1997年硕士毕业留系任教，曾先后担任辅导员、班主任、学生组副组长、系党委副书记等工作。2010年调校党委组织部任党校办公室主任、组织部副部长，2019年至今任校党委离退休工作部部长、离退休工作处处长。

耳濡目染，续写清华缘

曹海翔老师于1989年从陕西省宝鸡市考入清华大学电机系，父母都是支援三线建设的清华校友。在家庭环境的耳濡目染下，曹老师对清华有着更加充分的了解和更加热切的向往，以优异的成绩（宝鸡市第一名）考入清华大学，并怀着对清华工科的认可，选择了电机系就读。

曹老师分享自己的经历时告诉同学们，比起专业的选择，后续的教育才是更为重要的。不论是投身专业潜心钻研，还是治国理政服务人民，受益最多的还是在大学生涯中受到的综合素质教育。

良好班级氛围，书写共同记忆

曹老师就读于电 93 班，是电机系由"发 / 高 / 电 / 生医"的分专业培养转向电气工程大专业培养的第一届学生。谈起自己的班级，最令曹老师印象深刻的是良好的班级氛围。曹老师本科求学的五年正是改革开放不断深化的一段时期，身处经济腾飞的历史环境之中，同学们都有一股劲：要真正地学一点东西，为国家的发展做出自己的贡献。

在这样的理想信念下，曹老师的班级养成了良好的学习氛围，尽管条件非常艰苦，同学们都能够坚持去图书馆和教室学习。同学们一起学习，一起运动，一起看球，大学生活让同学们形成了规律的生活作息，培养了朴素的集体情感，更为重要的是留下了不少珍贵的青春记忆。

传承体育精神，为国健康工作

曹老师回忆起班里系里的体育氛围时感慨良多——有比赛时，班级几乎所有的同学都会到场为本班同学加油助威，甚至有同学观看了白光杯的所有比赛，班级的凝聚力在体育活动中得到了充分的体现。"一个好的集体，对于青年学生成长的正向影响是巨大的。"入学 30 年后大家再相聚，令大家记忆深刻的，依然还是这些场上场下共同拼搏的经历。

"能力的成长之外，身体条件的培养是至关重要的，决定我们工作产出上限的正是身体条件"，曹老师谈起自己在离退休处的工作，深刻地感受到生活质量与身体条件的密不可分。曹老师嘱托同学们要养成良好的运动习惯，发掘对于体育运动的热爱与坚持。

热心奉献，勿忘理想担当

受家庭教育的影响，曹老师树立了务实服务的意识。曹老师从大二学年开始担任团支部书记，本科期间在团委工作了三年，承担了组织组组长、副书记的职责。研究生期间担任了辅导员，并在毕业后先后担任了班主任和级主任。在 2003 年抗击非典时，曹老师担任了学生工作组副组长，承担起封校期间本科生工作的重任。2003 年底开始，曹老师作为系党委副书记负责学生工作，一直延续到 2010 年。

曹老师于 1991 年入党，父母都是党员。从提交入党申请书到加入中国共产党，是曹老师的思想认识不断深化和内化的过程。本科期间浓厚的思想教育和政治学习氛围，加深了曹老师对党和国家、对青年责任的认识，这一时期也是曹老师落实对自己的要求、坚定对于马克思主义理论的认同的一段时期。曹老师认为，身边的优秀党员同学和班主任、辅导员比如孙宏斌老师、刘秀成老师等党员的模范带头作用对自己影响很大，给自己树立了榜样。曹老师后来担任辅导员、班主任工作也是一种传承，真正做到关心、爱护同学，"对同学们的生活习惯、学业和家庭情况都要非常了解"。

坚持理论学习，做合格党员

"回顾先烈们的事迹，在那样的历史时期，入党是要冒着被杀头的风险的，这个时候，能不能依然坚持自己的理想，这和现在是完全不同的。"曹老师寄语年轻党员们，只靠一腔热情是不能持久的，必须要通过不断的学习来坚定自己的共产主义信仰。

关于理论学习，曹老师认为最重要的是自己有想法，不随大流，自我驱动才是正确的动机。要多思考自己对党的认识，多了解身边优秀党员的思想，多反思自己应该如何努力提高，并以此作为自己学习的出发点。同时，曹老师提醒同学们珍惜朋辈的监督与激励，例如民主生活会上的批评与自我批评，既要进行深刻的自我剖析，也要坦诚地指出他人的不足。

做合格党员，应当树立好党员意识，"不能只顾着自己好，要学会关心同学，不让一个人掉队"。

寄语电机系同学

曹老师回想自己在电机系学习最大的收获，是遇到了真正有师者风范的老师们，以及共同奋斗的同学们。曹老师认为最难能可贵的是电 93 班同学们延续三十余年的凝聚力以及对母校和电机系的认可——同学们在系庆认捐报告厅座椅时热烈响应，"班上的一位乌干达留学生毕业多年后又把孩子送回了清华读书"。

曹海翔老师寄语同学们，大家将在电机系度过一生中最好的岁月，这是一辈子的思想印记，祝愿大家能够全身心地投入到最美好的事情中去——努力地学习，提升自己的能力，以及交一些最好的朋友。

厚积薄发，全面发展，脚踏实地
——姜睿（1989级）

姜睿，时石资本董事总经理，清华大学电机工程与应用电子技术系1989级校友。毕业后姜睿主要从业于信息技术及能源服务领域，历任惠普公司（HP）中国区副总裁、盘古天地集团副总裁等职。目前姜睿加盟其清华电机系同班同学陈峻创立的时石资本共同创业。

入学前，厚积薄发！

1989年，姜睿通过高考成功被清华大学录取。选择清华，选择电机，对于他来说是既是偶然，也是必然。父母都从事教育事业，从小为他提供了良好的家庭环境、学习氛围和人生指导。在父母教导下，他养成良好学习习惯，并立志成为对社会有贡献的人。在当时信息闭塞的情况下，他抓住各种机会如饥似渴地阅读能够得到的各类书籍报刊，汲取知识营养，对科学工程类知识尤感兴趣。再加上生活在大型国有企业，受到身边很多优秀勤恳工程师的耳濡目染，他逐渐认识到先进技术和现代化工业的重要性，并树立了学工的志向。选择电机专业，是受到了他母亲的一名得意门生的影响，这位学长当时在清华电机系就读，帮助他对电气工程领域有了初步的认识。1989年夏，他终于得偿所愿，成为清华大学电机系的一名本科生。

大学中，全面发展！

初入清华，校园之大之美，令姜睿大受震撼。大礼堂、清华学堂、主楼、荷塘……他兴奋地走遍清华园的每个角落，对五年大学生活充满期待。当年正值电机系教学改革，将原电力系统自动化、高电压技术、电机三个专业合并为一个宽口径的"电气工程及其自动化"专业，覆盖的学习内容更多更全面，也更符合技术发展和进步的要求。

大学期间，清华大学，特别是电机系严谨求实的学风深深地影响了他。此外，清华一直重视培养学生的实践能力，实验课程很多。每次实验，从课前准备、动手操作到数据分析、报告撰写都是一次严格的训练。当时担任电93班班主任的李永东老师在电力电子课中，用深入浅出的讲解和示范让同学们既充满兴趣，也树立了牢固的理论联系实践的意识。姜睿对他的毕业论文导师王祥珩教授更是印象深刻，直至今日，与王老师学习的情景依然历历在目。王老师瘦瘦高高，戴着眼镜，平时沉默寡言，说话也细声细语。不论在办公室、实验室，还是老师家里，总是能看到他静静地埋头在一堆书籍里。王祥珩老师对姜睿的帮助不仅仅是指导他高质量地完成毕业论文，更重要的是，王老师认真负责、求实勤勉的精神深深影响着他。其中一件小事令他记忆至今，当时论文中有部分数据采样，回归分析不甚理想。因为对结果影响不是很大，而且临近毕业事务繁杂，他就偷懒没有重新采集。王老师的每次进度审查都一丝不苟，对每处细节问题甚至错别字都一一指出，当然不会放过这些有瑕疵的数据分析。在认真分析了数据不合理的影响后，王老师亲自带着他再次到工厂重新采集数据并一起记录分析，最后终于得到了满意的结果。王老师严谨、认真、谦和的态度深深地体现了"行胜于言"的清华精神，伴随着他走出清华校门，受益终生。

学习之外，清华丰富的学生社会工作也让姜睿获益匪浅。他担任过班级体育委员，还负责过系学生会宣传工作、科协外联工作等，这些经历让他与系内外的同学和老师广泛交流，开阔眼界，锻炼能力，培养了积极合作、认真负责的工作态度。同时，和师长、同学之间结下的良好友谊也为后来人生的发展产生了积极影响。此外，在清华浓厚的体育氛围影响下，姜睿积极参加各类体育活动，并曾在校运会上取得过110米跨栏冠军等一系列不错的成绩，"为祖国健康工作五十年"的口号更是一直鞭策激励着他坚持锻炼。

就业时，脚踏实地！

毕业离开清华园后，姜睿选择进入了当时快速发展的通信及信息领域，电机系强弱电并重打下的牢固基础帮助他很快在工作中逐步建立优势。在经过工程师、服务管理、销售经理等不同岗位的历练后，他也逐渐明确了个人职业规划。在惠普公司任职期间，他深入研究中国市场需求和行业发展，密切关注前沿技术，作为惠普中国区主管技术服务业务的副总裁，姜睿带领团队将外企技术和管理优势与中国市场特点结合，制定合理的发展策略，与客户共同成长，实现共赢。他本人在取得良好职业发展的同时，也不断提高自己，成为相关领域的佼佼者。

随着中国互联网经济的蓬勃发展，他和几位志同道合的伙伴决定离开外企舒适区，联合创业共同探索新的天地。将多年积累的丰富经验和资源优势与创业企业对市场的快速响应相结合，在推动企业高速发展的同时，他对市场和行业的认知也进一步加深。之后，姜睿开始切入专业投资领域，加盟电机系同班好友陈峻创立的时石资本，专注于信息基础设施投资及能源服务领域。

时石资本成立五年来，专注于另类投资、私募基金募集及管理、专业咨询服务及实物资产管理业务，在互联网基础设施如数据中心（IDC）、能源科技、数据科技等领域已经具有较强的市场影响力。截至目前在多个专业领域完成一系列重要投资项目，累计项目投资金额超过人民币100亿元。特别是在"双碳"背景下，时石资本更是发挥清华电机人的优势，聚焦能源专业赛道，投身新能源变革的大潮。

谈及创业，姜睿有自己的体会和见解。创业重要的是对自我和行业发展的充分认知，要把握时代机遇，更要有对事业的坚持和热爱。必须有发自内心的热情和坚韧的心理承受能力，才能义无反顾地坚持下去走向成功。

归来后，满怀祝愿！

不断探索，超越自我。作为清华电机人创业团队，时石资本与母校、国内外主要新能源企业、电力服务企业、能源技术企业及研究机构展开了广泛合作，共同推进"源 – 网 – 荷 – 储"相关的技术创新和产业化，大力促进新能源与信息基础设施产业融合与发展，致力于为中国绿色信息基础设施产业及新能源产业发展赋能。

暨清华大学电机系成立九十周年之际，姜睿对母系献上真挚的感谢和祝愿，更不忘表达对清华大学莘莘学子的深深祝福和对清华大学电机系学子的殷殷期待！

勤勉求学，砥砺奋斗

——赵志勇（1990 级）

赵志勇，生于 1971 年，1990 年考入清华大学电机系。1997 年获得硕士学位。2001 年任北京吉思电气有限公司总经理，2007 年至今在北京四方继保自动化股份有限公司工作，历任北京四方吉思电气有限公司总经理、电厂业务单元副总经理、总经理、公司总裁助理，现任北京四方继保自动化股份有限公司副总裁。

清华大学电机系求学的经历对赵志勇学长的影响十分深刻，他为我们讲述了许多非常难忘的回忆。首先谈到选择清华大学电机系的契机，赵志勇学长说："电力行业是长久发展的，对整个国家的能源都有着重要的作用，选择这个行业会很踏实。"在本科期间，赵志勇学长每年都会获得班级最高的奖学金，还攻读了经管双学位，并在本科毕业后选择继续读研深造，获评清华大学十大优秀研究生。

对于电机系的人才培养机制带给自己的影响，赵志勇学长认为电机系给自己提供了很多培养动手能力的机会，在基础课之外还得到了很多动手能力方面的锻炼。"我们当时在大三就进入实验室跟随导师和师兄一起做一些实际性的项目，整个过程与读书、考试、写论文很不同，真的是得做很多具体的工作。在工作以后，电机系的学生在理论基础和动手基础方面都和别人差异蛮大。"

在生活方面，清华大学"无体育，不清华"的精神也给志勇学长留下了很深刻的印象。在娱乐活动较为匮乏的年代里，体育成了同学们最主要的娱乐方式，"那个时候4点全校大喇叭一响，满校园的各个路上全是大家去东操西操，去那里跑步打球。"体育不仅丰富了当时略为单调的生活，也提高了大家的身体素质，保证大家的身体能够经受住比较严酷的学业压力。

赵志勇学长在1994年12月底加入中国共产党，在研究生入学后，他担任班长，组织同学们进行党员学习活动。

在当时的年代里，国际与国内都发生了很多政治上的大事，如东欧剧变、苏联解体、1992年邓小平同志南巡讲话等，这使大家对党都有着很多很深刻的理解，对党员的要求也很严格，充分的党的宣传工作也使大家对党的认知度很高。对赵志勇学长来说，印象最深刻的则是邓小平同志南巡讲话以后，系内组织所有的党员和积极分子集中学习邓小平南巡讲话，这种集中学习活动使他更加清楚一些国际国内大事的具体内容以及发生的原因。

在对现在电机系同学们的建议中，赵志勇学长对同学们的动手实践能力非常重视，他希望我们多多进入实验室，动手接触一些实际的项目，如果有机会也可以到企业看一看。"我学了一些东西，就应该知道在哪些地方能用到它，成果是怎么样的。"同时，赵志勇学长也激励我们要刻苦学习，减少无效时间的浪费。电机系的学科排名靠前，现在系内实验室的建设也很不错，老师们的能力都很强，要珍惜这种资源和机会，在个人发展上投入更多的精力，而不是把时间浪费在网络游戏中。

而针对电力行业的发展，赵志勇学长则做出了以下几点展望。一是电力发展紧跟中国经济的发展，整体来讲，目前的装机容量与二十年前已经不是同一个数量级，发展非常迅速，这也就促成了特高压的发展。二是电力系统在器件级的革命性发展，如电力电子器件的出现和成熟为电力系统发展带来的突破，以及柔性直流输电技术实现的灵活控制和损耗的减少。总体来讲，有几个大的发展：容量和电压等级的提高，新型器件的出现导致一些革命性技术的出现，这些都使得从前很难解决的问题在现在得以解决。

立德树人，勇当先锋

——向春（1991级）

向春，管理学博士，副研究员。1991年考入清华大学电机系，1999年电机系硕士毕业后留校工作。先后在校办、后勤部门任职，现任保卫处处长。

回顾求学工作道路，心系班团建设历程

和众多电机系学子一样，向春老师在读初中时就树立了刻苦学习、报考清华大学的志向。来到清华大学电机系后，向春老师在学习生活中摸索电机系多个科研方向，逐渐对电机系强电和弱电相结合的研究方向产生浓厚兴趣。谈到对于专业的选择，向春老师提到，任何学科专业和研究方向都有其学术探究价值、国家战略定位，对于求学者而言，最重要的是针对已经选择的目标和方向、努力寻找自己的研究兴趣点、开展深入的研究学习。

回忆起自己的大学生活，向春老师饱含深情。向春老师提到，自己的班主任申艳菊老师工作认真负责，热情地带领同学们参加集体活动，营造了浓厚的集体氛围。读研后，导师王心丰教授不仅在学术道路上给予了自己许多指导，而且用对待科研事业和学生工作的热情激励自己不断进步。在电机系求学期间，他也受到梁曦东老师、赵伟老师在学术科研、人生发展等方面的悉心指导、精心关怀。

硕士毕业时，向春老师留在系里的课题组开展教研工作。留校工作一年后，他被选拔到校机关工作。从 2000 年至今，向春老师先后在校内多个部门为同学服务。在此期间，向春老师牢牢把握学校的育人使命，始终把学生的全面发展放在第一位。他说，"学校的根本任务是立德树人，我们所做的一切也是为了学生的成长。在学生社区管理服务中心工作的时候，我们努力将服务和管理做到精细化，以润物细无声的氛围促进同学们的成长……这样的工作很有意义，不会后悔。"向春老师因为工作中的突出贡献，被学校授予"刘冰奖"。

积极应对疫情挑战，优化动态管理方案

疫情初期，在清华大学学生社区管理服务中心的向春老师敏锐地意识到疫情防控任务的严峻性。虽然疫情初期留校学生不多，但向春老师和他的团队立即开展筹备疫情防控工作，针对疫情期间学生衣食住行、返校安排做好规划部署。结合当时有限的科学资料和相关政策，向春老师深入一线调研实际工作，主持编写疫情防控应急工作预案。由于准备做得比较早，措施也做得很充分，有力保障了学生返校后的住宿安全。

疫情防控期间，清华大学成立了防控新型冠状病毒肺炎疫情领导小组，向春老师所在的保卫部在校园疫情防控管控、工作部署协调中承当重要职责。在校门管控方面遇到了"严格查验"和"快速通行"两个矛盾点。向春老师及其团队不断优化通行方案、改进查验方式、升级查验设备，力求平衡好严格落实管控要求和保证通行效率。

发挥先锋模范作用，彰显基层党建魅力

谈到基层党组织与党员的战斗堡垒与先锋模范作用，向春老师讲述了一些清华园里的感人事迹。

首先，向春老师回忆了电机系原系主任高景德教授的优秀事迹。高景德教授担任系主任期间，致力于为系里的学科发展探索、争取项目资源，但是争取成功的项目从来不挂在自己名下，而是分给系里相关方向的其他老师开展完成。高景德教授作为系主任，凭借自己的学术成果、优良声望成功争取到了项目，顾及的不是个人和所在课题组的利益诉求，而是考虑到了整个电机系的学术发展和科研前景，体现了老一辈清华人的高风亮节和卓越作风。

向春老师还深情讲述了赵家和教授的优秀事迹。赵家和教授退休以后热心

公益，自己并不索取什么，而是把自己的人生收获和时间精力完全投入在社会公益事业，为学生做出重大贡献，为清华学子树立优秀榜样。

向春老师表示，这些故事说明电机系乃至整个清华大学都洋溢着奉献精神和尽责意识，这正是清华基层党建的卓越成果。

理论与行动相结合，做合格的共产党员

面对"做一名合格的共产党员应具备哪些优秀品质"这一问题，向春老师认为政治品质、业务能力是两个重要的考察方面。

向春老师认为，政治品质首先是必须熟读和牢记党章，坚定马克思主义信仰和共产主义远大理想。"共产主义能不能实现？""共产主义什么时候能实现？"，入党誓词写的"为共产主义奋斗终生"，作为党员自己到底有没有深刻理解？共产主义离我们很远是否意味着与我的现实工作没有太多关系？向春老师常常深入思考党建理论问题，并结合党中央的理论创新，带动身边党员同志开展理论学习。

向春老师认为，政治品质还有无私奉献的精神、端正的入党动机。向春老师指出，一个人在争取入党的时候，积极努力、给集体做贡献，并不是为了得到一些回报，而是出于无私奉献的精神。当一个党员对共产主义信仰有正确的理解、对于党的目标、任务、方向有深刻的认同，自然就会选择无私奉献、勇当先锋。

在业务能力方面，向春老师认为，坚持党的理论学习并不是要求每个党员都要成为马克思主义理论专家，而是为了把党的理论、信仰落实和体现到实际工作中去。"马克思主义是什么、怎么发展到当下理论、习近平新时代中国特色社会主义思想的要义是什么，作为党员我们应当认真学习领会党的理论知识，并把党的思想、方法应用到学习和工作上。"向春老师说。

谈到当初入党的经历，向春老师认为，只有学习工作进步、思想建设优秀、追求进步的同志才能入党，也应该入党。向春老师选择入党时，受到了班级内优秀氛围、相关党员同学的引领和影响，这带动了他在政治思想上、业务能力上追求进步。向春老师还表达了自己对于班团建设的思考。大一时向春老师担任班级生活委员，切身感受到了大家注重集体、互帮互助的优秀传统和精神。"当然，其实每个同学都有自己的个性和追求，有对自己的规划和考虑。因此，怎么在这种情况下保留和坚持对集体的奉献之心，是现在需要共同关注的一个问题。"向春老师说。

把关注点放在真正的目标上
——张东辉（1992 级）

张东辉，本科就读于清华大学电机系。毕业后就职于德国西门子股份公司。2019 年与多位具有多年跨国公司工作经验的电力能源领域专家及高管联合创立北京中清智辉能源科技有限公司。公司定位于"直流 +AIoT"的能源互联解决方案提供商，以顶尖的"直流 +AIoT"技术迎接传统电网向能源互联网的变革。2020 年 3 月公司被认定为"中关村高新技术企业"，2020 年 10 月被认定为"国家高新技术企业"。

与电机系结缘，是在张东辉很小的时候。因为父母都在电网公司工作，他自小就希望跟随父亲的脚步，成为一名"电力人"。高考结束后，他以优异的成绩报考了清华大学电机系，在这里开始五年求学之路。

本科期间，在专心学业的同时，张东辉对科研也有着浓厚的兴趣。谈到当时与老师们的交流，张东辉表示老师们的授课非常严谨和扎实，融会贯通。他提到负责电力系统课程教学的韩英铎院士，他让学生们一定要记住几个最基本的电力系统稳定分析方法和一些重要结论，让他终生难忘。在后来工作和研究中遇到电力系统稳定分析方面工作时，都有很大裨益。课余时间，他参与了丰富的社会工作，担任班级团支部书记、系科协主席、校科协副主席等。在自己热爱的领域锻炼自己，服务同学。

本科毕业后，张东辉到德国深造。毕业后在德国西门子公司工作。在西门子的前十年一直在做技术工作。张东辉所在的直流输电系统设计部，负责直流输电工程成套设计及系统集成工作，包括交直流混合输电电网的系统稳定分析研究、直流控制系统参数整定、直流输电系统成套设计等。进入西门子的第五年，张东辉迎来了事业的高光时刻。当时西门子承担了南方电网建设的世界第一条 800kV 特高压直流输电工程的系统设计总包。作为负责系统设计的总工程师，他带着团队完成了这个工程的全部系统成套设计工作。

后来张东辉回国做西门子输电系统业务中国区总经理。他深深感觉到国内的发展速度很快，对科技创新，特别是工业领域的科技创新非常重视。有了好的思路，可以做示范工程来验证自己的技术，这是在国外很难能得到的机会。那时候国内刚开始近海海上风电开发，张东辉创建了西门子中国的海上风电并网系统业务团队。他和团队提出了海上升压站平台建设的新思路，受到业主广泛认可。未来将要深度开发深远海海上风电资源，这需要知识面更广、项目管理经验更丰富的人才团队。从系统设计到设备制造、工程管理，再到运营维护，张东辉认为这会是一个非常大的产业发展机会，所以渐渐产生成立自己公司的想法。

2019 年，张东辉与多位具有多年跨国公司工作经验的电力能源领域专家及高管联合创立北京中清智辉能源科技有限公司，致力于"直流 +AIoT"的能源互联解决方案提供商，以顶尖的"直流 +AIoT"技术迎接传统电网向能源互联网的变革。做咨询、成套设计，做控制保护系统，做智能电网的技术工作……在尝试不同方向的过程中，他深感清洁能源与智能电网承担着国家发展的期望，自己在亲身经历着一个又一个技术创新与工程实践。

回忆起在德国学习工作的二十多年，张东辉表示，在这么一段漫长而丰富的经历中，有不少让他记忆深刻的故事。他提到刚刚在德国工作时，首要的困难是文化的融入："德国是一个具有严谨工程师文化和制造业非常发达的国家。一个刚入职的毕业生被认可成为一个合格的或者优秀的工程师需要一个过程。经过了大概两年的时间，才真正地融入这样一个团队里面，然后才能有机会去展现自己的才华，这个过程就需要坚持。"这个时候自己要埋头苦干，要有耐心有定力，要坚定信心，自己一定行，这是张东辉在做工程师的初始阶段遇到的问题。后面遇到的很大的一个难题是他进入西门子天才培养计划的时候，会参与很多战略决策，包括中国市场的定位、技术、商务等方面。这个时候，不像做技术工作，很难找到一个完全客观的评价标准，只能遵循自己的内心去做事情。这是年轻人发展到30多岁以后可能会面对的一个局面，很多事情看似有很多选择，看似可以做很多决定，但是实际上会有潜在的运行规则在里面，很多时候各种选择的最终结果都是不清晰的，这个时候就需要坚定自己的初心去探索。

谈到想对学弟学妹说的话，张东辉说：电力能源行业现在越来越需要低成本、大容量的清洁能源，对我们的技术创新提出了更多的要求。所以从事电力能源方向，无论是做科研还是做产业，都是不会枯竭的。希望学弟学妹们喜欢这个行业，面对困难与选择的时候坚定信心。可能有同学会觉得电力行业太传统，不如很多不断涌现出来的新兴行业那么时髦。但是很关键的一点是，坚定干一行爱一行的信心，只有真的想做好一件事情，才会把聪明才智发挥出来，才能够做出自己的事业来。同时，做事要务实求真，遇到问题的时候，专注于解决问题本身的技术，或者解决痛点问题的正确思路上。把注意力和关注点聚焦到核心目标、核心需求和核心技能上，钟情一件事，术业有专攻。人生是一个长跑，只有把关注点放在了真正的目标上，才能谦虚谨慎、全身心投入，每一步才不会走偏。

实践中践行"人民电力为人民"

——胡飞雄（1993 级）

胡飞雄，安徽绩溪人，生于 1975 年。1998 年 6 月于清华大学电机系电气工程专业获工学学士学位；同年 6 月于清华大学经济管理学院工业工程专业获工学学士（第二学位）学位。2004 年于清华大学电机系电气工程专业获工学博士学位。2005—2009 年，工作于南网总调运行方式处，2010—2020 年，工作于南方电网计划发展部（现更名战略规划部），2020 年 7 月起担任南网国际公司党委委员、副总经理。

初入清华园，于懵懂中坚定专业理想

胡飞雄来自于一个双职工家庭，从小便在积极进取的家庭氛围中刻苦求学，形成了良好的学习生活习惯。在苏州中学就读的时间里，受益于多元的教学模式，他的知识储备及世界观得到了极大的充实，并最终在班主任的建议下，选择了有着"名系、老系"之称的电机系。1993 年，胡飞雄来到清华大学电机系开启新一阶段的求学路，此时的他还并未真正意识到电力对于我国的工业发展会起到如何的重要作用。

电机系作为清华最早一批建系的专业之一，其课程之难超乎大家想象。在五年的本科学习中，通过一门门基础及专业课程的学习，辅以暑期参加金工实习及社会生产实习，胡飞雄得以逐渐认识到：国家电力行业的发展是能够真正改变普通人民生活的，国家工业发展和人民生活水平的提高需要电机系。其中，胡飞雄在大学五年级前往甘肃的一个贫困县参加生产实习，面对生活水平极为落后、电力资源极度匮乏的现状，一行七人结合所学的专业知识为当地居民解决了许多实际的困难，一定程度上改善了当地居民的生活条件。

清华为学 11 年，思政科研双肩挑

胡飞雄自 1993 年入学，至 2004 年博士毕业，一共在清华生活学习了 11 个年头，一方面在导师陈寿孙老师的言传身教中，学习到了扎实的专业本领；另一方面得益于清华"双肩挑"的优良传统，在诸多学生社会工作中收获成长。胡飞雄回忆道："我在清华园的 11 年，收获了极为重要的两点：严谨求实的为学作风和勇于担当的为人作风。"

"在求学道路上帮助最大的便是我的导师陈寿孙老师。"陈寿孙老师长期从事电力系统分析和控制领域的教学、科研工作，曾获国家教委科技进步二等奖（1992 年）、国家教委科技进步理论二等奖（1993 年）等多项奖励。在教书育人方面，陈老师也力求在方方面面给予学生最多的帮助与指导。"陈老师对于求学治学要求十分严格，会推荐学生去香港大学等著名高校交流学习增长见识、拓宽眼界，同时又特别有人情味，十分关心我们的生活就业，比如我和身边同学在临近毕业找工作时都会享受到陈老师给我们的优厚'待遇'——专门写了推荐信。"

学习科研之余，胡飞雄时刻践行服务奉献的原则，本科阶段便加入学生会，先后担任干事、副部长、部长、副主席等岗位，在文艺和体育方面为同学们带来了极为丰富的活动。本科毕业后选择直博的他继续"双肩挑"，担任 98 级的辅导员，与师弟师妹们一同成长。

扎根电力行业，践行"人民电业为人民"

2004 年，清华大学电机系博士毕业的胡飞雄有着许多的就业选择，但怀着"这么多年的书不能白读"这样朴实的信念，他来到了南方电网公司，学以致用，

成了一名"电力人"。2005—2009 年 5 年时间里，他在南网总调运行方式处快速适应工作环境及工作特点，对于整个电力系统的诸多具体工作有了详细的了解。随后，2010—2020 年 10 年时间中，他在南网公司计划发展部（现更名战略规划部）中规划、节能环保、战略多个岗位轮岗历练，进而对于南网整体运行有了更深的认识与经验，其中包括最初的电网运行管理经验，到后来的公司整体治理经验。

　　在工作过程中，胡飞雄对于南网公司的诸多理念有了从字面到实践的认知变化。"万家灯火，南网情深"这一理念于每一位经历过 2008 年冰灾的电力人而言都赋予了更多的意义。冰灾出现后，电力线路大规模故障问题迫切需要得到解决，同时许多的分析预案需要第一时间提供给决策层作政策参考。经过广大电力战线战友爬冰卧雪的加急抢修，最终顺利按照上级要求赶在过年前完成抢修工作。"一次精神的洗礼，社会责任感从此在脑海中被具象化了。"胡飞雄在回忆当时的场景时由衷感慨道。后来，胡飞雄又参与到了"十二五""十三五"的电力规划相关工作中，通过落实国家西部大开发战略，加快推进西电东送，一方面使得广东等经济较快增长地区实现清洁发展，另一方面使得西南地区的能源优势转变为经济优势，能源成为支柱产业。伴随着新一轮农村电网改造的实施和乡村振兴战略的推进，"人民电业为人民"这一理念再次从一个个脱贫村实现脱贫中得到印证，"这是电力人价值实现带来的成就感"便是胡飞雄对于这一理念的认识。如今，胡飞雄在南网国际中担任副总经理，在新的岗位上继续践行着自清华求学时期便形成的"严谨求实的为学作风和勇于担当的为人作风"。

　　寄语：校园求学时期是极为宝贵的人生阶段，希望师弟师妹们都能够把握好人生中最美的这段时间，能够多学、多思、多想。如果未来有机会在毕业后投身电力行业、能源行业，希望大家能够从国家大局出发，铸就属于自己的责任担当。

一位电机学子的大国重器梦
——咸哲龙（1994 级）

    咸哲龙，以吉林省高考理科状元的身份考入清华大学电机系，2005 年毕业获电气工程博士学位，高级工程师，上海电气－上海交通大学联合培养博士后。现任上海电气电站设备有限公司发电机厂副总经理，曾荣获"中国电力优秀科技工作者""全国机械工业劳动模范"、上海电气"青年岗位能手""新长征突击手"及"优秀共产党员标兵"等称号。2009 年至今，先后参与并完成了我国首台 1000MW 火电发电机研制、我国首台具有自主知识产权的 1100MW 的核电发电机研制、660MW 双水内冷发电机研制、1200MW 氢冷发电机等研制、特高压输电系统中大容量调相机的研制等中国电力里程碑事件，其参与研制的特高压输电系统中大容量调相机获评 2020 年度中国机械工业特等奖。

    咸哲龙来自吉林省珲春市，还是高中生的他，就已被电磁学这门深奥又神秘的科学所吸引。1994 年，他以吉林省理科状元的身份顺利考取并就读于清华大学电机系。

日积跬步，清华园中沉淀自我

初到清华园，咸哲龙在内心充满喜悦的同时，也时刻铭记着父母对自己脚踏实地、为人正直的谆谆教诲。这里有最顶尖的老师、最优秀的同学和最广阔的平台，他在思索着也期待着努力学习，为国家建设和电力行业发展做出贡献。

然而，不积跬步，无以至千里。紧张的学习与生活刚刚开始，他就发现了自己存在的明显短板。高中毕业前，咸哲龙一直将日语作为自己的第二外语，从未对英语进行过系统学习。随着计算机技术的不断发展，看不懂英语书籍、读不懂英文代码成了他遇到的第一个挑战。一切从零开始，跑去旁听英语基础课、课后努力记忆单词、不断温习英语语法和长难句，成了他课后的日常。不懈的努力得到了回报，他以最快的速度突破了外语障碍，成功通过了英语等级考试，并顺利发表了英语学术论文。

多年后他回忆说："在清华园的学习与科研是对我的磨炼，这次经历教会了我不向困难低头，要有从零开始的胆量，每到一个工作岗位都是一次从零开始，只有这样才能沉淀自我，实现更大的价值。"

投身生产一线，扎根基层科研岗位

2005年，咸哲龙毕业于清华大学电机系，获电气工程博士学位。博士毕业的他选择进入上海电气电站设备有限公司发电机厂工作，主动走上科研生产第一线，下沉到基层科研岗位。

每当提及自己当时的选择时，他依然记忆犹新：这是一次正确的选择！做的工作有利于国家和人民，这是我最重要的精神支撑，再多的困难我也能克服下来。

这次选择既得益于导师姜建国教授、曹海翔教授的支持，更得益于咸哲龙来到清华园时的初心。时值电力装备制造产业的大发展时期，面临着通用电气、西门子等国际企业的技术优势和巨大挑战，设计和制造出具有自主知识产权的大国重器是时代赋予电力装备制造人的历史使命，浪潮汹涌，不进则退。

2009年，咸哲龙顺利完成"百万千瓦级四极发电机空载及满载励磁电流计算的研究"课题，相关技术解决了发电机端部结构件的温升和损耗问题，提升了发电机的负序运行能力，支撑了一批我国电力装备制造领域的里程碑项目，如我国首台 1000MW 火电发电机、我国首台具有自主知识产权的 1100MW 的核电发电机等。截至目前，相关成果已应用于上百台大容量发电机组、十余台核电机组的设计和生产，并随我国"一带一路"发展战略出口至巴基斯坦、印度尼西亚等国。

做合格的管理者，更要做技术高峰的攀登者

流程和制度是促进生产力的重要法宝，先进的企业更需要打造完善的产品开发流程和核心技术研发流程。

2009 年，咸哲龙正式走上管理岗位，他在新岗位上遇到的第一个难题就是生产过程低效、研发流程繁复、资源耗损严重。这次的岗位转变是对咸哲龙的一次挑战，必须要尽快拿出方案来规范企业生产，提高生产效率，调动科研人员的生产积极性。他以人才战略、队伍建设、打造核心流程为重点，采用国际上先进的管理理念，将需求分析、总体方案设计、施工设计、制造和实验等工作细化到关键节点。短短几年时间，企业的设备开发周期压缩了一半以上，初步实现了工作标准清楚、资源精简。

2015 年，上海电气电站设备有限公司发电机厂成了唯一一家入选第一批"中国制造 2025"的电力装备制造企业，并与 2019 年顺利通过工信部验收。近年来，在咸哲龙的带领下，上海电气电站设备有限公司发电机厂正转向设计、开发和运维的全流程数字化，努力打造数字孪生产品。

双肩挑一直是清华人的优良传统之一，虽然走上了管理岗，但咸哲龙时刻关注着新型电力设备的研发和试验工作。近年来，他相继参与到了 660MW 双水内冷发电机、1200MW 氢冷发电机等研制工作中。2017 年，咸哲龙参与研发的特高压输电系统中大容量调相机的研制，正式装备于我国多个高压大容量换流站，保证了新型电力系统的安全性。相关研究成果获评 2020 年度中国机械工业特等奖，咸哲龙也获评 2020 年中国电力优秀科技工作者。

最后，咸哲龙学长寄语电机学子：

大家来自五湖四海，一起学习、成长、生活，希望大家珍惜和享受现有的时光，并能沉下心来，脚踏实地地学本领。不忘初心，推动能源行业的发展，为祖国和人民做出更大贡献。

内外兼修，顶天立地，
具备科学家精神
——刘前进（1996 级硕）

刘前进，1996 年进入清华大学电机系就读，1999 年硕士毕业，2002 年博士毕业。毕业后入职 ABB 公司，负责高压直流柔性输电等方面工作，2010 年成为 ABB 中国区研发负责人。2020 年 10 月进入美的集团工作，现任美的集团中央研究院院长。

学生时期：巩固基础，专心学术

刘前进出生于湖北省洪湖市，本科毕业于武汉大学电气工程学院。1996 年，刘前进考入清华大学电机系攻读硕士学位，在 1999 年申请了电机系的直博，并于 2002 年博士毕业。在电机系求学期间，令刘前进印象最深刻的事情是与卢强、韩英铎两位院士所在课题组的互动与联系，在硕士与博士期间分别接受过两位院士的直接指导，因此受到了很深的学术熏陶。令刘前进印象最深刻的课程是张伯明老师的高等电力网络和郭永基老师的动态电力系统，正是对这些课程深度知识的学习和巩固，为刘前进以后的学术研究奠定了良好的基础。

工作经历：立足本土，全球视野

2002 年博士毕业时，由于当时在电气工程领域坐头把交椅的 ABB 打算在中国建立研究院，于是刘前进选择入职 ABB 公司，并在 ABB 的研究院里工作了将近 20 年。刘前进最开始做的工作跟电气专业很相关，如高压直流柔性输电等偏向于设备方面的工作。2010 年刘前进成为 ABB 中国区的研发负责人，并在这个职位上一直工作到去年。2020 年 10 月份，刘前进来到美的集体，现在成为美的集团中央研究院的院长，在民营企业的赛道上去见证中国本土新一代科技企业的成长。

工作经验：自驱自治，茶歇文化

"中国工程师的数量和质量在全球是引人注目的"，这是刘前进坚信工程师红利将为中国企业带来增长新动力的重要原因。目前，为落地科技领先战略，美的已经形成了相对完善的科技人才结构，让大量年轻人能够站在巨人的肩膀上加速冲刺。但这样的团队组成也给中央研究院的管理带来了相当的难度。对此，刘前进给出的解决方案是："'管理'要变成'领导'，要少管、多放。管理层的主要职责是赋能，让团队能够自驱、自治。"在美的中央研究院工作期间，刘前进一直在推广茶歇文化。每到下午三点，中央研究院的办公室内就会响起轻松的音乐，咖啡和茶点的香气会催促研发人员来到开放的茶歇区域，放松交流。看似简单的设计却营造出融合创新的氛围，帮助研发人员在自由的交流中碰撞出灵感与火花。"薪酬福利只是最基本的层面。"刘前进总结称，"很关键的点在于能和有共同价值观念的人、优秀的人共事，能够相互成就对方。"

寄语后辈：内外兼修，顶天立地

刘前进认为学校是为逻辑思维能力和技术思维能力奠定基础的一个阶段，有了坚实的专业基础，才能从技术的角度去看待问题、剖析问题，并层层深入，在学校就应该训练这样的逻辑思维能力。他寄语研究生的学弟学妹要"内外兼修，顶天立地"，除了练内功、有技术思维，还要提高情商，提升人文素养，培养协调、沟通能力。21 世纪的人才，不是十年磨一剑，然后出来独打江湖的过程，而是协作、是领先半步到一步，所以要求有综合能力，这就是所谓的内外兼修。顶天立地是指需要知道行业的高度和技术的深度，既要能站到学术高点，还要能够将学术成果落地，去转化、分解、与产业相结合，合力攻坚，长期聚焦，推动业务的持续向前发展。

行胜于言
——林云志（1998级硕）

  林云志，现任中国铁路工程总公司中铁电气化局集团有限公司科技部部长。先后荣获北京市轨道交通建设优秀技术骨干、全国劳动模范等荣誉称号。他凭借自身在电力电子技术领域深厚的研发优势和跨学科、跨系统的超强集成能力，深入北京等10多个城市的轨道交通建设实践，累计获得发明专利授权15项、实用新型专利授权9项、软件著作权6项，公开发表中英文论文18篇，出版学术专著5部；获得中国铁路工程总公司科学技术奖励5项，省科技进步一等奖1项。

尊重兴趣爱好，抓住契机

  提及当年选择清华电机系的原因，林云志回忆到，自己从小就梦想做电力行业相关领域的工作，由于自己对技术的偏好，更倾向于动手和实验的相关工作。他对自身的能力以及兴趣爱好认知清晰，同时目标也十分明确，因此他在高中时期便有意识往电力方向靠近。在工作两年后，他抓住契机，考入清华电机系读研究生。相比于其他同学，读研前这两年的工作经历使得他的思维方式变得更加清晰、成熟。此外，在求学期间，他十分敬仰韩英铎院士，因为韩英铎院士牵头研制了世界上最大的SVG（静止无功发生器），将理论应用到了实际。他认为在研究上选择切入的时机十分重要，韩英铎院士十几年前就已经想到将柔性直流输电应用于铁路建设上，这样能落地的研究令他十分佩服。

林云志谈到，"同学们在就业选择这件事情上要充分结合自身情况，尊重自己的兴趣爱好"。他提到自己当年一个同学在研一的时候就对证券感兴趣，但在工作初期仍然去了电网，最终因为兴趣原因而又转行去了证券公司。这充分说明了在工作选择上不应盲从，不要过多在意别人的看法，找到适合自己的才是对的。他提及自己以前也尝试过其他多种类型的工作，曾在科研院、外企、私企、中铁公司等单位工作过，工作经历比较复杂，最后还是觉得自己最适合做技术和研究，最终选择了这份适合他的工作。此外，他也提到当前电网已经比较成熟和饱和，他鼓励电气工程毕业生也可以考虑新兴产业，比如中国中铁这样正处于高速发展阶段的企业。

访谈期间，他勉励同学们应该把健康的身体放在第一位。求学期间，他每天坚持在西操跑步一小时。他提到自己曾骑自行车到清河，将一个比人还大的机柜用自行车运回来。他认为，身体素质的好坏对于一个人思维的敏捷程度和灵活性有很大影响，并强调如果没有一个良好的身体作为基础，将难以做出突出贡献。

压力与动力并存，行胜于言

谈及自己在初入职场时是否会因清华光环而产生压力时，他觉得作为一名清华毕业生，在工作中自己常常感到压力与动力并存。其中最主要的压力来源于工作单位对于自己的期望较高，他们认为清华学子应该"什么都会"。他认为这种想法是有偏差的，清华学子也同样会有一些自己的短板。对于自己近几年所取得的成就，他十分谦逊，并且表示自己只是贡献了一分力量而已。

林云志在职业发展过程中能够不断前行的原因，主要来源于自己在清华求学期间打下了良好的知识基础，在学习和工作上都会以一种较高的标准严格要求自己。他认为清华对于自己最大的影响就在于"行胜于言"这种作风，即不能只空谈，而要落实到具体。他提到自己第一次参与地铁线联调的经历：他人曾怀疑自己的能力和水平，这更加让他坚信"行胜于言"的道理，工作不能只停留在口头上，而要以实际行动去把事情做好。

转变思维方式，放低姿态

"在工作中面临的困难并非都是技术上的困难，而是需要协调处理各种各样的问题，尤其是社会关系的协调，要比处理技术问题更加困难"。他举了一个例子：比如对于大型工程建设项目，有诸多企业配合的时候如何协调各专业之间的关系，处理显现出的问题，显得尤为重要，个人能力固然重要，而团队之间的合作能力更加重要。

对于加班这件事，他有自己独特的看法："加班不能是无效的加班，因为结果比过程更加重要。不要抱怨自己有多辛苦，哪个人不辛苦呢？要不要加班，取决于边际效益"。

最后，林云志建议电机系的学弟和学妹们要学会放平心态，要以"功成不必在我"的思想境界和"功成必定有我"的精神担当对待工作，脚踏实地，行稳致远。

清华给我直面困难的勇气
——夏德明（1998 级）

夏德明，1998 年考入清华大学电机系。2007 年毕业后入职国家电网公司东北分部，现为调控中心主任工程师。2020 年 10 月，被评为全国劳动模范。

2020 年 11 月 24 日，全国劳动模范表彰大会在北京人民大会堂隆重举行。国家电网东北分部调控分中心系统运行一处处长、清华大学电机系 1998 级校友夏德明获此殊荣。

然而，这只是他近年来众多荣誉之一。获得辽宁省省级优秀专家、"兴辽英才"青年拔尖人才、辽宁省"百千万人才工程"百层次人才、沈阳市高层次人才领军人才层次、国家电网公司优秀专家人才、全国五一劳动奖章等荣誉；获得中国电工技术学会科技二等奖等 20 余项科技奖励；发表学术论文 20 余篇（SCI、EI 收录 22 篇），获得国家发明专利授权 19 项、国家计算机软件著作权 2 项。这十几年来，夏德明用智慧和汗水培育结出了累累硕果。

少年立长志，中流自在行

1979 年，夏德明出生在吉林省舒兰市舒郊乡的一个农村家庭。在那个年代，农村教育并未得到充分重视和普及，同龄的部分孩子在初中，甚至小学就辍学了。

在这样的大环境下，夏德明的父母还是想尽办法创造条件，支持夏德明读书学习。

5岁那年，夏德明随母亲来到山东的舅舅家，那是他第一次出远门。舅舅希望他将来能够考上一所好的大学，而清华大学便是其中翘楚。"那我上清华"，年幼的夏德明或许并不知道这句话有着怎样的分量，兑现这个承诺又会有多少的困难和挑战等待着他，但名为"梦想"的种子已经悄然种在了心上，伴随着岁月生根、萌芽。

优异的在校成绩并未让夏德明得到父母更多的关注和鼓励，这一度让他心中感到失落。然而懂事的夏德明心中更加清楚，父母已经为了生活而背负了太多压力，无暇再对自己进行监督和辅导，学习是自己的事，是为了将来实现自我的价值。如果说来之不易的教育机会让夏德明无比渴望通过知识改变自己的命运，那么父母的言传身教更是让他明白，学习是自己选择的路，要为自己的行为负责、坚持到底。

为了这个目标，夏德明比一般人付出了更多。为了节省车票，他就徒步20里走回家，当作锻炼身体；买不起课外辅导书，他做好预习，甚至在寒暑假预习下学期的课程，带问题上课堂，提高学习效率；为了不影响别的同学休息，教学楼熄灯后，他就到锅炉房里继续看书学习到深夜。就这样从小学考到重点初中，再考入县重点高中，夏德明一路披荆斩棘，终于如愿考入清华大学。

1998年，夏德明怀揣父母卖粮凑的学费和路费，踏上了前往北京的火车。到达北京站后，迎新的志愿者拿着清华大学的牌子十分显眼，他跟着队伍坐上了学校派来接新生的大客车，往清华园驶去。

云天收夏色，木叶动秋声。清华园一路高风送秋，云光岚彩。东操前面各院系迎新的师兄、师姐们举着系旗，喊着口号"抢人"似的场景，让刚进清华的夏德明踌躇满志、心潮澎湃。更加幸运的是，负责接待夏德明的是电机系96级的吕海峰，他们刚好来自同一个高中，他乡遇故知的亲切感瞬间拉近了两人的距离。整个大学期间这位师兄都对夏德明特别照顾，还为他推荐和提供专业用书，让这个独在异乡的青年感受到了温暖。

20世纪90年代末期，清华大学刚实行四年制本科不久，课程比较紧张。刚入学时，一直都是尖子生的夏德明学习成绩却只是中等。但这一点并没有影响他对于学习的热情，在学习上始终保持一股劲儿。他对知识的渴求，加之自身抱有的"知识改变命运"的信念，让他将大部分的精力放在了学习和知识的积累上，经常通宵达旦，很快在他的努力下就名列前茅，并获得多项奖学金。

春风化雨，润物无声

谈及自己清华本科时期所遇到的良师益友，夏德明最先想到的便是梅生伟老师。勤勉的天才，这是夏德明对自己恩师的评价。"在过去的很长一段时间里，我觉得成功的关键在于一个人的天资是否足够，而梅老师让我明白，一个人能走多远靠的不单是智慧，还有勤奋和坚持。"夏德明如是说道。

梅老师严谨的治学态度同样令夏德明印象深刻、受益匪浅。大到框架，具体到内容，细节到标点符号的运用，在梅生伟老师的指导下，夏德明的第一篇论文《基于暂态稳定裕度指标的最优潮流求解》经历了反复近十次的修改后，终于定稿完成。夏德明将这份对自己意义非凡的论文修改稿认真保存了起来，时刻提醒自己保持对待学术科研的严谨态度。

梅老师言传身教中所表现出的勤勉与严谨不仅给夏德明带来了潜移默化的影响，也在夏德明的身上传承了下来。

读万卷、行万里，望尽天涯路

除了对理论知识的认真学习外，在校期间，曾就任学生通讯社内联部部长、系学生科协主席的夏德明为清华大学"挑战杯"比赛的参赛工作积极奔忙，最终帮助院系斩获了全校的"最佳组织奖"。对夏德明而言，这次的比赛所收获的并不仅仅是荣誉与友谊。准备比赛的过程中，夏德明往返于各个实验室之间，拉项目、找成果，这让他比同一级的学生更早地接触到实验室中的科研世界。借由"挑战者杯"所搭建的平台，夏德明与师长之间有了更多深入的交流探讨，对自己将来的人生规划起到了重要的导向参考作用。

大二那年，夏德明应同学邀请来到宜昌实习，这让他第一次看到现实中的葛洲坝。现实与想象、实际与理论之间难免会存在偏差，这是夏德明此行之中最直观的感受。"读万卷书，行万里路"的意义，正是在于寻找理论与实际的平衡点，过于深刻纯粹的理论一旦脱离实际，便无法有效地指导实际操作、解决实际问题。

"钻研理论，留心实际"，这是夏德明在社会工作中最深刻的体会，也是最想与时代"后浪"分享的宝贵经验。

外圆内方，兼容并蓄

谈起研究生时期任职辅导员的工作经历，夏德明表达了自己对清华工作、学生生活的看法和理解。完成学业是每一位在校学生的基本要求，以此为原则底线的基础上，不同方向的社团活动、社会工作在夏德明看来都是对大学生活有益无害的。除去生活方面的照顾，夏德明同样重视思想观点上的交流问题，告诉同学"学术争论不同于市井吵架，不同观点的提出要建立在对问题的充分理解之上，而非一味地喊口号和照搬教条"。这样的主张不仅保证了个人观点的平等，思想的交流也从单向的表达阐释转变为双向理解融合。

夏德明表示，担任辅导员不仅提高了自己的沟通协调能力，为自己步入社会参加工作积累了宝贵的经验，看待问题的思路、解决问题的角度也在与同学的思想交流中得到了极大丰富。

正是在这样一个"外圆内方，兼容并蓄"的理念之下，夏德明所带领的"二字班"学风优良、气氛自由，学生与导员之间彼此激励、共同进步，得到了院系的充分肯定。

风华正茂，黄金时代

在清华大学就读研究生和博士的岁月，让夏德明言语中不禁开始流露出那份轻松畅意的少年感。

在理论书籍较为匮乏的年代，夏德明与师兄们的编程工作只能依靠仅有的源代码进行实践摸索。这是一个陌生的领域，唯一的已知条件是他们只有一个月的时间去完成目标。没有老师帮助，一切只能依靠自己去琢磨，就连吃饭走路时都要保持思考状态。近乎"疯魔"的科研状态让夏德明一度感觉面对16进制数字比生活中的10进制更有亲切感。类似的事情不胜枚举，在夏德明看来，焚膏继晷、充满韧性的科研经历固然辛苦，但是能够为科研成果、技术进步贡献自己的一分力量，不仅是一份荣誉，更是一种确幸。

科研的道路上，失败与挫折在所难免。那些瞩目成绩的背后也曾发生过一些"糗事"——由于疏忽而不慎损坏实验设备的两次经历。一次是专注于短路试验，实验次数过多反而烧坏了器材；另一次则是估计不足，烧坏了四个IGBT（绝缘栅双极型晶体管）。夏德明表示这样的经历并没有影响自己在科研探索道路上的信心，反而让自己常怀敬畏之心，对待工作更加严谨认真，同时进一步加深了对所学知识的理解，并将理论更好地应用到实践当中去。

心怀感念常谦益，行云流水永不居

在校期间与东北电网的合作研发"混成自动电压控制系统"的契机，成为夏德明与东北电网结缘的开始。

2007年，在振兴东北老工业基地、东北可望迎来第二次腾飞之际，夏德明最终放弃了留在北京的工作机会，选择了在那块养育他的黑土地上生根发芽，入职东北电网公司。

刚入职的夏德明就被分配到调控中心做见习调度员，为了尽早掌握电网的实际情况，夏德明除了睡觉外基本都在单位，熟悉网情资料、了解水文参数、学习调度规程、跟踪国内外电网发展的新技术。很快就成为能够独当一面的岗位能手，并得到了领导和同事的认可。

2009年，夏德明被调职到调控分中心系统运行处，主要工作内容是实时为电网运行提供决策参考。自工作以来，由他计算的每一个控制限额、编制的定值都要进行反复校核，由他起草的规程、规定都要字斟句酌，从未出过纰漏和错误。同时，他将东北电网主要的安全问题、运行规定、稳控策略烂熟于心，无论何时他都可信手拈来，提供专业建议。正是这种对于工作的细致入微，让他成为调度人员信赖的作战参谋。

2010年以来，东北电网发展形势出现了变化，风电迅猛发展，风电装机增长速度大大超前于电网建设，随之而来的困扰是，风电资源难以实现全额消纳。在现有网架下，如何挖掘潜力提高风电送出能力是夏德明苦苦思索的问题。凭着不解决问题誓不罢休的钻劲和韧劲，他和领导同事们共同努力，先后在东北多个风电基地研究设计并组织实施了区域智能稳控系统，同时综合利用风火联合优化控制等先进技术手段，累计提高风电送出能力180万千瓦，年增加风电发电约

45 亿千瓦时，为辽宁、吉林、黑龙江及内蒙古东部地区风电企业创造直接经济效益约 23.4 亿元，为社会节约 158 万吨标准煤，减排二氧化碳 425 万吨，创造了巨大的经济效益和社会效益。

此外，夏德明积极探索利用先进技术手段，努力提高安全自动装置的智能化程度，减轻调度员及现场人员的工作压力，通过不断改进、完善仿真工具及电网新设备模型，提高了仿真的精度。他先后参与风电大规模接入与电网安全运行协调控制研究及实施等多项重大科技、工程项目攻关。面对现代大电网安全运行、新能源接纳等难题，积极开展创新性研究工作，将理论研究和工程实践相结合，提出了多项提高大电网安全稳定运行能力、新能源接纳能力的实用新技术，在大电网安全、稳定、经济运行中发挥了重大作用。

不论是在清华就读期间取得的学术成果还是工作岗位上获得的嘉奖荣誉，夏德明谦逊地表示自己只是伟大团队成果的普通参与者和见证者。"放低姿态，尊重和认可是通过自己用心做事、点滴积累得来的，而不能仅凭借清华毕业生的标签就希望获得别人的尊重。"这是夏德明一贯的做事风格，也是对即将步入社会的电机系学子的建言。

"有些人可能面对困难会理直气壮地说我干不了，但清华人很难说出这句话。清华的经历给我直面困难的勇气。"

从清华园到海军部队
——王川（2002 级）

王川，山东淄博人。2002 年考入海军大连舰艇学院，通过海军大连舰艇学院与清华大学共同合作的"强军人才"计划选拔，进入清华大学电机工程系电 21 班进行四年的本科学习。2006 年毕业后回到海军大连舰艇学院，加训一年部队专业。此后深入基层工作，真正了解基层，了解了军队，真正能够带领士兵们完成一个个急、难、险、重的任务。近几年，他作为政治主官带领部队到南沙等海域执行战备演训、勤务保障等任务。

与和清华妙不可言的缘分

出生于军人家庭的王川从小受到来自家人的熏陶教育，在志愿一栏中填上了"海军大连舰艇学院"。这所被誉为"人民海军军官摇篮"的院校自创办以来便与清华大学有着深厚的情谊。在海军大连舰艇学院成立之初，作为"开拓者"的第一批舰院教员中，有一部分就是从清华大学抽调而来，直到现在两校仍保持着密切的合作交流。在填报志愿的那一刻起，王川与清华之间的奇妙缘分便已悄然结下。

对王川而言，能够被选拔到清华读书，完全是在自己意料之外的惊喜。2002年，刚刚入学的王川恰逢海军大连舰艇学院和清华大学两校合作推行的"强军人才"计划。海军大连舰艇学院通过对本校学生采取严格的选拔考试（500 进 10），甄选出成绩优异的学生前往清华大学深造学习，毕业后返回校，用来补充本校的教员队伍。王川以笔试第三名、面试第二名的优异成绩通过了选拔，随后被挑选至清华大学电机工程系就读。"清华是我高中时做梦都想要去到的地方，今天竟然真的到了。可以跟这么多'大牛'一起学习，感觉自己非常的幸运。"回想起这段经历，王川如是说。

挑战中不断成长的清华园生活

谈到在清华学习期间的生活，最让王川印象深刻的是繁重的课业、紧凑的学习节奏，还有循循善诱的老师。

在学习生活中，作为特殊的"强军人才"，王川深知自己与身边同学存在差距，这让他有着不小的压力。不仅如此，自己必须要把清华的精神和思想学过去，补充到海军部队院校里来，为社会培养更多的专业人才。来到清华学习不仅仅是自己的事情，更是一份重大的责任、一项光荣的使命。

初次考试，自信满满的王川没有想到会在自己最拿手的数学科目上"翻车"，这段挂科经历让王川一度感到消沉迷茫，开始怀疑自己的能力是否能够在这样一所顶尖学府中与来自各地的"学霸"学习竞争。就在此时，时任班主任的沈瑜老师，如指路明灯一般出现在王川学长面前。"沈老师待我就像兄长一般，在他的一次次教诲和鼓励中，我终于从低谷中走了出来。他是我人生最重要的导师，到现在我对他依然心存深深的感激"，王川学长动情地说道。

除了学习生活外，王川也积极参加校内的社团活动。王川学长在校学生会工作了两年，担任内联部的副部长。此外，王川还积极参与爱心公益协会，为敬老院的老人、偏远山区的孩子做过公益服务。在校学生会的任职经历让他受益匪浅，初次接触社团活动，锻炼了能力，开阔了视野，结交了一帮好朋友。大家相互标榜，共同进步。在这个过程中，他意识到只要努力了就一定有收获，总会对自己的成长有益。

作为一名足球爱好者，王川几乎每天都会踢上一会球来让自己保持劳逸结合的状态，此外，王川学长也十分喜欢羽毛球、马拉松、击剑等运动，是"无体育，不清华"的忠实践行者。

从清华园回到海军部队

谈起清华的学习经历给自己部队工作的影响，王川学长认真地说道。"'清华'

二字于我而言分量很重，它不应被当作一种光环去炫耀、去骄傲，而是要埋藏在心底。清华人都有一个共同的特点：谦虚、低调、务实。因此我很少主动和别人提起自己在清华的求学经历，而专注于严格要求自己。我担心自己做得不够好，给清华丢人。"回到部队工作后的数年间，不论职务岗位如何调动，王川始终恪尽职守、务实勤勉，用实际行动诠释着"行胜于言"的清华校风。

　　王川在回到海军大连舰艇学院后加训了一年部队专业，随后前往基层工作岗位任职。基层工作困难重重。几乎每换一个岗位，王川都需要从头开始学习，因此各种各样的困难不断出现、亟待解决。在王川看来，困难不可怕，只要把它摸清、弄懂、解决了，也就成长进步了。凭借这样的想法，王川在基层任主官的六年里真正了解了基层，了解了官兵，最终成为一名能够带领士兵们完成一个个急、难、险、重任务的合格主官。

　　任职期间，由于任务兵力动用比较频繁，船艇东出西进、南征北战，间不容息。王川学长作为政治主官，先后带领部队前往南沙等海域执行战备演训、勤务保障等任务。"压力是很大的，特别是在基层，相当于 $7 \times 24h$ 工作制。尤其是船艇出动比较多的时候，几个月不着家的情况也常有。"王川学长回忆道。尽管条件艰苦，任务艰巨，凭着一种不服输的心态，一股不怕苦的劲头，王川学长还是带领官兵们克服了重重困难，圆满完成了各项任务。

　　王川一直认为这些年的成绩不值得被称赞，自己不过是在努力做好本职工作，而部队里有很多的人做得比自己更多、更好，相较而言，那些默默无闻、像以祁发宝等人为代表的卫国戍边英雄群体，在斗争的一线，时刻面临生死考验，更值得大家尊敬和学习。

对电机系的寄语以及对学子的寄语

　　作为一位扎根基层、投身部队的清华海军人，我希望电机系能够继续加强学生的理想信念与爱国主义教育，培养出更多的先进人才，为国服务的人才，能够为祖国的繁荣发展和民族复兴做贡献，能够为祖国健康工作五十年。同时鼓励电机系的各位学子，坚持努力、勤勉，相信付出终有回报。

　　"祝电机系九十岁生日快乐，愿电机系培养出更多的大师和人才，也祝愿电机系的兄弟姐妹们能够在祖国建设的功劳簿上写下自己名字！"

清华心，电力梦
——黄杨（2005级）

黄杨，2005年考入清华大学电机系，2009年保送电机系博士研究生，师从闵勇教授。2014年毕业，在国网成都供电公司电力调度控制中心工作。2019年3月，任国网成都供电公司电力调度控制中心副主任。现任国网四川省电力公司办公室（党委办公司、董事会办公室）督察处处长。

来到清华之前，黄杨从小一直是学习成绩优秀的"尖子生"，2005年，18岁的他以优异的成绩考入清华大学电机系，圆了自己的清华梦。

回忆开学之初，除了兴奋外，黄杨记忆犹新的是新生党员集中培训，因为参加培训，他比同学提前3天到校。那3天除了政治理论培训外，还学习了清华的历史和精神，以及思考如何做一名优秀的清华人，如何做一名优秀的共产党员。他说，正是那短短3天时间积淀起的清华力量，对他之后的9年清华大学的求学生涯，以及现在的工作都起到很大的正向激励作用，成为他日后做人做事的根基。

虽然距离大学毕业已近8年，但谈起母校和老师，黄杨还是满怀感恩。与众多初入清华园的学子一样，从高中迈入大学，时间安排上没有人督促，完全靠自己，大家容易迷茫。当时一位学长告诉他说，当你比较迷茫，不清楚具体要干什么时，就先认真学习，先把自己的专业学好、学扎实，把学分绩点搞上去，这样以后会有很多选择的自由！学长的话点醒了黄杨，清华大学浓厚的学习氛围也点燃了他的学习热情，从本科到博士研究生，好学、认真、刻苦，贯穿了他九年的清华时光。除了学习成绩优异外，黄杨在本科时参与了很多学团工作，研究生的时候，做过新生辅导员，带电机系09级的新生，从大一带到大三。他说，当辅导员首先是以身作则，自己本科四年学习成绩优秀，起到了榜样带头作用。其次是发挥传帮带作用，当年很多学长、辅导员、老师给了自己很多的帮助，申请当辅导员就是怀揣感恩之心，把这份关心和爱心传递下去，去帮助更多的同学。

多年过去，谈起自己的导师闵勇教授，黄杨充满敬佩之情："闵勇老师是一位非常有威望、极具人格魅力的学者。导师为人正，无论是学术还是做人都给学生做出表率；导师治学严，在读博期间对学生要求严格，在科研中精益求精，注重培养锻炼学生独当一面的能力。特别是在我面临就业选择时，导师专门抽出时间，帮我开阔眼界、认真分析，告诉应该如何选择等，对自己帮助非常大。"

回望清华，黄杨一再提到"自强不息"的清华精神，他努力在做怀揣"清华心"的逐梦人。2014年毕业后，面对众多机会的黄杨想挑战一下自己，考虑到家在四川，就选择进入国网成都供电公司，最初分到调控中心工作，从班组干起。因工作认真踏实、成绩突出，2019年3月起，历任国网成都供电公司电力调度控制中心副主任、国网崇州市供电公司副总经理、国网四川省电力公司办公室督察处副处长，现在是国网四川省电力公司办公室督察处处长。在国网成都供电公司工作期间，黄杨除了干好本职外，还干出了几项可圈可点的创新工作。2018年，国网成都供电公司在全省首创"博士党员服务队"，29名队员中，27名都是博士，黄杨被选拔为博士党员服务队首任队长。"博士党员服务队"从无到有，作为队长，当时摆在黄杨面前的困难很多，尤为突出的是：如何建设和领导团队？如何发挥博士党员服务队的作用？当时成都电子信息产业剑指万亿级，培育了多个独角兽企业，随着高端电力客户越来越多，对用电的需求也越来越个性化，客户个性化需求该如何满足？这些工作难点一个个凸显。

黄杨在接受采访时说，"清华所赋予我们的是一种深入骨血的清华精神。而清华精神究竟是什么？我想，清华精神也包含面对挫折永不言败的努力，敢于啃硬骨头的勇气，和坚持努力拼搏的毅力。"黄杨和队友们商量，把队员分为电网运行、电力营销、设备检修、物联网及大数据等不同小组，队部设在国网成都供电公司电力调度控制中心，同时设立国网成都供电公司博士创新工作站。博士党员服务队主要开展的工作是，梳理中高端客户的需求，量身定做菜单服务，主要包括客户画像、带电义诊、专业培训等。以华为技术有限公司成都研究所为例，博士党员服务队对其历史用电数据进行了分析，形成了用能方面的客户画像，并出具了详细的综合评估报告，提出了节能方案，得到华为公司的高度评价，连续几年被华为评为年度最佳合作伙伴。去年，黄杨又带着调度中心的同事搞了 5G 配网保护，当时的困难很多，没有项目经费、没有设备，黄杨就发挥在大学学生会时积累的经验和组织协调能力，多方整合中国电信等单位的各种资源，把这项创新工作做起来，成为国网系统的创新项目。

从 2014 到今天，近八年青春挥洒，黄杨秉承自强不息的"清华心"，用自己的热情和汗水，在为之奉献的国网供电事业中做出了一些突出成绩，面对未来，他依然逐梦前行，努力织就新时代的电力梦。

对应届毕业生的建议：一是要调整好心态，积极地去适应环境，而不是让环境适应你；二是要做好职业生涯规划，在最初不知道怎么规划时，就先把本职工作干好，再去选择一条适合自己的路。

对在校同学的建议：一是要珍惜在清华学习的机会，努力提高自身的专业素养；二是努力培养自己的综合能力，积极参与学团、学生会的一些工作，锻炼组织协调能力、语言表达能力等。

从生医到电机

——梁惠施（2007 级硕）

梁惠施，本科就读于清华大学生物医学工程系，2007 年入学清华大学电机系读硕士，毕业后进入中国电力科学研究院。工作几年后，她到澳洲悉尼大学攻读电气工程专业博士，以 3 年 5 篇顶级期刊论文的成果拿到博士学位。毕业后回国加入清华四川能源互联网研究院，专注于能源数字化与储能安全方面的研究。现任清华四川能源互联网研究院智慧微电网研究所副所长。

回顾自己的成长经历，梁惠施认为父母给她最好的礼物就是放手给她空间。从上小学开始，完成作业、复习考试到后来参加竞赛，全靠自己管理自己，这锻炼了她独立自主的能力。她认为，自己后来考上清华乃至之后工作、读博，一路走来，都得益于童年时代养成的这种能力。

梁惠施本科就读于清华生物医学工程专业。在本科阶段的一次讲座上，郭樑老师谈到清华学生要"入主流、上大舞台"，这深深地触动了她，使她决心进入能源行业。硕士阶段，她转到电机系攻读硕士。当时生医系和电机系在大一大二的课程比较相近，在大三之后培养方向发生分化，为了更好地为研究生的学习做准备，她在大四时补上了电力系统和电机学等相关课程。研一刚进入电机系课题组，导师让她参与首钢电网仿真分析的研究项目，这对她这样的转系生而言是不小的挑战。在她自身的努力、程林老师的耐心指导和师姐的帮助下，她逐渐适应了在电机系的学习生活并顺利完成了项目。硕士期间，她在程林老师的指导下完成了微电网可靠性评估方面的课题，并发表多篇论文。提起程林老师在学习和科研上给予她的帮助，她至今仍充满感激。

在校期间，梁惠施在完成专业学习和课题研究外，还参与了很多社团工作。大二、大三学年，她担任医学院 TMS 分会长。硕士期间，她加入了职业发展协会。在协会里，她交了很多来自各个系的朋友，也参与和组织了很多职业发展活动。为了更好地了解社会，规划自己的职业发展道路，她在研究生阶段积极参加企业实习，先后在微软、施耐德等公司实习过。在企业里所做的实习工作都是很琐碎的，花费了她大量的课余时间，她觉得如果重新读一次硕士，她可能会选择把更多的时间放在专业研究上。"但是之前的职业探索并不是无用的，"她说，"人在不同的年龄阶段对许多问题的看法是不同的。在当时那个年龄，我确实需要去了解外面的社会和职场环境，这对我后来走上工作岗位后快速适应新环境是很有帮助的。"

硕士毕业后，梁惠施进入中国电科院从事配用电领域的研究工作。在电科院工作期间，她参与了十余项国网科技项目的研究，参与制定了国内外分布式电源、微电网和储能领域的多项标准。为了提升自己的专业研究能力，获得更丰富的人生体验，在电科院工作了八年之后，她选择了辞职出国读博。当回忆在国外读博的生活时，她说："我很享受读博那几年的时间，因为可以心无旁骛、安安静静地沉下心来去研究一些问题。虽然做科研的过程确实是艰辛的，就好像在摸黑走一条崎岖的路，但一旦你突破了一个点，就可以继续往下探究并且可以挖掘出很多的旁支，进而不断地拓展研究的深度和广度，这个过程非常有意思。"

谈到在清华的学习经历对自己的影响，她说："我很感恩自己能上清华，清华给了我很多东西，让我受益终身。在清华上学时高强度的学业训练，培养了我很强的自学能力。在园子里遇到的各路贤人能人，也让我能更好地提升自己。不过更重要的，我想是清华在我骨子里刻下的自强不息的精神吧。对于每个清华学生来说，我想这是个永远的精神召唤。在职业发展的道路上，我也曾经有过迷茫和徘徊，但在某个深夜我想起了母校'自强不息'的校训，真是犹如听到洪钟大吕，给了我继续前行的动力，这也是我决心去出国读博的一个原因。"

　　谈及回国加入清华四川能源互联网研究院的初衷，她分享道："我们国家能源革命的大幕已经拉开，未来的十年一定是中国能源行业发展的黄金十年，中国能源转型的气魄和力度，在全世界其他所有国家都是没有的。在这样的背景下，回国对我而言是最好的选择。清华四川院是一个能源互联网核心技术的创新研究和成果转化平台，对我来说，这是一个非常好的事业发展平台，这里有很多系友，你可以在这里感受到清华'自强不息'的精神，这也敦促我要更努力地工作。"目前，梁惠施在清华四川能源互联网研究院的研究方向是能源数字化与储能安全。针对目前国内储能电站运行的安全问题，她带领团队研发了一套储能电站主动安全及智能运维系统，目前在江苏、内蒙古、北京、河北等地都有落地的工程应用。

　　被问及在电机系九十周年系庆将至之际有什么想对师弟师妹说的，她想了想说："希望师弟师妹们走出校园之后能够铭记校训吧，'自强不息，厚德载物'。任何时候，都要不辍前行，不管最终能走多远，都能多少为这个世界做点什么。希望以后到白发苍苍的时候，我们都可以回来向母校报告，不负遇见，不负韶华。"

心之所向，一路前行

——赵翔宇（2007级）

赵翔宇，1989年出生，2007年考入清华大学电机系，2011年保送电机系研究生。2013年毕业后，就职南方电网贵州电网公司调度中心。现任南方电网贵州电网公司调度中心发电调度部总经理、中心团委书记。曾多次参与多项国家自然科学基金、省部级科研项目及横向课题等科研攻关，并获多项发明专利。

有人说："人生最大的幸福在于有一份愿意为之奋斗终生的事业。"对于赵翔宇而言便是如此。

乐观、开朗、随和，是他给人留下的第一印象，他总是乐呵呵的、十分礼貌客气，尽管毕业多年，身上却还是带着学长亲切的气质。

虽然距离大学毕业已有近十年，但谈起母系，还是满怀感恩，他说那里是打开世界之窗的起点、是梦想开始的地方，也是成就最美青春的摇篮。

时间回溯到2007年，赵翔宇以685分的成绩考入清华大学电机系，圆了多年他心中扎根从事电力研究的梦想。同年9月，带着激动的心情跨越了2357.7公里一路北上来到北京。开学报到时，他作为新生党员在一号楼集合，准备前往西主楼做接待工作。当路过紫荆操场，看到与他遥遥相望的母亲那形单影只的身影和不舍的神情时，他感觉到家已成为远方。也是这一刻，心里埋下了一颗回归故里、支援家乡建设的种子。

清华之前，赵翔宇的学业可谓坦途，他是重点初中、高中的"尖子生"，贵州省高考第五名，还是新生一等奖学金的获得者。然而就在进入清华的第一年，学霸身份带来的从容和自信就遭受到毁灭式的重击。

"大学之前，我从没接触过计算机，所在的高中也没有开设这样的课程。我甚至不知道键盘上有大小写锁定键。入学第一天需要登录学校提供的账户选课时，就因为这个问题怎么都输不对。最后请教了别的同学才解决问题，搞清楚原因。"

还没学会走就得先学跑。微积分等课程都是满分的赵翔宇，在何光宇老师教授的 C 语言编程测试上遭遇成绩滑铁卢。尽管打击来得很突然，但他骨子里的韧劲让他很快振作起来，开始利用午休等课余时间去主楼后面的公共计算机实验室从打字开始自学计算机基础知识。勤学苦读也获得了回报，从计算机小白晋升编程达人，他只用了三年时间。

与众多初入清华园的学子一样，从高中生活迈入大学，就像经历一场从黎明前到天亮了的梦醒。大梦醒后的生活，让赵翔宇在清华迫切尝试着很多曾经没有尝试体验过的生活，感受着校园的自由气息和多元文化氛围。他开始参加国际象棋社、交际舞、钢琴等社团、听讲座、从事文体活动。除此之外，他希望自己能够多维度成长。在这样的想法驱使下，2009 年，"根红苗正"的学习委员赵翔宇成立了电机系学生科学技术协会，这是他带领团队开疆破土的一年，也是展开多线程工作的一年。从挖掘课题、到协调成立学生实验室、完善配套设施，补充元器件，再到向全国推荐成熟的研究课题……他事事亲力亲为，在校园里时常能够看到他疲于奔波的身影，忙碌到深夜也已是家常便饭。然而他的付出也得到了应有的回报，在他的指导和辅助下，协会所推荐的项目均在比赛中获得了不俗的成绩。

"我觉得确实收获蛮多的。第一是收获友谊，虽然大家专业背景不同，成长经历不同，但我们因为共同的兴趣走到一起来筹划挑战杯。在此期间，我们积累了非常深的感情，现在想想心里都是甜滋滋的。第二是社工锻炼，我培养起了担当意识，也为日后的工作积累了一定经验。"

赵翔宇身上对于学业和社会工作方面的韧劲，从本科到研究生，贯穿了他六年的清华时光。

谈起自己的研究生生活，他回忆最多的场景就是实验室。从早上七点到晚上十二点，大部分的时间都在实验室里度过。尽管学业很重，但为了保持体力，他还是尽量挤出一点时间从事体育锻炼，每晚五点到紫操跑十圈，便赶紧回到实验室继续做研究。原本就是体育健将的赵翔宇笑称："我非常喜欢运动，从学校养成的习惯一直坚持到今天。现在基本每周至少打两次羽毛球、游一次泳、跑一次步。争取完成清华为祖国健康工作五十年的任务。"

那段与老师同学们共同奋斗的岁月也让他对学院、对课题组充满了深厚的感情。多年过去，谈起自己的导师夏清老师，赵翔宇充满敬佩之情："夏老师是一位极具人格魅力的学者。他高深的学术造诣、严谨扎实的学风和浓烈的家国情怀深深地影响了我们这群学生。研究生的两年时间里，他不仅培养了我们从事科学创新、务实的能力，更把他的那种不畏艰难、直面挑战的勇气和百折不挠的韧性植入我们的血液。"

毕业的时候虽有留京的机会，但赵翔宇还是执意回到西部家乡"闯一闯"。从告别大城市破釜沉舟的气势，到扎根地区基层的斗志，到深入前沿阵地磨炼心志的经历，再到感悟生活，体会生命真谛。可能正是这份闯劲与执着支撑着赵翔宇走出一条属于自己的不平凡的人生道路。

他一直以来就想从事电力方面的工作，24 年的人生轨迹也始终在朝这个方向行走。2013 年毕业后，面对众多机会的赵翔宇选择进入南方电网贵州电网公司工作，从那时起，就一直坚守在调度运行岗位上，并且始终秉持谦虚严谨的工作作风认真完成各项工作。

工作之初，恰逢电力事故事件定级标准推广应用期。南方电网公司全面承接国家电力事故调度规定，编制了企业内部事故事件规程，进一步细化了事故事件的判定标准。这个规程也成为电网调度运行事故处置的重要依据，部门领导要求大家必须掌握到位，做到烂熟于心。然而准确记住规程中的每一个条款是个麻烦事，事故事件等级判定涵盖停电损失负荷、用户影响、损失变电站等五大维度，涉及用户重要性、负荷所在地、持续时间等三十多个评价项目。很多同志反映记不牢、易混淆。初出茅庐的他在按照领导要求加强学习记忆的同时，利用业余时间动手编写了手机小程序，将事故事件判定所涵盖的标准条款封装，把近百条判定条款用一个"黑匣子"装起来，调度员只需要输入几个基础参数就能自动计算事故事件等级。小小创新、大大收获，这个工具凭借较强的实用性，为所在单位争取到了贵州电网第一个职工创新一等奖，有效地解决了实际生产中的问题。

调度运行是电网生产运行指挥的重要环节，值班调度员主要负责电网运行监视控制、发电调度优化、事故异常处置等相关工作。三尺调度台上，一部电话、几面屏幕连接着整个电网的发电机组、电力用户，因此老调度员经常说：调度无小事。在六年调度值班工作中，他认真学习调度运行基础知识，不断提升调度运行业务技能，精益求精下好每一步指令，曾连续两年荣获贵州千百次操作无差错奖；他沉着冷静处理事故异常，有条不紊开展应急处置，有力确保了大电网安全稳定运行，先后获得南方电网、贵州电网调度运行先进个人；他交流沟通持经达权，善于换位思考，与调度业务联系所涉及的发输变电值班员、其他专业生产人员保持了良好的工作关系，多年保持年度综合绩效"A"级评价。值班的六年，也是他沉下心来充电学习的阶段，在工作之余，他最喜欢去的地方一个是运动场、一个是图书馆，保持着学生时代 3000 米满分的运动成绩，每年都会完成一摞书单任务，不断提升自己的综合素质。

2017 年，赵翔宇竞选中心团委书记成功，自此在生产业务之外还兼任起中心团委书记。"最早比较系统地接触团组织工作还是在大学本科阶段，那时候就认识到团组织是党领导下服务团员青年的组织，但是在企业里，如何做好团组织工作对我来说是一个新的挑战"。为了做好新岗位工作，他认真学习理论知识，从共青团中央、团省委、国资委团工委到南方电网公司及贵州电网公司团组织相关政策文件做了认真的学习，重点掌握习近平总书记关于共青团工作的指示精神，逐步明确国有企业团组织融入中心、服务大局的工作主线，结合所在单位实际提出了新时代青年突击队的工作构想。结合中心工作实际，他和其他同事一起落实公司年度重点工作要求，组织成立了调控配服一体化青年突击队。该突击队围绕重点工作任务，凝聚了覆盖调度中心及各供电局共 50 多人的青年队伍，形成了经验分享、资料共享、数据公开的工作机制，解决新任务中部分供电局起步晚、经验少的问题，提高工作效率，确保了该工作按期完成。同时围绕抗冰保电、迎丰度汛等急难险重任务，发动青年投身攻关，组织成立专项青年突击队。由此构建了一整套依托青年突击队载体实现团组织工作与企业生产经营深度融合的工作机制，并就如何组织好、开展好青年突击队建设形成一套切实可行的工作方法。学习强国、团中央"创青春"公众号等媒体刊登报道了该项工作。

自 2019 年开始，由于工作需要，赵翔宇离开调度运行值班岗位，开始参与贵州发电运行管理和现货市场建设工作。相比于以前的业务，无论是发电运行管理，还是市场改革建设，外向型特点更加显著，需要与政府主管部门、上级调度机构及各类发电企业密切联系，加强交流。特别是现货市场建设方面，相比于首批试点地区，贵州起步相对较晚，如何通过开展市场建设推动贵州能源产业持续健康发展，切实解决制约高质量发展的瓶颈顽疾，是市场改革需要深入思考的关键。"市场建设刚刚起步，又是一个新的学习实践领域"，在采访中赵翔宇如是说。

2013—2020 年，七年青春挥洒，赵翔宇靠着自己的热情、胸怀和实力，稳扎稳打地在自己真正愿意为之奉献的事业中打下了一片属于自己的天地，正可谓"心如花木，向阳而生"。他的旅程才刚刚开始，就像一朵朵还未盛开的花朵，心怀花香，不断充实，不断奋斗，相信在未来的发展中，他的人生之花将持续绽放在国家与社会的暖阳下，绽放在这洒满阳光的大地上。

扎根新疆谱写奋斗人生

——吐松江·卡日（2014 级博）

吐松江·卡日，1984 年生人，新疆喀什维吾尔族，中共党员。2010 年毕业于西安交通大学电气工程学院。2014 年考入清华大学电机系高电压工程攻读博士，师从高文胜教授。曾任上海思源电气有限公司研发工程师。现任新疆大学电气工程学院副教授、系副主任。曾多次主持或参与多项国家自然科学基金、国家 863 计划、省部级科研项目及横向课题等科研攻关。2020 年，获"自治区优秀青年科技人才"称号。

1984 年，吐松江出生在新疆喀什一个并不富裕的六口之家。他的父母都是当地企业的普通工人，但多年来，始终坚持"再穷不能穷教育"这个道理，用良好的重教家风，竭尽所能助力四个孩子的教育。

每到开学的时候，是让吐松江感到最战战兢兢的时候。家里四个孩子都要交学费，父母的工资又不高，每每这个时候，父母就找人借钱，变卖几只家里本就为数不多的羊，为几个孩子凑学费。

吐松江提到："那些年，不管生活多苦，父母都是默默承受，默默支持我们的学业"。在父母的支持、培养和鼓励下，吐松江兄弟姐妹四人都考上了大学。他也一路过关斩将，考上了大学保送了研究生，而他的终极目标是清华电机系的博士。

五年清华路，一生电机情

研究生毕业后的四年时间，吐松江先后任职于上海思源电气有限公司及新疆大学。虽然工作稳定也做出了不少成绩，但他心中对于清华的向往有增无减。他时刻关注专业领域内的研究发展情况，大量阅读文献。即便工作再忙，他也绝不懈怠，晚上加班加点学习备考。

2014 年 8 月，吐松江·卡日终于如愿考入清华大学电机系。清华情缘由此开启。

当他第一次走进清华园时，由东门入，沿着学堂路一路向南，大片阳光洒向道路两旁是古老葱郁的树木，星星点点的微光在树叶上跳跃出点点斑斓，就如同他的内心一样雀跃不已。几年后的今天，当他重新回忆起初次踏入清华园的那一刻时，依然记忆犹新。

"入学第一堂课是卢强院士讲授的'电气工程领域的最新进展'，能够听到像卢院士这种曾经只能在文章和电视上看到的业界顶级专家讲课，我的心情特别激动"。在讲到关于智能电网定义的时候，卢院士不仅给出了欧盟、美国，以及国家电网等定义，还给出了清华电机系的定义，这种对研究有独到的见解、敢为天下人先的提出新想法、新思路的创新精神，令吐松江印象颇深，也让他第一次领略到清华的大师风范。

褪去初入清华时的兴奋与激动，随之而来的便是沉甸甸的学业。

从西安交通大学的学士、硕士到清华大学电机系的博士。在别人的眼中，吐松江是典型的学霸。

可读博的艰辛只有他自己最清楚，其中最让他煎熬的事情之一就是写出令人满意的论文。

吐松江坦言，自己跟直博的同学不一样，是工作了一段时间后回到学校读博士的，正是上有老下有小的年纪，体力和精力都不如小年轻。为了出研究成果，他恨不得将时间掰成八瓣。经常做实验到凌晨，一早起来就又跑去实验室整理数据。后来，腰椎间盘突出的老毛病都犯了，病情最严重的时候坐着不行，躺着也不行，只能站着。甚至有时，整夜疼得不能入睡，在西操场一边慢慢地走来缓解疼痛，一边琢磨研究分散注意力。

"即便是凌晨两三点结束实验回宿舍的路上也不孤单，总能碰到一些来来往往于宿舍和实验室的老师、同学。清华的学习和研究的氛围就是这样的，大家都很勤奋、很好学。"

病情缓解一些之后，吐松江开始游泳和跑步。每天在西操场跑五公里，经常去游泳馆游泳。几年下来，跑了 400 多公里，游泳卡也用掉了三张。在此期间，参加了学校半程马拉松、Colour Run、毕业跑等体育竞赛。他笑称："参加体育比赛是给自己找个借口多参加体育锻炼，强身健体争取为国家健康工作五十年。"

忆起恩师，吐松江也是感慨良多。博士期间，在高文胜教授的指导下，阅读了大量的国外文献，了解到很多领域内的前沿信息，也培养了自己严谨的学术态度。同时，高教授带领他一起探讨学术问题，听取他对研究的看法与见解，可以说在研究方面，他被给予了充分发挥的空间，让他可以尽情在学术海洋里畅游。如果说高文胜老师是吐松江在学术上的"引路人"，那么同时也是他精神上的"导师"，经常与他交流，了解他的实际情况和困难，为他疏导紧张情绪，帮助他排忧解难。"有一次去医院的路上碰到高老师，他二话不说就要送我，那天还下着雨。碰到这样的老师除了搞好科研，无以回报。"

有志者，事竟成。经过不懈的努力和导师的帮助下，他渐入佳境，不断释放研究创新力量，迸发研究创新成果。在 2017 年发表了第一篇学术论文后又陆续在 SCI、EI 等业内权威期刊陆续发表 15 篇文章。

博士五年，"研究方向要紧贴国家的需求，要紧贴人民生活，而不是脱离实际的理论探求"。这是来自导师的谆谆教导，也是吐松江一直秉承并付诸行动的理念。在此基础上，他还将所研究的方向积极应用于实践，参与了包括国家自然科学基金、863 计划在内的多个国家级科研攻关项目。获得授权发明专利 3 项。

岁月辗转成歌，时光流逝如花

临近毕业的时候，父亲对吐松江说："你是新疆培养出来的孩子，新疆现在正需要你这样的高才生，应该回来报答故乡的养育之恩，报答新疆大学的培育之恩，为我们家乡培育更多的优质青年。"

本可以留在北京、上海这样的大城市工作的吐松江，带着父亲嘱托和恩师的期许，带着对新疆大学多年培养的感恩之心，也带着很多人的不解。于2019年，毅然回到西部，回到新疆大学电气工程学院任教，报答这片生他养他、培育他的地方。

自从读大学就一直没有"常驻"新疆的吐松江，乍然从快节奏的一线城市回到西部故乡有一些"水土不服"。"先不说硬件和软件，首先感觉是生活不便捷。其次，我的同学大部分是留在大城市，回到新疆不能说孤苦无依，但至少心理是有一些孤独的。更有意思的是，刚回来的时候，我去医院看手上脱皮的问题，医生说我是水土不服。我一个新疆人居然会不适应新疆"，吐松江笑谈。

新疆作为一个西部地区，不管从国家的战略层面，还是从经济发展层面来看，未来都是有很大发展空间的。但新疆开设电气工程学科的学校不多，而即便新疆大学电气工程学院是其中学科建设最好的，也面临电气学科相对薄弱等一些问题。而立之年的吐松江回到故乡后，克服了诸多困难与不适应，在这里找了自己人生中最灿烂的舞台。

新疆大学自2017年入选"双一流"大学之后，对教学和科研的要求逐年提高。2019年是吐松江工作第一年，也是新疆大学从教育型大学向科研型大学转变的关键时期。除了教学任务、多项自治区科研项目攻关之外，他还担负起了电气学院搬迁、专业工程认证等重任。其中专业工程认证涉及近5年的学生发展情况调查及相关资料、梳理课程体系及课程体系的合理性等相关工作，工作量相当大也相当繁琐，但他乐在其中。"现在看来，我的选择是对的，因为在家乡工作的每一天，我都感觉是充实的，因为只有在这里，我才能更好地锻炼成长、实现价值，奋斗出广阔天地。"

虽然从教时间不长，但吐松江怀揣热忱之心，脚踏实地埋身教育事业。他善于发现教学中的问题，坚持从研究中促进教学水平的提升，重视理论研究的创新和实践。无论是在任教时潜心科研，创新教学，还是担任系副主任以来，强化教学质量，推动院系学科认证及搭建多元化的教学平台，吐松江都在以实际行动践行清华人"行胜于言"的作风和电机人踏实进取的传承。

"在未来的很长一段时间乃至一生，我都忘不掉清华电机系对我的栽培，忘不掉老师们春风化雨的教诲，忘不掉焚膏继晷的日夜。如果有人问我，博士生涯收获了什么？我会说，清华岁月赋予我的远不止学术和科研能力，更重要的是一种'千磨万击还坚劲，任尔东南西北风'的力量。"也许正是这种力量，让他肩负起清华电机人的使命与担当，背起行囊回到西部，为当地的教育事业发展贡献出自己的力量。

路漫漫其修远兮，这种清华电机人"自强不息，厚德载物"精神所赋予的力量，也必将指引着他在未来的道路上不断前行，不断探索人生无限的可能……

时光如白驹过隙，曾经青葱年少如今已意气风发

吐松江学长虽然已经离开了电机系这个大家庭，开始了全新的人生征程，但他因自己为电机人而自豪，他的心仍旧和电机系紧紧地联系在一起。吐松江学长希望学弟学妹能够秉承电机系系训，将"为学"与"为人"的精神落实到学习和生活的实处，努力做出更好的、更优秀的成果。同时希望电机系能够保持教育教学传统，早日站上世界电气工程领域的制高点，希望母系越来越好，越来越强！

第三部分

题词绘画

张履谦（1946 级）

张履谦，中国工程院院士，1946 年考入清华大学电机系。毕业后分配到军委通信部，从事雷达与抗干扰工作；1957 年，调职国防部第五研究院，从事"两弹一星"研制工作；1965 年，任七机部二院 23 所副所长，进行防空反导技术攻关和新型雷达研发；1979 年，调任七机部"450"工程办公室，从事我国第一颗地球同步通信卫星的微波统一测控（雷达）系统研制；1985 年调职航天工业部、中国航天科技集团公司科学技术委员会任常委、顾问，从事空间技术领域的工作。

庆祝清华电机系九十华诞

既要学会怎样为学　更要学会怎样为人

学为人首先是当一个有骨气的中国人

忆清华学习时的老师教导

电机系一九五一级学生张履谦 二〇二一年十二月一日

贺清华大学电机系成立九十周年

忆往昔自强不息 培育英才满天下

新时代厚德载物 复兴中华创新高

十四届航天 一九五一届 张履谦 二〇二〇年九月一日

陆建勋（1947级）

　　陆建勋，中国通信工程专家，中国工程院院士。1929年出生于北京，原籍浙江省杭县，1947年考入清华大学电机系。1950年在毕业前夕参加人民海军，在海军司令部通信处工作。1953年荣立个人一等功。1960年在海司通信部参与组建通信研究室，1961年调入国防部第七研究院，历任研究室副主任、主任、副所长、所长等职，1983—1994年任七院院长兼党组书记。曾担任中国工程院信息与电子工程学部主任委员、国防科工局科技委委员、清华大学等多所大学兼职教授、博士生导师。获"终身奉献海洋"奖，获省部级科技进步奖多项，发明专利5项。出版专著《极低频与超低频无线电技术》、译著《现代通信原理》，发表专业学术论文百余篇。1995年当选为中国工程院院士。

　　热烈祝贺清华大学电机系建系九十周年！

　　我在1947年考入清华大学电机系电讯组，那时一百多同学中电讯组只有三十几位同学，1949年我们迎接了北京的解放，参加了新中国的开国大典。

　　1950年底，我们1951级的六个同学（三个电力，三个电讯）在抗美援朝号召下参加了人民海军，至今已有70年了。清华大学电机系做为母系，也扩大至派生出电力、电子等若干院系，桃李芬芳，春色满园！

　　我很怀念那时的老师和同学们！

　　中国舰船研究院　陆建勋　2020.10.

钱家骧（1947级）

钱家骧，1928年出生于浙江省杭州市，1947年至1951年就读于清华大学电机系，1953年加入中国共产党。1951年参加工作，历任北京中央燃料工业部水利电力技术员、工程师，陕西省机械工业局工程师，陕西省委办公厅任干事，并先后在云阳发电厂、宝鸡发电厂、渭河发电厂、韩城发电厂任总值长、副总工程师、总工程师、党委副书记、厂长。1980年11月起在西北电管局任生产处副处长、总调主任、副总工程师。

水木清华
春风化雨
养我育我
毕生难忘

恭祝母校基学子
为母校题词
一九五一级
钱永骧

李蒙（1955级）

李蒙，1955年考入清华大学电机系，1965年研究生毕业。研究员级高级工程师。曾任第九届全国人大常委会委员、全国人大环境与资源保护委员会副主任委员、政协第十届全国委员会副主席。

贺电机系九十年华诞

清华电机九十载
产教融合育英才
八字校训永传承
砥砺奋进新时代
清华校训
自强不息 厚德载物
一九六〇届校友 李蒙

贺清华大学电机系九十年华诞

砥砺九秩方题
电机永续荣耀
奋进百年且看
风光无限功能
一九六〇届校友 李蒙

韩英铎（1956 级）

韩英铎，中国工程院院士。1962 年及 1965 年于清华大学电机工程系本科和研究生毕业，1986 年于西德埃尔兰根 – 纽伦堡大学获工程科学博士学位（Dr.–Ing.）。1995 年当选中国工程院院士。2018 年退休。曾任清华大学电机工程系主任、电力电子工程研究中心主任、中国电机工程学会常务理事、北京电机工程学会副理事长。现任中国电机工程学会专家委员会委员、中电联需求侧管理促进中心专家委员会主任。

继往开来 勇立潮头

顶天立地 振兴中华

祝贺清华大学电机系九十年华诞

六届　韩英铎　壬寅年三月

贺美英（1956 级）

　　贺美英，清华大学原党委书记。1956 年考入清华大学电机系。1963 年留校任教，曾任清华大学自动化系党委副书记、书记、校党委副书记、副校长、党委书记等职务。

贺电机系九十华诞

杏坛育英才

桃李遍中华

贺美英

2022.3.

郑健超（1957级）

郑健超，中国工程院院士，我国著名高电压技术专家，中国电力科学院教授级高级工程师，博士生导师。1963年清华大学电机工程系高电压技术专业本科毕业，1965年清华大学电机工程系研究生毕业。1996年起任清华大学兼职教授，现任清华大学深圳研究生院博士生导师。

电机工程领域长年培育专门人才的出色业绩已获国内外的广泛赞誉。"百年树人"的宏伟计划定将谱写育才事业的新篇章。

恭祝清华大学电机工程系成立九十周年

郑健超

2022年3月16日

周孝信（1959 级）

周孝信，中国科学院院士，我国著名电力系统专家，中国电力科学院教授级高级工程师，博士生导师。1959—1965 年就读于清华大学电机工程系发电厂电力网及电力系统专业发 51 班。1994 年任清华大学兼职教授；1995 年起担任清华大学电力系统及大型发电设备安全控制和仿真国家重点实验室学术委员会委员；2008—2019 年担任国家重点实验室学术委员会主任；2015 年担任清华大学四川能源互联网研究院学术委员会委员。

自强不息，厚德载物。

贺 清华大学电机系 90 周年华诞

1959 级系友
周孝信 2022.3.17

李立涅（1961 级）

　　李立涅，中国工程院院士。1961—1967 年就读于清华大学电机工程系高电压技术专业高 71 班。毕业后，进入水利电力部西北电力建设局送变电工程公司工作，先后担任技术员、总工程师、副总经理；1984 年调职中国超高压输变电建设公司任副总工程师，葛上直流工程项目经理；1992 年调任中国南方电力联营公司电网部主任，历任副总工程师、研究中心主任。现任中国南方电网公司专家委员会主任委员、中国电机工程学会理事等职务。

九十载春风化雨

为未来培育英才

恭贺清华大学电机系九十华诞

李立涅

关志成（1964 级）

关志成，清华大学原副校长，清华大学深圳研究生院原院长。1964 年从哈尔滨考入清华大学电机工程系，从此与清华结下了不解之缘。1970 年留校工作，在校办工厂、教学、实验室、科研、管理等多个岗位工作过，期间曾任高电压实验室主任、高电压教研室主任、电机系党委副书记、党委书记、清华大学校长助理兼人事处处长、清华大学副校长，后调任清华大学深圳研究生院担任院长。

自强不息 厚德载物

贺 清华大学电机系90周年华诞

关志成
2022.3.23

为学在严 为人要正

贺清华大学电机系90周年华诞

关志成
2022.3.23

孙晓瑛（1986 年教）

孙晓瑛，1958 年出生，在清华园里长大，北京科技大学本科毕业，1986 年调回清华电机系电工学实验室工作，1999年聘为高级工程师，2002 年转到电机系电机电力电子研究所工作，2016 年退休，后回聘继续工作 4 年。

设计人：孙晓瑛

马伟明（1993 年博）

马伟明，中国工程院院士，我国电气工程领域专家。1987 年在海军工程学院获船舶电气工程专业硕士学位。1996 年清华大学电机工程与应用电子技术系电机专业博士研究生毕业，获博士学位。现任海军工程大学船舰综合电力技术国防科技重点实验室主任，教授、博士生导师，专业技术少将，专业技术一级。

九秩春秋，筑梦百年

贺清华大学电机系九十华诞

马伟明

成海彦（2004 级工硕）

　　成海彦，1957 年生，河北省隆尧县人，党员，高级工程师，电气工程在职研究生，工程硕士。1981—2017 年一直在河北省电力公司工作，曾任河北省电力局调度通信局 副局长、国网河北省电力公司调度中心主任、邯郸供电公司总经理、国网河北省电力公司副总工程师。主要从事电力系统自动化专业和电网管理工作。平时喜欢书法学习，经常跟书家老师练习临帖和创作，多次参河北电力系统书法展和投稿省、国展。

魏欣宇（2018级硕）

　　魏欣宇，江苏南通人，2018—2021年在清华大学电机工程与应用电子技术系就读硕士研究生，方向为高电压与绝缘技术，师从贾志东教授。在校期间积极参加各项社工活动，曾担任能源环境学部班级党支部副书记和班级宣传委员，在清华大学电气工程暑期夏令营活动中担任营长。曾获得2019年清华大学院综合优秀一等奖学金和2020年清华大学综合优秀二等奖学金（清华之友－东方电气奖学金）。毕业后就职于国网江苏省电力有限公司，继续从事电力领域的相关工作。

西山蒼蒼　東海茫茫　吾校莊嚴　巋然中央
東西文化　薈萃一堂　大同爰躋　祖國以光
莘莘學子　來遠方　春風化雨樂未央　行健不息須自強
自強　自強　行健不息須自強
左圖右史　鄴架巍巍　致知窮理　學古探微
新舊合冶　殊途同歸　肴核仁義　聞道日肥
服膺守善心無違　海能卑下眾水歸　學問篤實生光輝
光輝　光輝　學問篤實生光輝
器識為先　文藝其從　立德立言　無問西東
孰紹介是　吾校之功　同仁一視　泱泱大風
水木清華眾秀鍾　萬悃如一矢以忠　赫赫吾校名無窮
無窮　無窮　赫赫吾校名無窮

庆祝清华大学电机系建系九十周年暨校庆　魏欣宇书